DE A a Z

PORTRAITS CONTEMPORAINS

BIBLIOTHÈQUE CHARPENTIER

à 3 fr. 50 le volume

———

DU MÊME AUTEUR :

Petits Mémoires littéraires . . . . Un volume.

CHARLES MONSELET

DE A a Z

PORTRAITS CONTEMPORAINS

FRANÇOIS ARAGO,
ALFRED ASSOLANT, THÉODORE BARRIÈRE,
HECT. BERLIOZ, MAX. DU CAMP, PHILAR. CHASLES,
CARNOT, ARMAND CARREL, GAB. DE CHÉNIER, BENJ. CONSTANT,
ALEX. DUMAS FILS, JULES FAVRE, GUST. FLAUBERT, L'ABBÉ GALIANI,
TH. GAUTIER, VICTOR HUGO, A. DE LAMARTINE, JOHN. LEMOINNE,
ÉDOUARD MANET, PROSPER MÉRIMÉE, ALF. DE MUSSET,
PIE IX, EDGAR QUINET, Mme DE RÉMUSAT,
SAINTE-BEUVE, VICTORIEN SARDOU,
LOUIS VEUILLOT, VOLTAIRE.

PARIS
G. CHARPENTIER ET Cie, ÉDITEURS
11, RUE DE GRENELLE, 11
—
1888
Tous droits réservés.

DE A A Z

PORTRAITS CONTEMPORAINS

GUSTAVE AIMARD

La légende de Gustave Aimard voyageur avait fini par prendre des proportions inquiétantes pour la sincérité de l'homme.

Il y a huit ou neuf ans je l'ai vu partir pour Buenos-Ayres. Il s'était décidé à ce voyage pour répondre à des railleries dont le flot grossissait autour de lui depuis plusieurs années.

— On me force à reprendre la mer, me disait-il ; je n'y tiens pas outre mesure, mais il paraît que cela fera plaisir à beaucoup de gens... peut-être à toi, ajouta-t-il en me fixant de son œil de caraïbe.

— Mais non, je te jure.

— Si ! si ! tu es de ceux qui croient que mes voyages n'ont jamais dépassé la zone des fortifications et que je ne connais d'autres pampas que la plaine Saint-Denis...

Alors, malgré mes protestations, Gustave Aimard entreprit de me prouver qu'il avait passé seize fois la ligne et que la Sonora, particulièrement, n'avait pas un coin où il n'eût posé son pied aventureux.

— J'ai été tour à tour *squatter, gambusino* ; je

me suis promené dans les déserts, le *rifle* d'une main et le *machète* de l'autre... Ah! si tu m'avais vu les épaules couvertes d'un brillant *zarape!*

Et, tirant de sa poche un papier plié en manière d'enveloppe :

— Sais-tu ce que c'est que cela? me dit-il.

— Ma foi, non.

— C'est une mèche de cheveux de Raousset-Boulbon... il la coupa pour moi la veille de son exécution... Depuis, elle ne m'a jamais quitté un seul instant. Veux-tu la voir ?

— Je te remercie.

J'ai dit que Gustave Aimard partit pour Buenos-Ayres. Qu'est-ce qu'il allait y faire? Sans doute il avait un plan de fortune, quelque combinaison financière, car jamais homme ne fut plus que lui mordu par l'ambition ni plus mal récompensé de ses efforts. Mais il faisait fière contenance et accusait des bénéfices énormes.

Selon lui, les *Trappeurs de l'Arkansas* lui auraient rapporté plus de cent mille francs.

La vérité est que Gustave Aimard s'en revint de Buenos-Ayres plus rapidement qu'il n'y était allé.

C'est depuis ce moment qu'il n'a fait que décroître et s'affaiblir. La chute de ses dernières espérances paraissait l'avoir frappé au cœur. C'était bien toujours l'homme basané, fortement charpenté, en qui semblaient s'incarner les types d'*Œil de Faucon* ou de la *Pluie qui marche*, mais le ressort n'y était plus. Sa production avait diminué d'une manière sensible.

Aussi n'ai-je pas été trop surpris en apprenant sa translation dans une maison de santé.

FRANÇOIS ARAGO

L'appréciation de l'astronome n'est guère de mon ressort. Je ne suis pas dans le secret des astres. Mais je puis, au moins, me faire l'écho du monde savant tout entier, qui salue en François-Dominique Arago un des princes de la science. Il fut membre de l'Académie à vingt-trois ans, ce qui est assurément sans précédent. L'Observatoire voit en lui le plus éminent de ses directeurs. Il y professa un cours public qui est resté dans le souvenir de tous ses contemporains ; il excellait à rendre accessibles les vérités et les questions réputées alors les plus ardues.

Il avait pris pour devise cette pensée de Fontenelle : « Quand un savant parle pour instruire les autres et dans la même mesure exacte de l'instruction qu'ils veulent acquérir, il fait une grâce ; — s'il ne parle que pour étaler son savoir, on fait une grâce en l'écoutant. »

François Arago faisait une grâce en parlant, car il parlait bien et avec fruit. Aux qualités sérieuses du savant, il joignait les séductions de l'orateur : il avait une belle figure expressive, animée ; une élocution facile, abondante ; un organe vibrant, soutenu par un geste d'une vivacité et d'une rapidité toutes méridionales.

Ces dons l'aidèrent puissamment lorsqu'il fut nommé député.

François Arago aurait pu se contenter d'être un des plus grands savants de son époque. Il aurait pu, comme tant d'autres, relégué dans ses hautes études, se dégager des hommes et des choses. Notre estime et notre reconnaissance ne lui en eussent pas été moins acquises. Il ne l'a pas voulu. Il a pensé avec raison que le cerveau et le cœur pouvaient aller et battre à l'unisson. Il ne s'est pas désintéressé de son siècle, comme c'était à craindre ; le ciel ne l'a pas ravi exclusivement à la terre. La science, cette maîtresse jalouse, l'a souvent prêté à la politique, — disons mieux, à l'humanité.

S'il naquit républicain, ou s'il le devint, c'est un point que je ne saurais élucider. Tout ce que je sais, c'est que Napoléon Ier, qui se connaissait en savants, aimait beaucoup François Arago. Il s'entretenait volontiers avec lui ; la verve du jeune Pyrénéen ne lui déplaisait point. Il l'appela à faire partie d'une importante expédition scientifique en Espagne, et, quelque temps après, il le nomma professeur à l'École polytechnique. — En ce temps-là, sans doute, les instincts politiques d'Arago n'étaient pas éveillés.

Ils sommeillaient encore sous la Restauration, car il accepta de ce gouvernement la croix de la Légion d'honneur (il avait trente-deux ans), et voici en quels termes il remercia le ministre, M. Lainé :

« *Dunkerque, le 10 octobre 1818.*

Monseigneur,

» Je viens de recevoir l'ampliation de l'ordonnance que le roi a daigné rendre en ma faveur, sur le rapport de Votre Excellence, et la lettre dont Elle a bien voulu m'honorer. Mes titres à une distinction aussi signalée étaient trop légers pour que je ne sente pas combien je suis redevable à la bienveillance que Votre Excellence m'a toujours témoignée. Je la prie de me permettre de lui présenter l'expression de ma vive reconnaissance ; et j'ose l'assurer que, dans les fonctions diverses qui me sont confiées, je ne négligerai aucune occasion de prouver combien j'attache de prix à l'opinion d'un ministre aussi éclairé.

» J'ai l'honneur d'être, Monseigneur, de Votre Excellence, le très humble et très obéissant serviteur,

» F. ARAGO. »

Je ne donne pas cette lettre pour diminuer François Arago, bien au contraire. Les expressions très mesurées dont il se servait visaient le ministre plutôt que le roi.

Son libéralisme ne commence à s'accuser que lors de sa liaison avec Laffite et Dupont de l'Eure, et du jour de son entrée à la Chambre, où l'avait envoyé le collège électoral de Perpignan. Alors l'Arago politique prend de jour en jour une place plus significative, et révèle le républicain que nous avons connu.

Ce fut un député des plus redoutables de l'opposition, aggressif, fiévreux, toujours prêt à la parole, avec un penchant invincible au sarcasme. On a pu dire de lui : « S'il était moins ardent, il convaincrait davantage ; il intéresserait moins s'il était plus modéré. »

1.

Je ne répondrais pas que, dans de certaines questions et dans de certaines circonstances, il n'ait fait quelquefois fausse route ; cela est arrivé aux esprits les plus supérieurs, mais on peut hardiment avancer que sa bonne foi est toujours restée incontestable.

En 1848, il se montra ferme, préparé de longue main, plus sage qu'on ne l'aurait espéré, de bon conseil. C'est à ce moment que sa popularité atteignit le plus haut degré. Plus tard, par une exception glorieuse, l'empire le dispensa du serment. Mais François Arago était déjà marqué pour la mort. Il expira en 1853, à l'âge de soixante-sept ans.

Ses œuvres complètes ont été réunies : elles forment dix-sept volumes, auxquels je renvoie les hommes spéciaux. Il s'y affirme souvent comme bon écrivain, et l'on pourrait citer de lui mainte page remarquable. Quelquefois une note amère lui échappe, mais elle est de courte durée, comme celle-ci : « Les découvertes scientifiques, celles même dont les hommes pouvaient espérer le plus d'avantages, les découvertes, par exemple, de la boussole et de la machine à vapeur, furent reçues, à leur apparition, avec une dédaigneuse indifférence. *Les événements politiques, les hauts faits militaires, jouissent exclusivement du privilège d'émouvoir la masse du public.* »

Il fait cependant une exception pour les aérostats, qui ont immédiatement conquis l'attention publique, et auxquels lui-même s'est toujours intéressé.

Où les littérateurs pourront chercher — et trouver — François Arago, c'est surtout dans les nombreuses notices qu'il a écrites en sa qualité de secrétaire perpétuel de l'Académie des sciences. Il a caché là de véritables perles. La notice sur Carnot, particulièrement, contient un épisode dramatique d'une grandeur que rien ne dépasse. C'est le moment où les grenadiers d'Oudinot, levés avec l'aurore, se préparent à la bataille, et viennent silencieusement, à la file les uns des autres, passer leurs sabres nus sur la tombe de la Tour d'Auvergne. Cela fait passer un beau frisson d'héroïsme dans le sang.

La statue de François Arago est l'œuvre de M. Mercié, l'auteur de *Væ victis* et du *Génie des Arts*. L'artiste est digne du modèle.

A l'heure où je trace ces lignes, la famille Arago est au pied de cette statue, qu'environne toute une population enthousiaste ; le voile est tombé ; mille applaudissements éclatent dans les airs, et une Société exécute une cantate dont les paroles sont de M. Aimé Camp, et la musique de M. Taudou, prix de Rome de 1869.

Le manque d'espace ne me permet d'en reproduire que deux strophes :

> Terre du Roussillon, tressaille et sois bénie !
> Le plus grand de tes fils dans le bronze renaît.
> Il est là, l'immortel ! la cité reconnaît
>   Ses traits et son génie !
> Que n'a-t-il pas tenté dans ses labeurs divers ?
> De la science humaine il gravissait la cime ;
> Il monta jusqu'au point d'où son regard sublime
>   Embrassait l'univers.

>   Salut ! Tu déchiras les voiles
>   Qui cachaient le monde à nos yeux.
>   Les chœurs sans nombre des étoiles
>   Célèbrent ton nom dans les cieux.

> Salut, moderne Prométhée !
> Ton œuvre immense est attestée
> Par les peuples reconnaissants,
> Et, de ta splendeur couronnées,
> La mer bleue et les Pyrénées
> Applaudissent à nos accents !

N'avais-je pas raison de dire que la journée avait été bonne pour le patriotisme ?

PAUL ARÈNE

Si Sainte-Beuve existait encore, quel plaisir il aurait à esquisser la fine physionomie de Paul Arène, l'auteur de ce livre nouveau : *Au bon Soleil!* Plaisir de friand, de délicat! Avant tout, il aurait salué en M. Arène un homme d'esprit, ce qui est un produit moins commun que voudraient le faire croire des gens intéressés à fonder une école de la platitude. Le talent de M. Paul Arène a ceci de particulier et d'exceptionnel qu'il dérive de deux sources bien accusées : la Provence et Paris.

La Provence a fourni son paysage brûlé, ses senteurs pénétrantes, ses mauves, ses lavandes, ses menthes, le chant de ses cigales, le bruissement de ses oliviers, et aussi ses coups de mistral. Elle a donné les sensations premières, l'éducation native et inoubliable; elle a mis du pâtre dans l'enfant, ce qui est toujours une bonne chose. Si, plus tard, Paris l'a raffiné, au point d'en faire un de ses plus miraculeux boulevardiers, dans le sens honnête du mot, il ne lui a jamais enlevé non pas le souvenir mais la présence réelle et constante du pays natal, et son influence fortifiante.

De ce double courant il est résulté un écrivain d'une saveur piquante, ayant sa manière de voir et de sentir, absolument maître de sa forme, et cette forme est d'une rare pureté sous sa légèreté apparente, d'une sincérité, d'une souplesse toutes françaises. Je la comparerais volontiers à un excellent outil de graveur. Jamais d'emphase, il a trop de malice pour cela, mais souvent une émotion discrète, qui fait songer à la *Sylvie* de Gérard de Nerval. Il n'y a aucun danger à rappeler un tel maître, qui ne procède que de lui-même et de la nature.

Au bon soleil! Le titre vaut une préface. Un poète exclusivement lyrique aurait mis : *Au grand soleil!* La nuance introduite par M. Paul Arène dit tout son talent, fait de clarté et de bonté. Il aurait même mis : *Au gai soleil*, qu'il serait resté dans sa note personnelle, car en même temps que l'esprit il a la gaieté, autre denrée qui ne court pas précisément les rues.

Des contes et des récits de voyage, voilà tout le volume. Les pages délicieuses y abondent ; on peut dire de M. Arène comme de certains peintres, « qu'il réussit le morceau ». J'y prends une anecdote plus récente que les autres, afin de payer, en tant que chroniqueur, mon tribut à l'actualité.

« C'était à Florence ; un train de plaisir français arrivait. Il y avait foule à la gare : des députations, des musiques avec des bannières, une portait en or le nom de Garibaldi. Les voyageurs la saluèrent, On répondit par un formidable : *Evviva la Francia!* — Tout à coup, et quand le silence se fut fait, timidement mais fermement, comme quelqu'un qui a son idée, se détacha du groupe un petit joueur de triangle, brun, ébouriffé, la bouche grande, des dents blanches jusqu'aux oreilles. Il baragouinait un peu de français ; il cria : « *Evviva la Répoublica!... Evviva Vittore Ougo!* »

ASSELINEAU

Il y a un de mes ouvrages que je n'ose plus rouvrir qu'avec effroi. C'est la *Lorgnette littéraire*, « dictionnaire des grands et des petits auteurs de mon temps, » publié en 1857, chez l'éditeur Malassis.

Dix-sept ans se sont écoulés depuis cette publication; et, pendant ces dix-sept ans, j'ai vu mourir près de la moitié de ces auteurs, petits et grands, mes amis pour la plupart. D'abord je traçais une croix à côté de chaque nom disparu, mais au bout de quelque temps mon livre ressembla à un cimetière. Je renonçai à cette besogne de fossoyeur.

On m'a demandé plusieurs fois de réimprimer la *Lorgnette littéraire*. Il est trop tard aujourd'hui. De quel effet seraient mes plaisanteries sur toutes ces tombes? Une épigramme perd les trois quarts de sa valeur devant un *ci-gît*.

Voilà pourquoi je n'ai pas même voulu relire ce que j'y ai écrit sur Asselineau. C'était un de mes plus anciens amis, et des meilleurs. Il m'avait servi de témoin dans un premier duel. Il ne tutoyait guère que Nadar et moi.

Petit, brun, toujours vêtu de noir et cravaté de blanc, son extérieur était des plus distingués, on devinait tout de suite le savant de bonne compagnie, l'érudit tempéré par l'homme du monde. Ses yeux, d'un dessin un peu chinois, annonçaient beaucoup de curiosité et de finesse. Il parlait doucement. — Tel était Charles Asselineau... à vingt-cinq ans, — lorsque je le vis pour la première fois à la Bibliothèque de la rue Richelieu.

Il m'aurait été difficile de le voir ailleurs, car il y avait élu domicile du matin au soir; et, pour en être moins séparé la nuit, il avait loué un logement rue Sainte-Anne. De cette façon, il n'avait que la place Louvois à traverser.

D'autres ont parlé des ouvrages très intéressants d'Asselineau; je me contenterai pour aujourd'hui de dire quelques mots du personnage et de l'ami, — car c'était surtout *un ami* dans le sens le plus général du mot. Il avait besoin d'affections choisies et constantes. C'était l'homme du groupe, de la réunion intime. Aucun plaisir n'était pour lui au-dessus d'une causerie littéraire entre quatre ou cinq, au coin du feu pendant l'hiver, sous la tonnelle pendant l'été.

Le groupe auquel il se voua tout entier s'était formé naturellement autour du libraire Malassis, littérateur lui-même, élève de l'école des Chartes, et qui avait commencé par être le camarade de ceux dont il devait devenir l'éditeur. Propriétaire d'une imprimerie à Alençon, Auguste Poulet-Malassis se trouva tout porté pour publier une série d'ouvrages jeunes, hardis, originaux, tels que la *Double vie*, d'Asselineau; les *Païens innocents*, d'Hippolyte Babou; les *Fleurs du mal*, de Baudelaire; les *Poëmes barbares*, de Leconte de l'Isle; les Poésies complètes de Théodore de Banville, etc., etc.

Ce fut un événement dans la librairie ; quelques-uns s'en souviennent peut-être, M. Malassis, s'inspirant des tradictions du libraire romantique Eugène Renduel, avait ressuscité la vignette et l'eau-forte pour ses publications. Ses livres étaient fabriqués à Alençon, mais ils paraissaient à Paris, dans une belle boutique s'ouvrant rue Richelieu, au coin du passage des Princes.

L'intérieur de cette boutique était ornée d'une dizaine de médaillons signés Alphonse Legros et représentant les auteurs favoris de la maison. Le meuble le plus important était un gigantesque poêle de faïence orné de peintures par Bracquemond.

C'était autour de ce superbe poêle que se réunissait chaque soir la petite phalange qui atteignit, un certain moment, à l'importance d'un cénacle. Charles Asselineau n'était pas un des derniers à ces rendez-vous.

Dire les amitiés d'Asselineau, c'est raconter sa vie. Aussi chacune de celles-là, qui venaient à sombrer dans la mort, emportaient-elles quelque chose de lui-même, Philoxène Boyer et Charles Baudelaire, qui partirent presque en même temps, lui laissèrent au cœur une douleur incurable ; et c'est à partir de ce moment qu'il tomba dans une mélancolie dont la littérature parvenait à peine à le distraire.

Et pourtant il l'aimait bien, la littérature ! Il suffisait d'entrer chez lui pour en être convaincu, dans son dernier logement de la rue du Four-Saint-Germain. Tout y exhalait un parfum d'étude et de recueillement. Dans de grands cadres des études de Corot, de Daumier, d'Eugène Delacroix. Dans des placards qui ne s'ouvraient qu'aux initiés, des volumes d'une rareté exquise, recouverts par Lortic de reliures jansénistes. Dans des portefeuilles, nombre d'épreuves de Célestin Nanteuil, de Tony Johannot, de Porret, d'Henri Monnier.

Asselineau aurait pu vivre plus longtemps, si le ciel lui avait donné une âme moins impressionnable. Les trépas successifs de Sainte-Beuve, de Théophile Gautier, de Philarète Chasles, lui donnèrent le dernier coup. Il crut à la fin de toutes choses et principalement des choses de l'esprit.

Il ne retrouvait quelques heures d'apaisement qu'à la table du docteur Piogey. Là, chaque vendredi le ramenait régulièrement au milieu de compagnons survivants : Théodore de Banville, Champfleury, Armand du Mesnil, etc.... Là, il semblait parfois renaître et il se surprenait à ressaisir quelques-uns des sourires d'autrefois. Mais le voile retombait bien vite sur son front.

Au moins, il se sera éteint environné des sympathies de tous. Les délicats garderont sa mémoire ; et, tôt ou tard, il se trouvera certainement quelqu'un pour consacrer à ses œuvres, — plus nombreuses qu'on ne croit, — une étude complète, qui montrera l'homme de goût et d'émotion.

ALFRED ASSOLANT

« *Je reviendrai!* » s'est écrié Alfred Assolant en dirigeant un poing menaçant vers le banc des ducs.

Je connais Assolant; il le fera comme il le dit: il reviendra.

Il reviendra tous les ans, tous les six mois, tous les trois mois, selon que la Parque fauchera plus ou moins parmi les prétendus Immortels.

Mais quelle singulière mouche a piqué Alfred Assolant? Et d'où vient que notre ardent confrère se laisse tenter par ce qu'on appelle le style académique?

Il existe un style académique, hélas! on ne saurait le nier.

C'est, de tous les styles, celui qui éblouit le plus et qui abuse le mieux. On le reconnaît immédiatement à sa perruque volumineuse, à son jabot et à ses manchettes de dentelle, à sa démarche importante, à ses gestes cadencés, à ses talons frottés de rouge.

C'est le style *endimanché* par excellence. Sa spécialité est de faire la roue, pas autre chose. Il excelle à parler pour ne rien dire, à broder des canevas illusoires; il s'applique à parer les gens et les sujets creux. Il est en littérature le pendant du trompe-l'œil en peinture.

Avec le style académique, on peut écrire *sur place* pendant un demi-volume sans faire faire un pas à l'idée. Mais qu'est-ce que l'idée a à voir par là? L'idée est l'ennemie jurée du style académique.

Et cependant le style académique rend des services, — surtout aux académiciens.

Jamais, par exemple, le style académique ne sera plus nécessaire que pour la réception de M. le duc d'Audiffret-Pasquier *en séance solennelle*, comme on dit. Je ne sais quel sera, à cette époque, le directeur de l'Académie française ; mais, quel qu'il soit, il ne « sera pas à la noce », pour me servir d'une expression populaire. (Le peuple a sa rhétorique, lui aussi, qui vaut parfois celle de l'Institut.) Il faudra que ce directeur déploie toutes les ressources du style susnommé pour *faire passer* le nouvel élu.

Il faudra qu'il le félicite de n'avoir jamais rien écrit de sa vie.

Il faudra qu'il l'encourage à persévérer dans ce système d'abstention.

Il faudra qu'il le complimente sur son nom et sur son titre.

Et puis... et puis, ce sera tout.

Sans le style académique, on ne viendrait jamais à bout d'une telle corvée ; mais, avec le style académique, on a enlevé bien d'autres situations.

Je vois, j'entends d'ici ce pauvre directeur. Je me transporte à cinq mois, à six mois.

Le noble duc a cessé de parler ; les applaudissements retentissent encore. Sa besogne a été facile, à lui. Il a fait l'éloge de son prédécesseur en soutane, de M. ou Mgr d'Orléans, une physionomie remuante, une existence pleine d'événements, une biographie aisée à constituer. Il s'en est tiré à son honneur, glissant sur son sujet comme un frotteur sur son parquet, jusqu'à ce qu'il reluise. Et tout le monde d'admirer le rochet de M. Dupanloup ! Le beau rochet, en vérité, — violet presque autant que le nez de son propriétaire !

Puis, lorsqu'il s'est agi de se placer lui-même sur la sellette, le noble duc s'est enveloppé d'une nuée de modestie. Il s'est fait petit, petit, plus petit que nature. Il a remercié en s'étonnant, et s'est étonné en remerciant. A force de se diminuer, on a pu croire un instant qu'il allait disparaître, ou tout au moins jeter bas son habit à palmes vertes et s'écrier : « Eh bien ! non, reprenez ces marques honorifiques, reprenez ce titre d'académicien ! Je n'en veux pas, je vous les rends ! Il y a vingt autres personnes au moins qui en sont plus dignes que moi ! » Mais le noble duc n'a pas poussé les choses jusque-là ; il a su résister aux conseils et aux entraînements de sa modestie.

On l'attendait à la politique ; il ne s'y est pas dérobé. Il a dit ceci et cela ; il a eu des considérations d'un ordre élevé, et d'autres d'un ordre simplement ingénieux. Il a constaté la marche rapide du progrès, qu'il a comparé à un fleuve aux eaux quelque peu limoneuses, et il a reconnu des nécessités d'endiguement. — En somme, le discours qu'on attendait de lui ; en somme aussi, le succès qu'il avait espéré.

Alors, cela sera au tour du directeur et au tour du style académique, car le style qu'on vient d'entendre n'est qu'un style ducal.

2.

Le directeur, brandissant son manuscrit sur l'auditoire, prendra sa belle voix, car il y a une voix académique comme il y a un style académique, et il commencera de la sorte. — ou à peu près :

« Monsieur...

(On dit *monsieur* à tout le monde, à l'Académie française, mêmes aux princes; c'est une des bonnes coutumes qui s'y sont conservées).

» Monsieur,

» Vous m'avez rendu la tâche facile en retraçant d'une façon aussi fidèle qu'impartiale la vie et les œuvres du glorieux prélat dont nous déplorerons longtemps la perte.

. . . .

» Il serait inutile après vous, Monsieur, de revenir sur cette période troublée et bouleversée dont vous avez su nous faire une peinture si saisissante et si pleine d'enseignements.

. . . .

» On ne saurait trop louer l'art délicat et nuancé qui a présidé au tableau des premières années de notre éminent collègue, années difficiles et décisives, et d'où son caractère devait ressortir énergiquement trempé pour l'avenir.

. . . .

» En pénétrant davantage dans cette âme d'élite, et en cherchant à déterminer les causes des nobles luttes où elle devait plus tard se consumer, vous avez su, Monsieur, obéir à un sentiment de réserve dont tous les esprits vous sauront gré.

. . . .

» J'arrive à vous, Monsieur... (c'est ici qu'on va voir se multiplier les exemples de style académique)... à vous dont la modestie ajoute un trait de plus au mérite, modestie dont nous ne saurions accepter l'expression exagérée. A défaut d'autres titres, qui relèvent de l'opinion publique, l'éloge brillant que vous venez de faire de M. Dupanloup suffirait pour justifier notre choix. Jamais éloquence plus soutenue, jamais langue plus savante, jamais plus heureux choix d'images ne furent mis au service d'une plus haute conviction. Ce portrait restera comme une page d'histoire définitive.

» En vous admettant dans son sein, Monsieur (le *sein* fait partie du mobilier du palais Mazarin), l'Académie française a voulu surtout consacrer celle de ses traditions qui lui est la plus chère, c'est-à-dire l'hérédité du talent dans un grand nom et dans une grande famille. Fidèle à ce principe, qui remonte à notre illustre fondateur, notre compagnie n'a jamais cessé de se recruter parmi les individualités éclatantes qui lui semblent résumer et fixer le mieux la physionomie d'une époque.

» Il vous eût donc été difficile, Monsieur, d'échapper à nos regards, quand bien même vous l'eussiez voulu. Mais, avec votre bonne grâce accoutumée, vous avez fait la moitié du chemin.

» Nous avions d'ailleurs depuis longtemps une dette de reconnaissance à acquitter envers celui qui fut et restera une des grandes figures de ce siècle ; j'ai nommé votre père adoptif, Monsieur. Son souvenir est toujours vivant parmi nous, dont sa sérénité bienveillante éclaira souvent les réunions. C'est lui qui semble avoir marqué votre place dans cette enceinte, où nous avons cru tout à l'heure entendre résonner sa voix.

» De l'héritage si riche et si varié de celui que nous nous plaisions à appeler le grand Pasquier, vous avez recueilli naturellement, Monsieur, les dons les plus considérables de l'intelligence, et principalement cet amour des lettres, qu'il portait à un si haut degré. Sans en avoir fait l'objet d'un culte constant, ce qu'il faut regretter dans une certaine limite, vous l'avez maintenu avec une ferveur dont votre discrétion a été la trop jalouse ennemie. En cela, comme en tant d'autres choses, vous avez continué la tradition de de M. le grand chancelier, et nous vous en adressons nos compliments sincères... »

Vous plaît-il que je continue?

Avez-vous assez du style académique? Je sais qu'il peut finir par écœurer, mais, pris à petites doses, il est quelquefois divertissant. Il y a des gens qui s'en sont nourris toute leur vie, — comme Villemain, — et d'autres qui s'en nourrissent toujours, comme...

Ne nommons personne, et restons-en là.

Voilà donc la coupe où voudrait s'abreuver Alfred Assolant!

Qu'il lise le pastiche auquel je viens de m'amuser, et il en frémira peut-être; et peut-être murmurera-t-il : « C'est donc ainsi que j'aurais été dimanche! »

Alors, sans doute, Alfred Assolant renoncera à sa candidature *perpétuelle* à l'Académie française.

Comme Banquo surgissant au milieu d'un festin,

il a produit son *effet;* une deuxième, une troisième apparition, seraient d'un goût contesté. On serait en droit de lui dire en lui tapant sur l'épaule : « Ami Banquo, rentrez chez vous ; vous êtes d'une autre Académie qui vaut bien celle-ci, et dont votre confrère Arsène Houssaye a écrit l'histoire : l'Académie du *quarante et unième Fauteuil!* »

HIPPOLYTE BABOU

Un juré me tombe sous la main.

Je ne le lâche pas.

Ce juré s'appelle Hippolyte Babou ; ce fut un hommes de lettres, un écrivain de race, spirituel jusqu'à l'agacement, ingénieux et malicieux jusqu'à faire demander grâce, indépendant avec délices, gai par tempérament, érudit jusqu'au bout des ongles, connaissant par le menu l'histoire littéraire depuis 1840, ayant approché et approchant encore tous ses confrères en leur riant au nez, intermittent comme travail, facile comme relations, mais prompt à se regimber contre la sottise familière.

Cet Hippolyte Babou, qui avait sacrifié au *far niente* depuis une dizaine d'années, vient de se révéler à nouveau ces jours-ci par un volume bizarrement intitulé : *Sensations d'un juré.*

Le sous-titre, il est vrai, porte : *Vingt figures contemporaines.*

Ces figures, si nous courons à la table, sont : Sainte-Beuve, Léon Gozlan, Stendhal, Thiers, Mignet, Dupanloup, Lacordaire, Alfred de Vigny, Béranger, Brizeux, Mistral, Gérard de Nerval, Gustave Planche, Saint-Marc Girardin, Nisard, Michelet, Philarete Chasles, Saint-René Taillandier, Auguste de Châtillon, Alphonse Daudet, etc., etc.

Si jamais juré se laissa moins influencer par les

dépositions des accusés, — et aussi par celle des témoins, — c'est à coup sûr M. Hippolyte Babou. Il apporte sur son banc tous les tressaillements, toutes les impatiences, toutes les injustices de l'homme passionné.

S'agit-il de l'accusé Sainte-Beuve ? Il voit en lui « un petit homme à grosse tête, souriant et grimaçant, ébouriffé, débraillé, moitié faune et moitié moine. »

La belle mine de Frédéric Mistral ne le désarme pas ; il en veut au peintre Hébert de l'avoir représenté dans le frontispice de *Calendau* « l'œil au ciel, le front rayonnant, comme un jeune lord Byron. »

M. Hébert ne pouvait pas en faire un bossu, cependant.

Entre autres reproches que le juré Babou adresse à M. Mistral, un des plus surprenants est d'avoir, au début d'un de ses poëmes, invoqué l'âme de la Provence, « comme si, dit M. Babou, — la Provence, au dix-neuvième siècle, avait une âme distincte de celle de la France. »

Chicane puérile ! L'âme de la France peut se subdiviser : il y a l'âme de la Provence comme il y a l'âme de l'Alsace, l'âme de la Bretagne (demandez à Brizeux), l'âme du Berry (demandez à Mme Sand), etc., etc.

M. Hippolyte Babou a une manière toute personnelle de faire de la critique. Il la veut dramatisée, coulée dans la forme du dialogue, avec surprises, descriptions et inventions. Chacun de ses portraits à un cadre différent, cherché, fouillé, guilloché.

Son étude sur Léon Gozlan commence ainsi :

« Pendant que j'assistais, l'autre soir, en plein Théâtre-Français, à une reprise de cette spirituelle petite pièce, la *Tempête dans un verre d'eau*, une illusion singulière est venue tout à coup me détacher du spectacle. Derrière les clartés de la rampe qui n'éclairait plus qu'un fond vaporeux où s'étaient évanouis la pièce et les acteurs, Léon Gozlan m'est apparu... »

Quelques pages plus loin, dans la même étude : « Léon Gozlan n'est pas mort, me disait un chroniqueur *en roulant sa cigarette* ; il a donné sa démission de la vie.

— Hélas ! lui répondis-je *en lui donnant du feu de mon cigare*, c'est la seule qu'il ne pourra pas retirer ».

Tout le procédé de M. Babou est dans cette cigarette roulée et dans ce feu donné. La mise en scène, il ne voit que cela ; la mise en scène partout et à propos de tout !

Son portrait de Michelet est intitulé : *Michelet il y a cent ans*.

Celui de l'évêque d'Orléans : *Monsieur ou Monseigneur Dupanloup*.

Celui de Béranger : *Mon Béranger*.

Deux autres : *Feu Saint-Marc Girardin* et *Feu Nisard*.

Au fond, cette préoccupation de se montrer aimable, varié, pittoresque, n'a rien de condamnable. Elle pourrait surprendre chez un critique à haute visée, mais M. Hippolyte Babou ne paraît pas ambitionner ce titre. Ce sont les côtés artistes et mondains qui dominent chez lui.

Je dois cependant signaler la figure de Stendhal,

qui tranche sur toutes les autres par son ton ferme et sérieux.

Quelquefois, à force de chercher le fin du fin, Mascarille-Babou (c'est un de ces accouplements de mots comme il les aime) arrive à ne presque plus être compris.

J'en prends pour exemple l'anecdote suivante, où il me fait jouer un rôle dont je ne me souviens pas, en attendant que j'aie jamais pu avoir un motif de m'en souvenir.

Il s'agit *d'un homme heureux*, c'est-à-dire de M. Véron.

« Quand il eut quitté pour jamais le *Constitutionnel* — raconte M. Hippolyte Babou — on s'imagina bonnement que le joyeux docteur était tombé dans le marasme. Charles Monselet, ayant bien dîné (hum ! comment faut-il prendre cela ?), eut la vertueuse pensée d'aller consoler le solitaire. Il sonne, la porte s'ouvre : le bourgeois de Paris jouait paisiblement aux dominos avec Sophie, sa gouvernante. Et le grand salon était illuminé come pour une fête princière ?

» Monselet, en sortant, fit porter au docteur un bouquet de violettes. L'homme heureux ne comprit rien au bouquet. »

Je souhaite que mes lecteurs comprennent mieux que le docteur Véron.

Cela est tellement fin, tellement fin...

THÉODORE BARRIÈRE

Un joli portrait de Théodore Barrière est celui qui se trouve dans les *Lettres d'un mineur*, d'Antoine Fauchery :

« J'ai un de mes meilleurs amis, écrivain dramatique des plus forts, qui apprécie dans une mesure exagérée les gens robustes et actifs. Il est tout flamme et rempli d'aspirations fantastiques qui procèdent, assure-t-il, d'un besoin ardent des exercices physiques. Il abandonne un scénario qui presse, pour faire au pas gymnastique quatre lieues autour de sa chambre. Souvent, au beau milieu d'une scène pathétique, il quitte son bureau, se glisse dans la cuisine, et profite de l'absence de la bonne pour fourrer deux ou trois poignées de gros sel dans le pot-au-feu. Il plante là le dénoûment d'un cinquième acte pour descendre quatre à quatre dans la cour décharger du bois avec les commissionnaires ; — et si, lorsqu'il se promène et rêve sous les grands arbres, vous mettiez une hache à sa disposition, pris d'une soudaine fantaisie bucheronne, il serait capable de réduire en falourdes le quinconce le plus épais. »

Il est peu d'hommes de lettres qui n'aient leurs manies, ou plutôt leurs procédés particuliers pour s'exciter au travail.

Emile Augier, avant d'écrire ses dialogues incisifs et brillants, donne du cor de chasse à pleins poumons dans sa maison de campagne à Croissy, quai de l'Ecluse.

Barbey d'Aurevilly revêt un costume satanique : maillot rouge, veste rouge, calotte dantesque. Ainsi ont été écrites les *Diaboliques*.

Henri Meilhac joue au billard, sur un billard à lui, installé dans son appartement de la rue Drouot. Entre deux parties, il prend la plume et écrit une scène de comédie.

Le plus étonnant des écrivains à manies était sans contredit Philarète Chasles.

Très mondain, il ne se mettait au travail qu'à la dernière extrémité. Mais alors il n'abandonnait la besogne entreprise que lorsqu'elle était achevée entièrement. Il appelait cela *entrer en loge.*

Dans ces circonstances, il s'enfermait absolument portes closes et rideaux tirés, quelque heure qu'il fût. Plusieurs flambeaux autour de lui. La seule nourriture qu'il prît alors était un bizarre mélange de jaunes d'œufs durs pilés et délayés dans du café noir. Ce mets était placé sur la table, à sa portée ; il en usait discrètement, à de longs intervalles. Pour unique boisson, du vin de Champagne.

Cela durait deux ou trois jours et autant de nuits. Mais aussi lorsque Philarète Chasles *sortait de loge*, quel détente ! quel joyeux vacarme ! quelle tempête d'éclats de rire ! comme il lui semblait bon de se remettre à vivre !

BELLINI

On a vendu cette semaine, pour la modique somme de 12 fr. 50 c., une lettre autographe de Bellini — l'exhumé de l'autre jour.

Bellini a laissé la mémoire d'un élégant et sympathique jeune homme. Sa taille était élancée et souple, son teint d'une grande clarté, ses yeux bleus, ses cheveux blonds, disposés en boucles naturelles. Un sourire plein de douceur errait continuellement sur sa bouche, d'accord avec un regard expressif. De légers favoris encadraient l'ovale un peu allongé de ses traits délicats. C'étaient la distinction et l'aménité incarnées.

Ceux qui l'ont approché ont conservé le souvenir de ses manières exquises. A l'époque où Rossini avait la beauté de la santé, Bellini avait la poésie de la grâce ; nul ne l'a portée plus haut que lui, dans sa personne comme dans ses œuvres. Il parlait peu ; et ce quelque chose de tendre qu'on remarquait au premier abord sur sa physionomie dégénérait facilement en mélancolie dans l'intimité.

L'aimable Sicilien Vincenzo Bellini fut célèbre de bonne heure, et tout de suite. Lablache le trouva au Conservatoire de Naples et le recommanda à Barbaja, le directeur-soleil, qui lui fit écrire ses premiers opéras. Bellini avait alors vingt-deux ans, et déjà d'imprudents amis le comparaient à Rossini.

Telle n'était pas cependant l'opinion de Bellini, qui fut toujours plein de modestie et de tact. Selon un de ses compatriotes, c'était *à genoux* qu'il étudiait *Moïse*. Une anecdote fournit la preuve de cette admiration sincère. C'était un matin, à Milan ; Bellini, étant en train de se raser, apprend que Rossini vient d'entrer dans la maison pour faire visite à un de ses amis qui y demeurait. Avec toute l'ardeur de son âge, Bellini, sans se donner le temps d'essuyer son visage et d'arracher la serviette nouée autour de son cou, se précipite dans l'escalier et arrive au-devant de Rossini, l'acclamant, lui pressant les mains.

Le premier mouvement de celui-ci est de reculer devant ce menton savonné ; mais lorsqu'il le reconnaît, il lui dit, moitié riant, moitié grave :

— Mon cher Bellini, je suis très content de votre *Pirata*, que j'ai entendu hier à la répétition ; c'est bien, très bien ! Vous êtes heureux de commencer par où les autres finissent.

Il ne pouvait y avoir ni ironie ni amertume dans ces paroles, que les journaux d'alors reproduisirent. Gênes, Parme, Venise, appelèrent tour à tour Bellini, et dans chacune de ces villes il composa un opéra ou deux, qui, en outre de leur valeur, avaient la fortune d'être interprétés par des artistes tels que Rubini, Lablache, Tamburini, la Pasta.

C'est tantôt à Paris, tantôt dans sa maison de campagne, à Puteaux, que Bellini écrivit *I Puritani* pour la troupe du Théâtre-Italien. Le succès en fut prodigieux ; jamais l'enthousiasme des Français n'avait été poussé aussi loin. La salle se leva tout entière pour saluer le jeune maître ; Louis-Philippe lui envoya la croix de la Légion d'honneur ; le triomphe fut complet.

Hélas ! Bellini ne devait pas en jouir longtemps : en 1835, il s'éteignait dans cette maison de Puteaux. La langueur répandue dans la plupart de ses partitions n'était que l'écho de cette autre langueur qui le minait depuis son enfance...

Il avait trente ans environ, et il avait composé dans toute sa vie neuf opéras.

BERLIOZ

Il paraît que j'ai été un peu dur pour Berlioz dans une de mes chroniques.

Je croyais cependant avoir fait les réserves les plus respectueuses pour son talent, — je n'ai pas hésité à prononcer le mot de génie.

Je me suis contenté de nier son martyre ou, du moins, d'en contester l'intensité. J'ai cherché également à justifier en partie ses contemporains du reproche d'injustice à son égard.

J'aurais pu accuser davantage les côtés joyeux d'un homme en qui l'on s'obstine à ne voir qu'un Prométhée occupé à se laisser complaisamment ronger le foie par une horde de vautours.

On oublie trop qu'Hector Berlioz a écrit le volume des *Grotesques de la Musique*, qui est surtout un recueil de calembredaines.

Par malheur, ces calembredaines sont fréquemment d'une lourdeur et d'un goût déplorables. Si vous voulez en juger, lisez cette anecdote, — qui vise M. Offenbach :

« M. X... dirige à Paris un affreux petit théâtre que la pudeur me défend de nommer. Ce théâtre et son directeur sont tous les deux *jettatori*, c'est-à-dire qu'ils jettent des sorts, qu'on meurt ordinairement dans le cours de l'année si l'on serre la main au directeur, et qu'on est infailliblement *atteint d'une diarrhée si l'on entre dans le théâtre.*

» Dans une maison où je me trouvais ces jours-cî, l'amphytrion, qui pousse la simplicité et l'incrédulité jusqu'à douter de l'influence des *jettatori*, s'avisa, pour tourmenter un de ses invités, homme de beaucoup d'esprit et de foi au contraire, de lui jouer le tour suivant. Le nom de chaque convive était écrit, selon l'usage, sur un carré de papier placé devant sa serviette. Il s'arrangea pour que le carré de papier du croyant fût retourné, et indiquant de la main son siège à celui-ci :

» — Voilà votre place, lui dit-il.
» Le malheureux s'assied sans méfiance, déploie sa serviette, retourne machinalement le papier qu'il croyait porter son nom, et y découvre celui de M. X..., écrit sur un coupon de loge du théâtre *jettatore*. L'homme d'esprit fait un bond en arrière, et aussitôt, sans crier gare, est pris de vomissements violents... avant dîner. »

Il est impossible, je crois, d'écrire plus mal et avec moins d'esprit.

CHARLES DE BESSELIÈVRE

Villemessant aimait beaucoup Charles de Besselièvre, qui vient de mourir. Il l'aimait, d'abord parce qu'il était noble et que Villemessant a toujours eu un tendre pour la noblesse ; il se plaisait dans la compagnie de René de Rovigo, de Roger de Beauvoir, de Xavier de Montépin, de d'Artois, de Mᵐᵉ de Renneville, de la comtesse Dash, du vicomte Walsh, du prince de Valory, du duc de Quélus. Non pas que ses allures à lui, Villemessant, fussent précisément celles d'un gentilhomme ; on aime surtout les gens pour les côtés qu'on n'a pas.

Il aimait surtout Charles de Besselièvre parce que Charles de Besselièvre était un taciturne et le laissait parler tout à son aise. Or, Villemessant avait le prurit du monologue. Il lui fallait des intelligences passives, des mines approbatives, des sourires complaisants. Cet Agamemnon n'aurait pas su se passer d'Arcas. Il en eut de toute main ; il les traînait avec lui à déjeuner, sur le boulevard, dans les cercles, où il jouait ferme ; dans les théâtres, où il pleurait comme un bon bourgeois.

Entre tous, Besselièvre était son homme. Il ne savait pas trop si c'était un écrivain, cela lui importait peu. Son plus grand titre à ses yeux était d'être légitimiste et d'avoir approché le comte de

Chambord à Frohsdorf. Les collectionneurs de journaux se souviennent d'un article de M. Charles de Besselièvre, publié dans la *Chronique de Paris* de 1849 et qui commence de cette étrange façon :

« *Ferd. J. D. C. Austri, imp. hung. Boh. r. h. n. v. 1842. Rex. Lomb. et Ven. Dalm. Tall. Lod. Ill. a. a.*

» Tout ceci se trouve écrit sur la face et le revers d'une pièce de monnaie étrangère gagnée par moi, un certain soir, au whist, à M. le comte de Chambord.

» Bonne petite pièce ! je ne t'ai pas dépensée ; je t'aime trop pour te laisser courir le monde !... Tu es à moi pour toujours !... Tu dois te trouver bien... Tu ne voyageras que si je voyage, et tu ne seras qu'où je serai pendant toute ma vie ! Et comment consentirais-je jamais à me séparer de toi, charmante petite pièce, dont la vue suffit pour me rappeler le plaisir... le bonheur ! A quelle bonne soirée tu me reportes ! quel délicieux souvenir tu perpétues en moi ! et que tu m'arrivas d'une manière aimable ! »

Suit la relation de la soirée passée par M. de Besselièvre à Frohsdorf.

« La conversation s'engage, une demi-heure environ, sur la France et la politique... Quant à moi, je m'efface et n'ouvre pas la bouche... Le prince exprime avec chaleur son amour pour la France ; il croit fermement qu'il est nécessaire à son bonheur.

» — Je l'aime trop pour ne pas la rendre heureuse ! s'écrie-t-il ; toujours on rend heureuses les personnes qu'on aime !

» La comtesse de Chambord rougit, levant les yeux au ciel comme pour attester la vérité de ces paroles. »

Loin de moi l'idée de vouloir railler les sentiments respectables de M. Charles de Besselièvre. Je me contente de citer, laissant le lecteur faire les réflexions qu'il voudra.

« On entame l'histoire..... l'histoire de France, bien entendu ; on discute le mérite des rois. Le prince cite aussitôt Charles V, qui, rentré à Paris malgré les rebelles, rétablit les affaires du royaume, dirige les armées du fond de son cabinet et, secondé de son fidèle général Duguesclin, chasse les ennemis du royaume.

» — Bon ! me dis-je, il aura la sagesse de Charles V !

» Sans s'arrêter, il saute à Charles VII, lorsqu'un souverain d'Angleterre était couronné roi de France à Notre-Dame. Avec quel contentement, quelle félicité il nous montre le roi légitime réintégré dans tous ses droits, réparant les maux de la guerre, s'efforçant de limiter la puissance des papes et de rétablir la liberté des églises par la pragmatique sanction.

» — Très bien ! repris-je tout bas ; le prince a une religion aussi éclairée que ferme et sincère..... elle lui servira sans jamais lui nuire. »

J'abrège, pour arriver au moment où, après une partie de whist, le comte de Chambord remet à

M. de Besselièvre la petite pièce de monnaie dont il vient d'être question.

« — Jamais, dit le prince, je n'ai payé une dette avec autant de plaisir ! Recevez donc cette petite pièce avec la même joie que je vous la donne ; souvenez-vous que vous la devez à l'amour que j'ai pour la France... Qu'elle soit la *pièce* de votre mariage avec la royauté, et songez bien que le divorce est défendu ! »

Voilà bien de l'entortillage pour une altesse royale.

Mais peut-être M. de Besselièvre, qui était un peu vaudevilliste, y a-t-il ajouté quelques traits de sa façon.

CHARLES BLANC

Il y a un livre exceptionnel dans l'œuvre de Charles Blanc, un livre qui est comme la détente de ce bon esprit. C'est un petit volume peu connu, intitulé : *De Paris à Venise, notes au crayon*. Aucun apprêt dans cette narration d'un voyage de gaie humeur, accompli vers 1856. L'auteur avait pour compagnon de route Paul de Saint-Victor, un raffiné d'art et de littérature. « C'est un esprit brillant, toujours vif, toujours prêt; il est sobre dans ses jugements et magnifique dans ses paroles. »

Écrit au jour le jour, sur place, à la fortune du crayon, comme il le dit lui-même, le récit de Charles Blanc est empreint d'une sincérité qui en fait le principal mérite. On y rencontre telle page où le directeur des Beaux-Arts disparaît entièrement pour laisser place à l'homme, au bon enfant. Témoin la rencontre avec M. Armand Baschet, à Venise, et la promenade nocturne qui s'ensuivit à travers trois ou quatre cents ponts et autant de ruelles. Charles Blanc, émoustillé, écrit sur son journal :

« ... Non, on n'imagine pas toutes les adorables bêtises que peut soulever à pareille heure la conversation de trois Parisiens égarés dans les corridors de cette ville étrange. Paul de Saint-Victor étincelait de bons mots. Armand Baschet, qui n'avait pas ri depuis trois ans, se rattrapait à cœur joie... L'ancien Prudhomme était revenu je ne sais comment sur le tapis, et il me souvient que je posai à mes compagnons cette question redoutable :

» — Quelle serait la folie de M. Prudhomme, s'il devenait fou ?

» Voici la meilleure des trois réponses : Prudhomme est devenu un puissant roi d'Égypte ; il dessine sur toutes les murailles, avec la pointe de son sabre d'honneur, des ibis, des serpents, des hiéroglyphes. Il assure que la source du Nil est dans ses reins ; que lorsqu'il n'a pas la pierre il inonde l'Égypte et le Delta ; qu'autrement ces riches contrées sont condamnées à une stérilité désolante. »

Je ne nie pas qu'il y ait beaucoup d'enfantillage là-dedans ; l'abandon est poussé trop loin ; mais j'aime à surprendre les gens sérieux en flagrant délit d'humanité.

D'ailleurs, Charles Blanc n'a jamais été sérieux outre mesure, pas plus dans ses écrits que dans ses actes. Il laisse un ouvrage plus agréable que profond avec son *Histoire des peintres de toutes les écoles*, ouvrage pour lequel plusieurs collaborations lui ont été nécessaires. C'est cette *Histoire* qui lui a valu d'être reçu à l'Académie des beaux-arts. Peut-être cette récompense était-elle suffisante, et n'y avait-il pas lieu à y joindre, quelques années plus tard, le titre de membre de l'Académie française. Charles Blanc n'avait aucune des qualités qui font l'écrivain supérieur ; c'était un talent honnête, rien de plus. Insistons sur cette honnêteté.

Insistons aussi sur l'aménité qui formait le fond de son caractère et qui, à toutes les époques, lui a rendu l'existence facile. Républicain, il n'avait rien de farouche. La multiplicité des emplois et des dignités n'effrayait pas sa bonne volonté ; quoique deux fois académicien et pourvu d'un logement à l'Institut, il avait encore accepté, en ces derniers temps, une place au Collège de France. Il aimait le travail et ses fruits.

Cet hiver, il y a peu de semaines, en présence d'une foule lettrée, Charles Blanc, sous le porche de Saint-Germain des Prés, prononçait l'oraison funèbre de Paul de Saint-Victor. Il adressait le dernier adieu à son brillant compagnon de voyage, à l'homme enjoué des nuits de Venise. Rien ne faisait prévoir alors qu'il dût aller si tôt le rejoindre à la gare de l'éternité.

BLAQUIÈRE

Au moment où la vogue semble revenir aux chansonnettes excentriques, il n'est peut-être pas sans intérêt d'évoquer le souvenir d'un des fondateurs du genre : Paul Blaquière, l'auteur de la *Femme à barbe* et de la *Vénus aux Carottes.*

Paul Blaquière était, il y a une dizaine d'années, une des physionomies des plus populaires du boulevard parisien. Toute l'expansion du Midi se reflétait sur son brun visage, dans ses yeux joyeux et ombragés de sourcils épais, dans sa bouche toujours ouverte à la gaieté. Un accent fortement imprégné de terroir (il était de Clairac, dans le Lot-et-Garonne) ajoutait à sa jovialité habituelle. Sa taille était haute. Ses vêtements simples et longs, la canne dont il se servait, en marchant, lui donnaient l'apparence de ce qu'il était en réalité : un campagnard à son aise.

Sous ce rapport, le musicien Blaquière aurait pu donner une poignée de main au peintre Courbet, — par-dessus la Garonne.

Le succès inespéré de ses chansonnettes commençait, vers les derniers temps, à l'embarrasser, à le déconcerter même. Il se sentait obligé à autre chose, à mieux. Il avait fait des études classiques, dont il ne tirait pas vanité. Il lisait plus qu'on ne croyait. Un matin il accourut chez moi, et, avec des enthousiasmes à la façon de La Fontaine, il me prêta les *Lettres* de Mendelssohn.

Blaquière était toujours en mouvement, toujours affairé, courant à des rendez-vous avec des éditeurs de musique, des paroliers, des dessinateurs, des graveurs, la poche remplie de lettres, se frappant le front tout à coup au milieu d'une conversation, quittant brusquement toute compagnie, avisant des commissionnaires, envoyant des dépêches télégraphiques, accordant une importance exagérée aux événements les plus frivoles, se passionnant pour un rien, s'imaginant des ennemis... Des ennemis à l'auteur de la *Femme à barbe* !

ÉMILE BOUCHERY

Emile Bouchery ?...

Ce nom ne dit rien à la foule, je le sais ; il est à peine connu d'un petit nombre d'anciens journalistes, parmi lesquels Bouchery a tenu son rang avec plus de modestie que d'éclat.

Et cependant, que d'espérances n'avait-il pas données lors de ses débuts !

Pour cela, il faut remonter un peu haut, jusqu'à la fiévreuse période romantique. Tous les jeunes gens avaient alors *quelque chose dans le ventre*, et surtout une fougue, une verve, une audace d'originalité !

Emile Bouchery, qui venait on ne sait d'où, jeta au nez du public deux ouvrages d'une rare excentricité :

Maritalement parlant, par MM. de Cobentzell ; 1834, Alexandre Mesnier, libraire.

Après Vêpres, par l'abbé Froulay ; 1837, Alphonse Levavasseur et Cie, libraires.

Si l'on me demande pourquoi ces deux pseudonymes, je répondrai que je n'en sais rien. Emile Bouchery, souvent interrogé par moi à ce sujet, m'a dit que c'était la mode et qu'on espérait ainsi piquer la curiosité de l'acheteur. — Arsène Houssaye m'a dit la même chose à propos de son premier român : *De Profundis!* qu'il a signé Alfred Mousse.

Les deux volumes d'Emile Bouchery furent remarqués pour leur étrangeté et l'inouïsme de leur style. Ils furent attribués à plusieurs écrivains en renom, entre autres à Pétrus Borel. On pouvait s'y tromper, en effet ; c'est le même esprit paradoxal, la même outrance dans les situations et la même préciosité dans la phrase.

Cette croyance fut poussée à ce point qu'un libraire de Bruxelles publia, en 1841, une contrefaçon d'*Après Vêpres,* sous le titre nouveau de : Mme *Isabelle,* par Pétrus Borel.

Dans un autre genre, un genre moins échevelé, Emile Bouchery obtint un véritable succès avec les *Petits-Fils de Gulliver,* parus dans le *Journal des Enfants.* Ce roman, qui a charmé toute une génération en pantalon à dentelles, peut se classer à côté des *Aventures de Jean-Paul Chopart,* de Louis Desnoyers.

Pourquoi Bouchery s'arrêta-t-il en si bon chemin ? Ah ! pourquoi ? Parce que les nécessités quotidiennes de la vie firent de lui un journaliste.

On le trouve à la *Patrie,* on le rencontre au *Figaro* ; il est bon à tout et il fait de tout, le malheureux ! Articles de sciences, de tribunaux, de politique.

Et puis, comme un grain de fantaisie ne devait jamais l'abandonner, Emile Bouchery s'en alla un jour prendre la rédaction en chef du *Journal de Monaco.*

C'est égal ; c'était un homme bien doué, un écrivain de talent et de race. Il ne lui a manqué que la chance : peu de chose, — tout !

LORD BROUGHAM

Lord Brougham est quelque chose comme le Christophe Colomb de Cannes. Il y aborda vers 1831. Ce n'était alors qu'une humble bourgade de pêcheurs, — mais les environs étaient ce qu'ils ont toujours été : splendides. Ils frappèrent vivement l'attention de l'honorable lord chancelier, qui, après une carrière politique des plus agitées, aspirait après le repos, et était en quête d'une retraite agréable et pittoresque.

Cannes lui convint, et il s'y installa. Il acheta autant de terrains qu'il voulut, fit planter des jardins et bâtir des villas. Une des plus célèbres s'appelle le *château d'Eléonore-Louise*.

On connaît les Anglais : ils sont assez moutonniers. L'exemple de lord Brougham ne tarda pas à agir sur leur imagination paresseuse. Ils arrivèrent à Cannes, — non sans méfiance d'abord, car leur illustre compatriote avait la réputation, parfaitement justifiée, d'un original, d'un excentrique. Mais cette fois lord Brougham n'avait mystifié personne : Cannes était un séjour délicieux.

De nouvelles villas s'élevèrent; à présent, il y en a à ne pouvoir les compter.

Lord Brougham a passé à Cannes les dernières années de sa verte vieillesse. Il était le centre de la colonie anglaise. Les hommes importants de toutes les nations venaient lui rendre visite.

Très fantasque personnage, qui attend son biographe et son peintre définitif; abondant en saillies spirituelles, et aussi en brusques boutades à la manière des gens de son île; d'ailleurs, plein de sympathies pour la France. Exalté par la révolution de 1848, il avait sollicité du gouvernement provisoire le titre de citoyen français.

Jusqu'en 1869, la reconnaissance des habitants de Cannes avait négligé les occasions de se manifester publiquement. A cette date seulement, un buste de lord Brougham fut érigé sur la promenade principale, dans le square qui porte son nom.

Hier, ce buste a fait place à une statue.

Cette statue est en bronze.

CALDERON

La ville de Madrid va fêter son grand poète dramatique Calderon. Il y a donc encore un peu de place dans le monde pour autre chose que pour la politique. J'avoue que j'hésitais à le croire.

Ces fêtes auront un écho à Paris : l'Association littéraire internationale organise une représentation extraordinaire à l'Odéon. La France doit assez à la littérature espagnole pour prendre part à la manifestation madrilène.

Calderon a été plusieurs fois traduit chez nous, au moins en partie, car on ne porte pas à moins de quinze cents le nombre de ses pièces.

Quinze cents pièces! — Hein? d'Ennery!

Et, parmi ces quinze cents pièces, de véritables chefs-d'œuvre, comme le *Médecin de son Honneur* et l'*Alcade de Zalaméa*.

C'est une rude et vigoureuse physionomie, ce Calderon! Soldat d'abord, prêtre ensuite. Il y a, en effet, de l'arquebuse et du crucifix dans son œuvre.

Le drame le plus caractéristique et le plus personnel de Calderon de la Barca est peut-être la *Dévotion à la Croix*, « comédie fameuse ». Elle appartient à la période du prêtre, alors que son auteur était chapelain de l'église de Tolède.

C'est le drame catholique et fanatique dans toute son essence et dans toute son horreur naïve.

Le début en est saisissant.

La scène représente une gorge de montagnes, obscure et déserte, au milieu de laquelle se dresse une grande croix, formée de deux débris de chêne non équarris.

Deux cavaliers, deux jeunes gens, arrivent et mettent pied à terre.

— N'allons pas plus loin, dit l'un d'eux ; voici un endroit qui convient à ce que je veux de vous. Tirez votre épée du fourreau, Eusèbe, et mettez-vous en garde. Il faut vous battre.

— Volontiers ; mais quelle est votre plainte ?

— C'est un outrage trop grand pour que je le répète. Ma voix s'y refuse. Connaissez-vous ces lettres ?

— Jetez-les à terre ; je les ramasserai.

— Les voici... Eh bien ! vous avez pâli ; vous êtes troublé !

— Elles sont toutes de moi, je ne le nie pas.

— Eh bien ! moi, je suis fils de Lisardo Curcio, gentilhomme. Vous avez séduit ma sœur Julia. Demain, pour que l'honneur de notre nom ne soit pas terni, elle entrera dans un couvent ; elle sera religieuse de gré ou de force. Quant à vous, rendez-moi raison ; que l'un de nous meure, et qu'il meure ici.

A cette fière harangue Eusèbe ne réplique rien d'abord. Il semble se recueillir, enfin il prononce d'un ton grave les paroles suivantes :

— Je vous ai écouté, je me suis contenu. Lisardo, modérez-vous de même et entendez ma réponse. Il faut, dites-vous, que l'un ou l'autre tombe à cette place ; c'est bien, mais sachez auparavant quel personnage est devant vous : un homme qui ne craint rien et qui se sent protégé par une main invisible. Je ne sais quel fut mon père. On m'a dit que j'étais né au pied d'une croix, le ciel pour dais, une pierre pour berceau. Trois jours, les bêtes féroces errèrent autour de moi sans toucher à l'enfant sans défense. Un berger me recueillit par miséricorde; il s'appelait Eusèbe; il me donna le nom d'Eusèbe *de la Croix*. Je grandis dans sa cabane; mon naturel était dur et barbare; l'astre de ma naissance était terrible, menaçant à la fois et sauveur; toujours la croix me protégeait... Embarqué avec des troupes, je vis notre vaisseau donner contre un écueil et se briser. Un madrier sur lequel je me cramponnai me sauva; c'était le symbole miraculeux qui me protégeait encore : ce débris avait la forme d'une croix. Dans les batailles, en face des bandits, dans la misère, dans mes vices, dans mes crimes, toujours le signe divin veille sur moi. Je suis mystérieusement prédestiné. Lisardo, ne vous attaquez pas à moi; la mort ne voudra pas de moi, vous dis-je !

Lisardo l'a écouté avec impatience.

— Que ta langue se taise ! dit-il; c'est maintenant au fer à parler.

Je connais peu de drames aussi altièrement posés. Quelle âpreté ! quelle sauvagerie ! quelle violence !

Eusèbe tue Lisardo, comme il l'a annoncé. Ce meurtre n'est que le prélude d'une série de forfaits : couvents forcés, brigandages dans les sierras. Et partout, même dans les moindres épisodes, éclate l'idolâtrie du symbole, la *dévotion à la croix*.

— Un prêtre qui traverse la montagne est atteint par la balle d'un des soldats d'Eusèbe ; mais ce prêtre a composé un *Traité des miracles de la Croix,* et son manuscrit se trouve sous son habit, à la place du cœur. La balle s'amortit sur ce bouclier.

Je n'ai pas l'intention d'analyser ce drame étrange et farouche. Il suffira de savoir que le père de Lisardo se met à la poursuite du meurtrier de son fils et du séducteur de sa fille. Il apprend, par suite d'une complication, qu'Eusèbe est le propre frère de Julia. Depuis Calderon, cette situation a souvent été transportée au théâtre.

LES SOUVENIRS DE M. MAXIME DU CAMP

M. du Camp se souvient de beaucoup de choses, excepté du jour et de l'année de sa naissance. C'est un point que sa modestie abandonne aux faiseurs de dictionnaires biographiques. Il ne s'est engagé, d'ailleurs, qu'a donner des *Souvenirs littéraires*. « Je suis un trop mince personnage, — dit-il dans son avant-propos, — *je me suis trop résolument tenu à l'écart de la vie publique,* pour me permettre d'écrire des Mémoires. »

Voilà de l'humilité bien comprise ; mais M. Maxime du Camp est-il sûr autant que cela de s'être toujours tenu à l'écart de la vie publique ? Qu'est-ce donc que son enquête en quatre gros volumes sur les événements de la Commune ? Qu'est-ce donc que ses *Souvenirs de 1848* ? Il semble au contraire à beaucoup de gens qu'il a joué un rôle singulièrement et terriblement en évidence. De ce qu'il n'a pas été un personnage officiel, en a-t-il moins exercé une action et une pression sur son époque ?

N'insistons pas. Il se tourne aujourd'hui vers de plus tranquilles occupations. Bien subtile est la différence qu'il prétend établir entre des *Souvenirs* et des *Mémoires*. Il a beau dire qu'il n'est qu'un témoin, qu'il ne veut que s'occuper de ses amis defunts; tournez la page : il va vous raconter sa « première fessée ».

Trois hommes ont tenu une grande place dans l'existence de M. Maxime du Camp. Ce sont, par ordre chronologique : Louis de Cormenin, Gustave Flaubert et Louis Bouilhet.

Ce qu'il raconte d'eux est bien raconté, simple et touchant. Comment pourrait-il en être autrement ? Ce sont les heures enchantées de la jeunesse qu'il évoque.

A l'amitié qu'il éprouve pour eux trois se mêle une dose d'admiration plus prononcée pour Gustave Flaubert. Cela se comprend. M. Maxime du Camp obéit à un courant contre lequel personne n'a encore réagi. Le moment présent est à l'enthousiasme pour Flaubert. En parlant de lui, l'auteur des *Souvenirs littéraires* a cet avantage sur les enthousiastes du moment présent qu'il a été l'ami des premiers jours.

Peut-être est-il allé un peu loin dans ses révélations ; peut-être eut-il mieux fait de taire quelques-unes des infirmités cruelles de Gustave Flaubert ; l'opinion publique le lui a déjà fait entendre, non sans sévérité. — N'écris rien sur ton ami mort que ton ami vivant n'ait pu lire avec satisfaction ! — M. Maxime du Camp ne paraît pas avoir eu connaissance de ce précepte élémentaire.

En revanche, il a des épisodes charmants sur ce grand malade, qui fut souvent un grand enfant.

En dehors de Gustave Flaubert, de Louis Bouilhet et de Louis de Cormenin, les *Souvenirs* de M. Maxime du Camp n'ont que peu d'intérêt et peu de consistance. Il ne faut pas le sortir de ses trois amis. Les coups d'œil jetés par lui sur les choses de son temps sont absolument superficiels ; ses jugements sur les hommes, à peu d'exceptions près, sont écourtés et fréquemment injustes. Il ne connaît d'autres guides que ses sympathies et ses antipathies. Ainsi, il ne discute pas Ledru-Rollin, il l'exécute.

En littérature pareillement. Henri de Latouche, l'excellent lettré, celui qui a révélé André Chénier à la France, le conseiller de George Sand, l'auteur de la comédie étrangement puissante de la *Reine d'Espagne*; Henri de Latouche, qui a signé cinq ou six romans dignes au moins d'analyse, est traité par lui de médiocrité. « Il possédait une toute petite fortune, qu'il avait gagnée en publiant chez le libraire Auguste Pillet les comptes rendus du procès Fualdès. » A qui M. du Camp fera-t-il croire qu'on gagne une fortune, si petite qu'elle soit, par une spéculation semblable, alors que tous les journaux de l'époque avaient le droit de publier les mêmes comptes rendus ?

Une autre fois, c'est le poète Barthélemy qu'il prend à partie. « J'ai appris, dit-il, il y a une quinzaine d'années peut-être, sur la *Némésis*, un détail ignoré et qu'il est bon de faire connaître. Malgré son extrême facilité, et quoi qu'il fût aidé par Méry, Barthélemy ne suffisait pas au labeur qu'il avait assumé, et il ne parvenait pas toujours à composer une satire par semaine. Il avait de mystérieux collaborateurs parmi les jeunes gens qui cherchaient à faire leur trouée dans le monde des lettres ou ailleurs. Un de ceux dont il utilisait le plus volontiers et dont il achetait les vers était un homme de chétive apparence, maigrelet, au dos voûté, au visage énergique et ravagé, qui se faisait appeler Gaillard. Or, ce nom de Gaillard était un pseudonyme ; le vrai nom était Lacenaire. »

Voilà un beau racontar, ma foi ! il n'y manque que la vraisemblance. Je passe sur le côté calomniateur et profondément injurieux, sur les vers achetés ; et par qui ? par l'écrivain le plus consciencieux et en même temps le plus hautain, par Barthélemy ! Mais la collaboration de Lacenaire, quel est l'homme un peu au courant de l'histoire littéraire du dix-neuvième siècle qui pourrait y ajouter foi ? Lacenaire n'était pas seulement un monstre dans l'ordre social, c'était encore un crétin dans l'ordre poétique. On a réuni ses vers en volume, si l'on peut appeler des vers ce ramas d'inepties sans règles grammaticales, ces chansons d'égout où l'on ne trouverait pas à utiliser une moitié d'hémistiche... Otez vite cette vilaine anecdote de votre livre, Monsieur du Camp !

L'exactitude est le côté faible de l'auteur des *Souvenirs littéraires*. Il accepte des renseignements de toute main. Le mal n'est pas grand lorsqu'il ne s'agit que des *Huguenots*. « J'ai ouï raconter au sujet de ce duo, écrit M. Maxime du Camp, une anecdote *que je crois vraie, quoique je n'en aie pas vérifié l'exactitude.* » Mais cela donne à frémir lorsqu'on songe qu'il aurait pu procéder de la même façon pour ses enquêtes des *Convulsions de Paris* !

Ce matin, le *Journal des Débats*, qui n'est point suspect d'hostilité calculée envers M. du Camp, ne pouvait se tenir d'écrire les lignes suivantes au sujet de son livre :

M. Maxime du Camp, qui a beaucoup vu, s'est

beaucoup souvenu ; quand il n'a pas vu, il s'est informé, ce qui est encore un grand mérite, à la condition cependant qu'on ne parle point avec l'assurance d'un témoin lorsqu'on n'a été qu'un juge instructeur ou un confident ; la chose est advenue parfois à M. Maxime du Camp en matière d'histoire contemporaine. »

M. du Camp apporte la même légèreté d'examen dans l'orthographe des noms propres. Il écrit Moupou et Maupou au lieu d'Hippolyte Monpou. Il écrit Lœve-Veimars au lieu de Loève-Veimars. Puérilités, si l'on veut.

Il a aussi des manières à lui de juger les comédiens. Prenons, par exemple, ce croquis de Geffroy, du Théâtre-Français : « Geffroy n'était point ce que l'on appelle un artiste à effet ; il ne cherchait pas à en produire et faisait bien. Malgré une physionomie assez dure, ironique, dédaigneuse, il n'était point déplaisant ; il était alerte et adroit ; à le regarder se mouvoir en scène, *on reconnaissait un homme familiarisé avec les bons exrcices du corps, avec l'escrime, la paume et la natation.* »

Du diable si, en voyant Geffroy jouer *Chatterton*, l'idée m'est jamais venue de murmurer : « Voilà un gaillard qui doit être très fort au jeu de paume ! » — De même, lorsqu'il remplissait dans *Diane* le rôle du cardinal de Richelieu (cité par M. du Camp), il aurait fallu être bien malin pour deviner un homme familier avec la natation.

Parce que j'ai commencé cet article sur le mode taquin, on aurait tort d'en conclure que j'y ai été poussé par une animosité personnelle. Mes rapports assez nombreux avec M. Maxime du Camp, et qui datent de loin, ont toujours été de la meilleure confraternité. J'ai été et je reste très partisan de ses *Chants modernes*, de ses *Lettres de Hollande*, de ses *Salons*, de son *Egypte et Nubie*. Il y a là un talent nerveux et vibrant, tempéré par une phrase correcte qui atteste les plus fortes études classiques.

Même dans ses *Souvenirs littéraires*, pour lesquels j'ai dû faire quelques réserves, je trouve des morceaux assurément remarquables. Ce sont ceux surtout où il se ***souvient*** pour son propre compte ; on ne niera pas l'émotion qui anime ce « couplet » :

« O vieux homme ! penché sur ton papier, grisonnant, presque chauve et courbé, est-ce bien toi qui as été si chevelu, si résistant, si actif ? Est-ce toi qui as tant voyagé, qui, si souvent, as dormi sous les étoiles du ciel d'Orient ; qui as vécu avec les Arabes des bords de la mer Rouge, qui as chassé l'autruche et le lion avec les hommes de grande tente ? Est-ce toi qui as fait la guerre ? Est-ce toi qui as si profondément aimé les amis qui t'ont précédé dans la tombe dont tu t'approches ? Est-ce bien toi ? »

Cette note mélancolique se retrouve souvent dans le livre. M. Maxime du Camp est visiblement hanté par des images funéraires. Il parle à chaque instant de la poussière des tombeaux et de sa fin prochaine. Mais cette fin, il ne semble pas l'envisager avec la sérénité du sage. Espérons que le milieu apaisant dans lequel il vit aujourd'hui (je parle de l'Académie française) aura raison de ces visions chagrines. D'ailleurs, certains académiciens ne meurent qu'une fois : c'est le jour de leur réception.

CARNOT

L'inauguration de la statue de Carnot doit avoir lieu le 1er septembre, dans sa commune natale, à Nolay, en Bourgogne.

Ce n'est pas trop tôt.

La Belgique avait déjà devancé la France. On peut voir à Anvers une statue de Carnot, son défenseur en 1814. La Belgique a payé sa dette de reconnaissance avant la France.

En France, voici ce qui se passe maintenant. Le *Figaro* a publié avant-hier un article sur Carnot où on lit ceci : « Carnot ne fut autre chose, en somme, qu'un organisateur médiocre, un politique sans principes et sans dignité, un jacobin tout aussi exécrable que ses congénères. »

Et voilà exécutée en trois lignes une de nos gloires les plus incontestées jusqu'à présent.

C'est triste, l'esprit de parti poussé à ce point.

L'écrivain du *Figaro* ajoute en un autre paragraphe : « *La plupart du temps,* Carnot n'alla aux armées que pour faire jurer aux troupes de manquer aux serments qu'elles avaient précédemment prêtés, ou pour destituer les officiers suspects de n'aimer point d'amour tendre le jacobinisme ou les jacobins. »

Or, voici comment l'histoire s'exprime sur l'attitude de Carnot aux armées :

L'ennemi s'avançait, la Picardie était envahie. Carnot part avec Jourdan ; la bataille s'engage. Le poste de Wattignies était formidable ; il fut résolu qu'on porterait là tous les efforts et qu'on enlèverait cette position à la baïonnette. L'instant fut terrible ; Carnot combattait à pied, un fusil à la main ; pour hâter sa marche, il monte sur le cheval d'un dragon qui venait d'être tué ; il se précipite en avant, entraîne les soldats, fond sur l'ennemi, est repoussé, revient de nouveau et réussit à planter son drapeau sur le sommet des redoutes impériales.

Voilà ce que Carnot faisait aux armées *la plupart du temps*.

Ce glorieux fait d'armes, signalé par toutes les biographies, est passé sous silence par l'auteur de l'article en question, qui traite dédaigneusement Carnot d'*homme de guerre en chambre*.

Telle n'était pas l'opinion de Dumouriez, qui, dans la dernière édition de ses *Mémoires*, a tracé le portrait le plus élogieux de Carnot. « C'est lui, dit-il, qui est le créateur du nouvel art militaire en France. »

Les ennemis de Carnot ne lui pardonnent pas sa signature au bas d'arrêtés funestes émanés du Comité de salut public. Il s'est montré, toute sa vie, fort sensible à ce reproche, et il n'a jamais laissé passer une occasion de se justifier. On a de lui une lettre à son camarade de jeunesse, Beffroy de Reigny, où il entre à ce sujet dans des explications assez étendues.

Beffroy, dans un travail apologétique, avait

rejeté ces signatures sur une certaine faiblesse de caractère.

Carnot lui répond vivement :

« Certes, celui qui a toujours combattu les factions, tantôt celle des jacobins, tantôt celle des courtisans ; celui qui a rempli des missions délicates sans jamais faire couler une goutte de sang et sans jamais laisser fléchir les principes ; celui qui, le premier, a attaqué Saint-Just et Robespierre, et osé les traiter hautement de dictateurs ; qui proposa aux comités réunis de les dénoncer à la Convention, de fermer les Jacobins, de faire arrêter Henriot, de dissoudre la Commune et de prendre ainsi à temps toutes les mesures de suprême ordre public, celui-là, j'imagine, n'est pas aussi faible qu'on pourrait le croire.

» Mais je ne me plains pas de l'opinion qu'on peut se former sur mon compte. Pourvu que ma probité et la droiture de mes intentions soient sauves, j'abandonne tout le reste ; et je pense qu'en République, à part ces deux articles, un bon citoyen doit tout sacrifier.

» ..... Le moindre retard eût perdu la chose publique ; le seul moyen d'aller était de distribuer la besogne et de signer de confiance celle des autres. J'étais chargé de la partie militaire, et je faisais moi-même tous les arrêtés et toutes les minutes des lettres aux représentants du peuple en mission aux armées, ainsi qu'à tous les généraux. S'il en est une seule qui ne soit pas marquée au coin de la justice, de l'humanité, de la fermeté, de la moralité la plus pure, je passe condamnation. Mais il serait souverainement injuste de me rendre responsable des actes dont je n'ai jamais pris ni pu prendre la moindre connaissance.

» Je travaillais dix-huit heures par jour, mes forces étaient épuisées, je ne pouvais faire plus... »

Plus tard, — la chose lui tenant à cœur, — il est revenu sur ce chapitre dans un écrit publié en 1815 et intitulé : *Exposé de la conduite politique de M. le lieutenant général Carnot.*

» Toutes ces inculpations, y dit-il, se sont réduites à quelques signatures de forme, en très petit nombre, pour des affaires que la multitude de celles dont j'étais personnellement chargé ne me permettait pas de discuter. Ce n'est pas lorsqu'on est obligé de correspondre avec quatorze armées, sans employer de secrétaires, qu'on peut s'occuper d'autre chose. Si j'avais refusé ma signature aux actes de mes collègues, ils m'auraient refusé les leurs; toute ma machine périssait entre mes mains et il y eût eu bien d'autres victimes. »

Et quelques lignes plus loin : « Je crois avoir sauvé plus de monde au Comité de salut public que Robespierre n'en a fait périr. »

La vérité est là.

Carnot fut l'homme du monde le plus bienfaisant, le plus serviable, le plus courtois, le plus laborieux le plus sincère.

Il est hors de doute que ses *signatures de forme* ont eu quelques inconvénients, s'il faut ajouter foi à une anecdote rapportée par M. F. Grille.

Carnot habitait rue Saint-Florentin, n° 2, dans une maison tenue par une dame qu'il aimait beaucoup et qu'il voyait quotidiennement.

Cette dame, un jour, fut arrêtée et conduite en prison. Quels furent son étonnement et son indignation en voyant sur le mandat d'arrêt la signature de son locataire, de Carnot lui-même !

Carnot rentre à minuit rue Saint-Florentin. Tout le monde accourt au-devant de lui.

— Comment ! lui dit-on, vous avez signé l'ordre d'arrestation de votre amie, de Mme N... !

— Moi ! s'écrie-t-il au comble de la surprise.

Et, tout ému, il retourne au Comité de salut public, demande, exige et obtient la liberté de son hôtesse.

Cela aurait dû le rendre plus circonspect à prêter sa signature.

Un écrivain royaliste, qui n'est pas suspect de tendresse envers Carnot, Mahul, a résumé ainsi son jugement sur lui : « Il joignit aux vertus publiques les vertus privées. Dans une République bien réglée, il serait arrivé, selon l'ordre naturel des choses, au timon de l'État ; il eût présidé à ses destinées. Aussi désintéressé, aussi dévoué à la patrie, aussi véritablement grand que Washington, il n'aurait pas gardé avec moins de fidélité que lui le dépôt sacré des libertés publiques. Mais sa capacité et sa probité se trouvèrent malheureusement annulées par son association avec des hommes plus ambitieux. »

A ceux qui préfèrent les jugements laconiques, je conseillerai encore d'ouvrir le *Mémorial de Sainte-Hélène*, au tome II, page 136. Ils y trouveront ces mots de Napoléon :

« Carnot est l'homme le plus honnête qui ait figuré dans la Révolution. Il a quitté la France sans un sou. »

ARMAND CARREL

La ville de Rouen se prépare à élever une statue à Armand Carrel.

Corneille et Boeldieu ne lui suffisaient pas. Il lui fallait encore le journaliste sévère et triste, — l'homme qui, bien que Normand, est celui qui répond le moins à l'idée qu'on se fait d'un Normand.

Carrel avait déjà une statue dans le cimetière de Saint-Mandé, sculptée par David d'Angers. Mais qu'est-ce que c'est qu'une statue parmi les morts ? La vraie statue est celle de la place publique, celle qui est mêlée au monde des vivants, qui semble prendre sa part des agitations, des intérêts, des passions de la foule.

C'est surtout sur la place d'un marché que j'aime à voir la statue d'un personnage célèbre. Explique qui pourra cette prédilection. Je trouve quelque chose de touchant dans une tête bonne et pensive qui semble se pencher sur le va-et-vient des vendeurs et des acheteurs, sur l'amas bariolé des marchandises exposées, sur les coiffes des femmes, sur les jeux des petits garçons. Je sais bien que personne ne fait attention à la statue, mais c'est égal, elle est la dominante pittoresque du tableau.

J'ignore dans quel endroit — marché ou promenade — la municipalité de Rouen a l'intention de dresser la statue d'Armand Carrel. Mais je crains bien qu'elle ne fasse peur aux enfants. La physionomie du publiciste a quelque chose d'âpre et de dur. C'est, pour employer une image populaire, l'idéal du *monsieur qui n'est pas commode*.

Armand Carrel aurait aujourd'hui quatre-vingt-huit ans. Il naquit à Rouen le 8 mai 1800, dans la rue Coignebert, ainsi que le constate une plaque commémorative posée sur une maison qui portait alors le numéro 16. Son père était un modeste commis marchand, qui plus tard exploita pour son compte un fonds de dentelles et de linons. On a parlé de sa mère comme d'une femme de beaucoup de bons sens et d'une grande fermeté de caractère. La mère eut longtemps beaucoup d'empire sur le fils.

Les premières années d'Armand Carrel, au lycée de Rouen, ne paraissent avoir eu rien de remarquable en dehors de sa vocation irrésistible pour le métier des armes. Il triompha de la résistance de sa famille et entra à Saint-Cyr. Là, il commença à donner des preuves d'indépendance et de fierté; il était déjà libéral.

— Avec des opinions comme les vôtres, lui dit un jour le général d'Albignac, commandant de l'école, vous feriez mieux de tenir l'aune dans le comptoir de votre père.

— Mon général, répondit le jeune Carrel, si jamais je reprends l'aune, ce ne sera pas pour mesurer de la toile.

L'impertinence n'avait pas attendu chez lui le nombre des années.

A vingt-un ans, on le trouve sous-lieutenant au 29° de ligne.

Mais quel sous-lieutenant! Agité, inquiet, conspirateur...

Mon dessein n'est pas d'écrire une biographie d'Armand Carrel, non plus qu'une étude. J'aurais trop à dire sur sa carrière militaire, si courte et si diversement remplie. Il y eut bien des illogismes dans sa conduite. Démissionnaire en 1823, il passa en Espagne et offrit ses services à la cause constitutionnelle; Français, il se servit de ses armes contre des Français. Toutes les statues qu'on pourra lui élever ne feront pas oublier cela.

On sait comment il fut fait prisonnier sur le champ de bataille, puis mis en jugement et condamné à mort, et enfin acquitté. Au cours de la procédure, il avait voulu jeter sa chaise au visage du président du conseil de guerre.

De tous les actes de violence d'Armand Carrel, et ils sont nombreux, celui qui fit le plus pour sa réputation est son apostrophe à la Chambre des pairs alors que, devenu journaliste, il y avait été amené pour défendre M. Rouen, gérant du *National*.

Le nom du maréchal Ney arriva sur ses lèvres.

« A ce nom, dit-il, je m'arrête, par respect pour une glorieuse et lamentable mémoire. Je n'ai pas mission de dire s'il était plus facile de légaliser la sentence de mort que la revision d'une procédure inique ; les temps ont prononcé. Aujourd'hui, le juge a plus besoin de réhabilitation que la victime. »

On s'imagine l'effet produit par ces paroles.

Le président répliqua avec vivacité : « Défenseur, vous parlez devant la Chambre des pairs. Il y a ici des juges du maréchal Ney ; dire que ces juges ont plus besoin de réhabilitation que la victime, c'est une expression, prenez-y garde, qui pourrait être considérée comme une offense. Je vous rappellerai que le texe de la loi, dont j'ai eu l'honneur de vous donner lecture, serait aussi bien applicable à vos paroles qu'à l'article dont M. Rouen est ici responsable. »

Mais Carrel n'était pas facile à intimider; sa réponse fut foudroyante.

« Si, parmi les membres qui ont voté la mort du maréchal Ney et qui siègent dans cette enceinte, il en est un qui se trouve blessé de mes paroles, qu'il fasse une proposition contre moi, qu'il me dénonce à cette barre, j'y comparaîtrai; je serai fier d'être le premier homme de la génération de 1830 qui viendra protester, au nom de la France indignée, contre cet abominable assassinat! »

La stupeur fut unanime.
Armand Carrel était perdu sans un appui qui lui vint des bancs même de la Chambre des pairs.
Le général Excelmans se leva brusquement et, avec un accent inexprimable :

« Je partage l'opinion du défenseur ! s'écria-t-il; oui, la condamnation du maréchal Ney a été un assassinat juridique; *je le dis, moi!* »

Le président fut forcé de passer outre.
Certes, Armand Carrel doit être considéré comme un journaliste de haut talent. Peut-être y avait-il en lui l'étoffe d'un homme d'État. Qui peut le

savoir? Il est mort à trente-six ans, laissant en route ses compagnons.

Mais, on peut le dire à présent sans trop le diminuer, sous cette hauteur de points de vue, sous cette probité de principes politiques, il y avait quelquefois un peu de sécheresse d'esprit et de style. Cette correction perpétuelle aurait gagné à se détendre par intervalles.

Chose étrange ! cet homme de progrès était hostile au mouvement littéraire. Il a combattu de toutes ses forces Victor Hugo. C'est là une mauvaise note.

Il a fait plus : il a voulu, une fois, envoyer un cartel à l'auteur des *Feuilles d'automne,* comme le révèle l'auteur de l'ouvrage *Victor Hugo raconté par un témoin de sa vie.*

Toujours les cartels ! toujours la violence !

C'est par là qu'il devait périr.

Ce qui a été écrit de mieux sur Armand Carrel l'a peut-être été par Châteaubriand.

« M. Carrel était à la fois le courage et le talent du *National,* auquel il travaillait avec MM. Thiers et Mignet. M. Carrel appartient à une famille de Rouen, pieuse et royaliste ; la légitimité aveugle, et qui rarement distinguait le mérite, méconnut M. Carrel. Fier et sentant sa valeur, il se réfugia dans des opinions généreuses, où l'on trouve une compensation aux sacrifices qu'on s'impose ; il lui est arrivé ce qui arrive à tous les caractères aptes aux grands mouvements. Quand des circonstances imprévues les obligent à se renfermer dans un cercle étroit, ils consument des facultés surabondantes en efforts qui dépassent les opinions et les événements du jour. Avant les révolutions, des hommes supérieurs meurent inconnus; leur public n'est pas encore venu; après les révolutions, des hommes supérieurs meurent délaissés; leur public s'est retiré. »

J'aime ces portraits en quelques lignes, nettement tracés, qui résument une existence et expliquent une destinée.

DE CHAMPAGNY

Est-il beaucoup de gens qui puissent se vanter d'avoir lu les œuvres de M. le comte de Champagny? On me permettra d'en douter. C'est pourtant cet écrivain hautement obscur, si je puis employer cette expression, que les académiciens ont préféré à Théophile Gautier. Le jour de cette élection, Mérimée, qui était arrivé de Cannes tout exprès pour donner sa voix au grand poète (c'était en 1869), avait déjeuné aux Tuileries avec l'empereur, et celui-ci lui avait demandé : « Vous êtes venu voter pour M. de Champagny ? — Non, sire, avait répondu Mérimée, je ne puis pas voter pour un clérical. »

Les mêmes gens qui n'ont jamais ouvert un volume de M. de Champagny ne manqueront pas de m'objecter que c'était un homme parfaitement distingué et écrivant au besoin en fort bon style. Parbleu ! qui est-ce qui en a jamais douté ? Mais où en serait-on si l'on mettait à l'Académie tous les gens distingués, et même tous ceux qui sont en état de se tirer proprement d'un discours académique : avocats, médecins, députés, ingénieurs, grands industriels ? Tous les tapissiers ne seraient occupés qu'à fabriquer des fauteuils pour le palais Mazarin, et ce ne serait plus par quarante, mais par quatre cents, par quatre mille qu'on les compterait.

Le comte de Champagny était né académicien, cela est indiscutable. Le même Théophile Gauthier avait là-dessus une théorie bien arrêtée. Il disait dans ses entretiens intimes :

« On naît académicien comme on naît archevêque, cuisinier ou sergent de ville, et celui qui doit l'être ne meurt pas avant de l'avoir été ; la mort attend. Si tu dois être de l'Académie, ne te préoccupe de rien, tu en seras ! Ne prends pas la peine d'écrire un livre, c'est absolument inutile. Tu peux cependant t'amuser à lancer des pamphlets contre elle ; cela n'empêchera pas ton sort, s'il est écrit. Mais si tu n'es pas prédestiné, si tu ne dois pas en être, trois cents volumes et dix chefs-d'œuvre reconnus pour tels par l'univers agenouillé, et même par elle, entends-tu bien? ne te feront pas ouvrir la porte. »

On sait que ce fut M. de Champagny qui reçut M. Littré à l'Académie française. Il avait été fort hostile à son admission, et il lui fit grise mine dans son discours.

« Vous ne l'ignorez point, monsieur, lui dit-il, c'est le littérateur, le philologue, l'écrivain que l'Académie couronne en vous nommant ; ce n'est pas le penseur ni le philosophe... »

Je connais plus d'un homme de lettres qui, à la place de M. Littré, aurait pris son chapeau et quitté la séance. Que signifient de pareilles distinctions dans la docte compagnie? Y accepte-t-on des moitiés d'écrivain, des tiers de littérateur? Faut-il des conditions pour entrer chez elle ? Mais le bon Littré devenait vieux ; il courba la tête, et se laissa diminuer et humilier par M. de Champagny.

AUSONE DE CHANCEL

Un littérateur *qui a jeté quelque éclat,* comme on disait jadis, Ausone de Chancel, vient de mourir à Mostaganem.

Ausone de Chancel, dont se souviendront les gens de son âge (il avait soixante-dix ans), laisse le nom d'un homme d'esprit comme Lautour-Mézerai, et d'un poète comme Pétrus Borel.

Chose étrange ! coïncidence singulière ! ces trois hommes d'une essence absolument parisienne, — on dirait aujourd'hui *boulevardière,* — Lautour-Mézerai, Pétrus Borel et Ausone de Chancel, devaient se retrouver un jour tous les trois sur la terre d'Afrique, fonctionnaires publics : préfet, sous-préfet, directeur de haras.

Lautour-Mézerai, surnommé *l'homme au camélia,* alors que le camélia était une fleur nouvelle et rare, y demeura peu de temps et revint à Paris, qui était indispensable à son existence, — et où, d'ailleurs, il s'empressa de mourir.

Ses deux compagnons restèrent en Algérie. Tous les deux y firent de la colonisation avec plus ou moins de succès. Ausone de Chancel était l'ami du général Daumas ; comme lui, il écrivit des livres sur le pays, très estimés et très consultés.

Mais il avait gardé dans un coin de son cœur une vive tendresse pour la Muse. De temps en temps, il envoyait à la *Presse* des pièces de vers qu'elle insérait avec empressement. Il fallait que M. Émile de Girardin aimât bien Ausone de Chancel pour laisser ainsi la poésie s'introduire dans son feuilleton ! Il l'aimait, en effet, et il avait raison de l'aimer. L'homme était une nature exquise; le poète était gracieux et plein de fantaisie.

Il avait débuté en 1840 par un volume intitulé : *Mark*, poëme. C'est une imitation, qui ne prend pas la peine de se déguiser, des premiers essais tapageurs de Musset. *Mark* est le cousin de *Mardoche*. Il en a tout le scepticisme puéril et toute l'enfantine crânerie.

Quelques strophes prises au hasard en feront juger.

Mark, — il s'appelait Mark, — depuis vingt-cinq années
Que Dieu l'avait jeté sur l'océan humain,
Laissait à tous les vents flotter ses destinées,
Sans plus s'inquiéter du port que du chemin ;
Laissant ses mauvais jours et ses belles journées
S'en aller comme l'eau qui coule de la main.

Le matin, il rêvait, pur comme une élégie,
Se parfumait le cœur de prière et d'amour.
Le soir, il se grisait de kirsch dans une orgie,
Puis, à tant le cachet, allait faire la cour,
En un mot, aux deux bouts il brûlait sa bougie ;
Il appelait cela vivre deux jours par jour.

Mark avait le front grand, on y lisait son âme
Avec tous ses chagrins, avec tous ses espoirs ;
Mais, ce que je tairais si Mark eût été femme,
Des cheveux blancs brillaient dans ses longs cheveux noirs,
Comme des diamants, dans les vôtres, madame,
Comme des vers luisants sur le manteau des soirs.

Parlait-on politique, il restait bouche close.
A moins qu'il ne bâillât, — c'est un raisonnement
Tout comme un autre. Au fond, il pensait que la chose

En étant à ce point ne peut être autrement,
A moins qu'elle ne change; et, pour plus d'une cause,
Il craignait, disait-il, de perdre au changement.

Jamais le nom de Mark n'avait grossi la liste
Des faiseurs de complots; il fut pourtant, un soir,
Dans les nœuds d'une émeute étreint à l'improviste ;
Et comme on lui criait : « Qu'êtes-vous ? Blanc ou noir ?
» Carliste ou philippiste ? » il répondit : *Rieniste.*
Et son opinion commence à prévaloir.

PHILARÈTE CHASLES

Du fond de sa tombe, c'est-à-dire de ses *Mémoires* en cours de publication, Philarète Chasles, cet écrivain crispé, nerveux et superlativement spirituel, ne se fait pas faute d'envoyer de grosses injures à ceux qui furent ses contemporains et ses confrères.

Jules Janin est appelé « un cuistre doublé d'un *Almanach des Muses* ».

Balzac est un *halluciné* qu'il a *beaucoup connu*.

Le marquis de Foudras « était d'une bonne noblesse de Bourgogne, vrai gentilhomme, grand chasseur, beau joueur ; il contait bien, buvait ferme, ne se battait pas mal, *mais c'était un drôle.* »

On ne pourrait pas citer quatre lignes du portrait consacré au marquis de Custine... »

En vérité, *feu* Philarète Chasles en prend trop à son aise, et ce procédé de vengeances posthumes révoltera, j'en suis certain, tous les esprits délicats et loyaux.

Peu de personnalités trouvent grâce devant lui. Il a des affirmations graves — ou plutôt des accusations, — qu'on est forcé de repousser, faute de preuves.

C'est ainsi qu'il raconte en termes surprenants, incroyables, une visite à Scribe, auquel il était allé lire une pièce de sa façon :

Scribe m'a reçu, aimable et riant, dans sa bibliothèque. Il gardait une certaine distance; il ne se livrait pas trop ; il se tenait sur la défensive. Tout chez lui sent l'économie honnête; pas de cigares, pas de gravures, le cossu d'un avoué regardant. Il a écouté les deux premiers actes de la pièce que je lui apportais avec une très grande et très gracieuse attention; au troisième, il s'est levé, s'est promené dans la chambre, et, en se frappant le front : « *J'ai en train une pièce sur le même sujet; oui, tout à fait sur le même sujet !* » En effet, *ma pièce* a été jouée deux mois après; c'était le *Verre d'eau.* »

Il y a bien *ma pièce*.

Donc, c'est un fait désormais acquis à l'histoire du théâtre : le *Verre d'eau* n'est pas de Scribe, il est de Philarète Chasles.

Eh bien ! je ne suis pas du tout convaincu.

La grande préoccupation de Philarète Chasles dans ces étranges *Mémoires* est de se faire passer pour un petit saint. Autour de lui, il ne voit que corruption, décomposition sociale, intrigues sans frein, ambitions démesurées. Le dégoût lui en monte aux lèvres. Quant à lui, il aspire après le vrai, le simple, le naturel. A l'entendre, il ne se nourrit que de laitage et d'œufs frais. Pour ceux qui ont connu l'homme et ses appétits de luxe, et ses fièvres de dandysme, la prétention paraîtra exorbitante.

Philarète Chasles, un petit saint !

LE NEVEU D'ANDRÉ CHÉNIER

M. Gabriel de Chénier, qui est mort dans un âge avancé, était le propre neveu du poète André, une de nos gloires littéraires. Toute sa vie, jusqu'au dernier moment, il l'a consacrée au culte de l'auteur de la *Jeune Captive*, veillant avec un soin jaloux sur les éditions qui s'en produisaient, et allant même jusqu'à faire appel aux tribunaux pour infirmer les opinions de certains critiques.

Un estimable grincheux ! les libraires Charpentier et Lemerre vous en diront des nouvelles.

Je ne sais pas pourquoi la postérité a enlevé la particule à André de Chénier. Il aurait été fort chagrin de se voir ainsi démocratisé, car il était d'essence réactionnaire. Il avait combattu la Révolution naissante et écrit dans les journaux un grand nombre d'articles violents. Cela ne justifie pas sa brutale suppression. D'accord.

André de Chénier ne se plaindra pas du moins, du fond de son tombeau, qu'on lui ait mesuré la gloire. On a même été jusqu'à soupçonner longtemps son premier éditeur, H. de Latouche, d'y avoir mis un peu du sien et d'avoir fait passer sous son couvert une certaine quantité de ses propres poésies.

Les traits d'André de Chénier sont presque populaires à force d'avoir été reproduits par la peinture et par la gravure. On l'a quelquefois idéalisé ; voici la vérité sur son compte : « Il était de taille moyenne ; ses cheveux châtain foncé frisaient naturellement à partir des oreilles, surtout derrière la tête ; il les portait courts. Son front était vaste et complètement chauve. Ses yeux étaient gris-bleu, petits, mais très vifs. Mme la comtesse Hocquart, qui l'avait beaucoup connu, disait qu'il était à la fois rempli de charme et *fort laid, avec de gros traits et une tête énorme.* »

Un André de Chénier laid ! Encore une illusion détruite !

Avec le neveu qui vient de mourir s'éteint entièrement le nom de Chénier.

GUSTAVE CLAUDIN

Quelqu'un qui possède Paris sur le bout de son doigt, c'est Gustave Claudin.

Il a d'abord pour cela cette condition indispensable de n'être pas Parisien.

C'est un Normand, comme Gustave Flaubert, comme Louis Bouilhet, comme Barbey d'Aurevilly, — mais un Normand ayant abdiqué les principales qualités distinctives de sa race, c'est-à-dire la méfiance et la ruse.

De la méfiance, à propos de quoi? De la ruse, contre qui? Dès son berceau, la bonne chance n'a cessé de sourire à Gustave Claudin.

Son premier livre s'appelait *Palsambleu*. Ne voyez-vous pas dans ce titre toute une profession de foi? Avec *Palsambleu*, Claudin a fait son chemin à Paris, comme Figaro avait fait le sien à Londres avec *Goddam*. C'est merveilleux, en vérité. Parlez-nous un peu de l'amour, maître Claudin? *Palsambleu!* Et de la littérature? *Palsambleu!* Et de la politique? *Palsambleu!* oh! surtout *Palsambleu!* — *Palsambleu* répond à tout.

Gustave Claudin est, en beaucoup de choses, de l'école de Nestor Roqueplan. Comme lui, il vit extérieurement; c'est une des figures les plus connues de Paris. On le voit sur vingt points à la fois, toujours allant, plus souvent en voiture qu'à pied, un éternel cigare aux lèvres. Où va-t-il ? Je serais tenté de croire qu'il l'oublie quelquefois en route, quoique personne n'ait l'air plus affairé que lui, mais ne vous fiez pas à cet air-là. Le regard est essentiellement flâneur. C'est un Sterne en coupé.

De ses observations à l'heure où à la course, de ses impressions du boulevard des Italiens au quai Voltaire, il a composé un livre : *les Caprices de Diomède.* C'est encore et plus que jamais du *Palsambleu*, — et même du *Ventrebleu.*

Jusqu'à présent, on ne connaissait de Diomède que les chevaux. On connaît aujourd'hui ses fantaisies. Ce sont celles d'un très spirituel garçon, dont la jeunesse opulente s'épanouit insolemment dans Paris, la serre chaude par excellence. Il aime aux quatre points cardinaux de la grande capitale, mais il n'aime pas comme tout le monde, il ne souffre pas comme tout le monde, il ne trompe pas et n'est pas trompé comme tout le monde. Diomède a ses façons à lui. Il cultive le paradoxe en amateur et cherche la tulipe bleue dans le cœur des femmes.

Lorsqu'il a dépensé sa jeunesse et sa fortune à cette recherche, Diomède abandonne le boulevard et se met à parcourir le monde comme un simple héros de Jules Verne. Il campe au sommet de l'Himalaya et s'irrite de l'odeur qu'exhalent les moines du mont Athos. Ceux de la Grande-Chartreuse, plus balsamiques, parviennent à le retenir parmi eux. Il y est encore.

C'est une fin comme une autre, moins tragique que celle de *Rolla.* J'aurais été surpris que Gustave Claudin poussât les choses à l'extrême.

On m'a affirmé que *les Caprices de Diomède* sont un roman *à clef*. On m'a nommé quelques-uns des personnages qui ont posé à leur insu. C'est une mode qui tend à revenir.

BENJAMIN CONSTANT ET MADAME RÉCAMIER

La mode est aux Correspondances : Correspondance de Mme de Rémusat, Correspondance de Mérimée avec Panizzi, Correspondance de George Sand, Correspondance de l'abbé Galiani, etc. Voici le tour de la correspondance de Benjamin Constant, — correspondance presque exclusivement amoureuse. — « *Nanan cela!* » comme il est dit dans le *Monde où l'on s'ennuie*.

On les attendait depuis longtemps ces lettres de l'auteur d'*Adolphe*. En 1849, Mme Louise Colet, qui avait obtenu de Mme Récamier d'en prendre copie, en avait commencé la publication dans la *Presse*. Mais alors les deux familles intervinrent et s'adressèrent aux tribunaux pour arrêter cette publication.

Aujourd'hui, les deux familles se sont humanisées et la propre nièce de Mme Récamier, Mme Charles Lenormant, entre les mains de laquelle se trouvent les lettres authographes de Benjamin Constant, a enfin permis au libraire Calmann Lévy d'en donner une édition, moins impatiemment attendue qu'autrefois.

S'il était trop tôt en 1849, il est un peu tard à présent. La curiosité s'est détournée des deux auteurs de ce roman épistolaire: qui pense encore à Benjamin Constant? Quelques lettrés, quelques bibliophiles. Certainement, il a sa place dans l'histoire, mais une place que personne ne lui envie. Les hommes politiques l'ont toujours tenu en médiocre estime. Il avait accepté de l'argent de la cour, comme Mirabeau. Ce n'était pas un caractère, c'était un esprit à la fois sentimental et sceptique. Au sortir de l'enfance, il avait eu pour maîtresse une femme de quarante-cinq ans. Quelque chose de faible lui en était resté. Il se battit en duel dans un fauteuil.

Il vivra surtout par ses cheveux flottants et par son habit bleu. La jeunesse de son temps paraît l'avoir aimé principalement pour ses vices. Il ne bougeait pas des tripots du Palais-Royal. Avec tout cela, des réveils à la Chambre, quelques élans généreux, un tribun par boutades. Dire qu'il n'en faut pas davantage pour être populaire !

Voilà le *berger*; — maintenant, voici la *bergère* :

Un visage candide, une grâce ineffable, c'était Mme Récamier. Indulgent cette fois pour une de ses plus ravissantes créatures, le ciel ne lui a pas refusé l'élément pour lequel il l'avait formée. Elle a vu s'écouler dans une fête éternelle son éternelle jeunesse ; l'hommage lui faisait continuellement escorte, et le malheur ne s'est approché d'elle qu'à respectueuse distance.

Elles étaient trois sous le Directoire, les *trois Grâces*, selon les madrigaux d'alors : Mme Tallien, Joséphine de Beauharnais et Mme Récamier. A elles trois, ces femmes ont affolé Paris et vu tomber les personnages les plus illustres à leurs pieds. On les rencontrait en tout lieu, aux concerts où chantait Garat, aux bals où dansait Trénitz ; — ce pauvre Trenitz, mort fou à Charenton ! — Elles étaient l'âme du plaisir, et on les avait vues apparaître le lendemain de Thermidor, comme trois fleurs poussées tout à coup au bord d'un volcan éteint.

Voici comment celle qui devait bientôt régner sous le nom d'impératrice écrivait à Mme Tallien, en lui donnant rendez-vous à une fête éblouissante de l'hôtel Thélusson : « Venez avec votre dessous de robe fleur de pêcher, il faut que nos toilettes soient les mêmes; j'aurai un mouchoir noué à la créole, avec trois crochets aux tempes. Ce qui est naturel pour vous est bien hardi pour moi, vous plus jeune, peut-être pas plus jolie, mais incomparablement plus fraîche. Il s'agit d'éclipser et de désespérer des rivales *c'est un coup de parti.* » Seule des trois, Mme Récamier a conservé jusque dans ses derniers jours le mouchoir noué à la créole.

C'étaient alors des luttes d'élégance et de frivolité. Après la révolution des mœurs venait la révolution des costumes. Thérésia Cabarrus avait ramené les modes grecques, la coiffure à l'Athénienne, la tunique transparente et collante. Joséphine, la première, rechercha les camées les plus purs, les onyx et les agates les plus splendides, pour les faire étinceler à son épaule ou ruisseler dans ses cheveux. A son tour, Mme Récamier introduisit le voile. Le voile ! chaste invention, nuage tissé, raillerie pudique, réalité enveloppée de rêve, qui tend à faire de la femme une création mieux qu'humaine et presque mystérieuse. Toute l'histoire de Mme Récamier n'est-elle pas dans ce voile ? Le voile ne nous dit-il pas sa vie reposée, sa beauté blanche, son sourire attendri !

En 1800, Mme Récamier, qui avait alors dix-huit ans, habitait le grand château de Clichy-la-Garenne, qui fut détruit par la bande noire. « A cette époque, dit l'auteur des *Salons de Paris,* — la duchesse d'Abrantès, — il est impossible, à moins de l'avoir vue, de se faire une idée de sa fraîcheur d'Hébé. C'était une création à part que Mme Récamier, à cet âge de dix-huit ans, et jamais je n'ai retrouvé, ni en Italie, ni en Espagne, ce pays si riche en beauté, ni en Allemagne, ni en Suisse, la terre classique des joues aux feuilles de rose, jamais je n'ai retrouvé le portrait de Mme Récamier, la plus jolie femme de l'Europe ! » Rien ne manquait d'ailleurs à son éducation ; elle touchait admirablement du piano et dansait admirablement en s'accompagnant du tambour de basque, ce qui était la grande fureur du jour.

C'est dans ce château de Clichy, et quelques temps après dans ces magnifiques salons de la rue du Mont-Blanc, que Mme Récamier a reçu presque toute l'Europe princière. Son mari, — qui l'avait épousée à *treize ans,* — était riche alors, richissime ; il pouvait réaliser des miracles et tenir tête aux Sardanapales en carrik de ce temps-là.

Les réceptions des époux Récamier ne tardèrent pas à être célèbres. Les habitués de tous les jours étaient Lucien Bonaparte, Fox, le général Moreau, Mathieu de Montmorency, Mme de Krüdner, Ouvrard, etc., etc.

Benjamin Constant n'arriva que plus tard.

Il devint éperdument épris de Mme Récamier. Notez ce mot : il *devint.* Il avait appartenu d'abord à Mme de Staël.

Ses assiduités, dépourvues de toute discrétion, ne paraissent pas avoir été fort agréables à Mme Récamier. C'est du moins ce qui ressort des lettres dont Benjamin Constant se prit à l'accabler.

Ce vieux Céladon s'était mis en tête de « triompher » d'elle. Il apporta à cette entreprise une persistance, une insistance, une frénésie, un délire, — qui firent de lui un personnage absolument ridicule.

Jugez-en par ces quelques échantillons, empruntés au volume qui vient de paraître :

« Toute ma vie, toute ma raison, toutes mes facultés sont entre vos mains... Vous êtes le ciel, vous êtes Dieu pour moi. Quand le ciel se ferme, quand Dieu me repousse, je me sens saisi par l'enfer. Tout ce qui est bon, tout ce qui est doux en moi renaît ou meurt par vous. Prenez-moi en pitié et sauvez-moi. *Un quart d'heure de tête-à-tête*, un mot doux, une assurance de bienveillance... »

Il revient sans cesse à ce quart d'heure de tête-à-tête ; il le demande dans chacune de ses lettres.

« Faites donc un effort. Que je vous voie seule. Ne me déchirez pas le cœur, parce que je vous aime. C'est mon seul crime, ma seule erreur, c'est ma perte. Un entretien *d'une demi-heure*, je vous en conjure, quand vous voudrez. O mon Dieu ! je n'en puis plus ! »

Le quart d'heure s'est transformé en demi-heure ; bientôt il se transformera en *quelques jours*.

Benjamin Constant fait servir la politique à son

amour; il invoque les plus singuliers arguments du monde.

« Je travaille à un écrit qui servira beaucoup si je puis l'achever. Ne me forcez pas à le laisser là, c'est pour votre pays que je désire le faire. Du reste, que je vous voie, et je pourrai tout... Quelques jours d'encouragement, à cause de ce que je puis faire... Servons la bonne cause, donnez-moi la force de la servir. »

Et ailleurs :

« Victor de Broglie, qui m'a rencontré, me disait que j'avais l'air condamné à mort d'avance. Il attribuait cela à des chagrins politiques. Hélas! mon Dieu, mes chagrins, ma proscription, mon bourreau, c'est vous. »

Toutes ces *Lettres* sont sur ce ton. Il en résulte une monotonie et une fatigue pour le lecteur.

Mais la vraie fatigue a dû être pour cette pauvre Mme Récamier. Flattée peut-être, mais assommée à coup sûr !

Comment se fit-il qu'une si grande flamme s'éteignit tout à coup ? Plusieurs versions ont circulé. Benjamin Constant, paraît-il, était le seul à ignorer ce que tout l'entourage de Mme Récamier connaissait. Il se désespérait lorsqu'à ses brûlantes sollicitations elle répondait invariablement avec une angélique froideur :

— C'est impossible !

Ce Suisse si intelligent ne comprenait pas tous les jours.

ALEXANDRE DUMAS FILS

Vous souvient-il, mon cher Dumas, de la première fois que nous nous sommes rencontrés ? C'était il y a un peu plus de vingt ans. (Ah ! mon Dieu !) Vous habitiez alors aux Thermes de la rue de la Victoire, je ne sais pas pourquoi. Peut-être déjà commenciez-vous à vous éprendre des *systèmes* qui, plus tard, devaient occuper une part si considérable dans votre vie. Bref, l'hydrothérapie vous avait séduit.

La cordialité avec laquelle vous me reçûtes sera toujours présente à mon souvenir. C'était d'ailleurs chez vous un don héréditaire. Alexandre Laya et Delaage avaient bien voulu me servir d'introducteurs. — Excellent Delaage ! Son illuminisme naissant ne l'empêchait pas d'être ce qu'il est toujours resté, c'est-à-dire la nature la plus affectueuse qu'il y ait au monde.

Je crois vous voir encore, mon cher Dumas.

La belle mine que vous aviez en ce temps-là ! Quelle santé brillante ! Quel épanouissement sur tous vos traits ! Quelle gaieté dans le regard et dans la bouche ! Quelle ardeur de paroles ! Quelle profusion de gestes ! Votre conversation allait de ci, de là, semant des perles et des éclats de rire

Vous étiez heureux autant qu'on peut l'être, et

vous l'aviez toujours été jusqu'alors. Dès l'enfance, vous aviez été spectateur des grandes batailles romantiques; vous aviez vu, approché les héros de cette autre Renaissance. George Sand vous avait embrassé; Victor Hugo vous avait fait jouer avec ses enfants; Lamartine avait lu sur votre front.. Vous aviez tiré les grosses moustaches de Frédéric Soulié, et galopé à cheval sur la fameuse canne de Balzac.

Adolescent, vous aviez suivi votre père dans ses voyages; vous aviez visité l'Espagne avec lui. Quels développements pour votre intelligence si pénétrante et déjà si active! Bien peu parmi ceux de notre génération ont eu de tels commencements.

Enfin, vous veniez de publier un livre qui avait eu la bonne fortune de s'imposer tout de suite au public et particulièrement aux femmes, cette *Dame aux Camélias* pour laquelle vous ne rêviez pas encore le théâtre et qui avait eu plusieurs éditions en peu de temps. Vous étiez sur la route du succès. Jeune et déjà célèbre, vous jetiez, dit-on, votre cœur, comme votre esprit, aux quatre vents du ciel..

C'était plaisir de vous voir vivre!

Cette courte visite aux Thermes, cette gaie vision, me revient parfois. En y pensant, je m'écrierais volontiers comme les anciens vieux: Le bon temps, l'aimable époque!

Depuis, nous avons tiré chacun de notre côté, vous vers le théâtre, moi vers le journal. Ce n'était pas tout à fait le moyen de nous retrouver. Pourtant je vous ai revu plusieurs fois, mon cher Dumas, pas aussi souvent que je l'aurais désiré. J'ai constaté l'apaisement gradué de votre flamme. — Oh!

rassurez-vous, je ne serai pas de ceux qui vous font un reproche de n'être plus à quarante-neuf ans ce que vous étiez à vingt-cinq ; d'autant plus que vous avez toujours gardé pour moi, sinon un éclat de rire, du moins un sourire, — et une poignée de main dont la chaleur ne m'a pas semblé diminuée.

La vie vous a pris par ses côtés sévères, l'art vous a pris par ses côtés tristes. La réflexion a succédé à l'épanouissement. Rien de plus naturel. L'homme est fait pour s'élever.

On prétend que vous êtes devenu moraliste. A vos heures, c'est possible, mais pas à l'état permanent et exclusif. Vous suivez votre caprice, vous obéissez à vos nerfs. En quel endroit de la *Visite de noces* la morale pourrait-elle bien s'être logée ?

La morale se dégage, dit-on, de votre nouvelle pièce, de ce *Monsieur Alphonse* dont les principaux personnages sont une femme séduite, une fille galante et un homme entretenu. Il faut bien le croire puisque tout le monde le dit. Vous avez pour vous l'unanimité des critiques. Un d'entre eux, l'ami Aubryet, affirme sérieusement qu'on sent passer dans votre pièce des *Odeurs du paradis*.

Quel dommage que j'aie l'odorat si court !

Tout cela prouve, mon cher Dumas, que vous êtes autant aimé aujourd'hui qu'autrefois, — que votre talent a doublé, triplé, — et qu'enfin il y a plusieurs sortes de morales à l'usage des littérateurs.

Moi qui vous parle, j'ai un objectif de pièce morale. C'est une comédie dont tous les acteurs sont également honnêtes et parlent par conséquent la même langue, — une comédie où le père n'a rien à se reprocher, où la fille est sans tache, où le fils obéit aux plus strictes lois de l'honneur ; — une comédie basée sur les plus nobles sentiments, et, malgré cela, pleine d'intérêt, de mouvement, et où l'émotion arrive finalement au plus sublime degré.

Cette comédie existe.

Elle s'appelle le *Philosophe sans le savoir*, et elle a pour auteur le bonhomme Sedaine.

Mon cher Dumas, à quand votre *Philosophe sans le savoir ?*......

II

De tout temps, M. Alexandre Dumas fils semble avoir été impressionné par l'hôpital. Je retrouve cette impression déjà très vivement rendue dans un fragment de son volume de vers, les *Péchés de jeunesse*, paru en 1847 :

> Hier matin, je sortais d'un des bals où fourmille
> Tout Paris; et j'avais, je crois, au lansquenet,
> Dans ma nuit, perdu plus d'argent qu'il n'en faudrait
> Pour faire vivre un an une honnête famille.
>
> Quand il me semble voir une figure amie
> Me suivre à la fois des yeux et de la main
> C'était un médecin. . . . .
> . . . .
>
> Où courez-vous? lui dis-je en m'approchant de lui.
> — Je vais à l'Hôtel-Dieu, mon cher, au bout du monde
> — Vous y resterez longtemps? — Non pas, une seconde,
> *Pour prendre un intestin qu'il me faut aujourd'hui.*
>
> C'est chez un médecin un mot fort ordinaire,
> Mais dans d'autres pensées j'étais si bien perdu,
> Qu'un moment je restai muet et confondu,
> Comme un homme éveillé par un coup de tonnerre.
>
> — Eh! puisque vous voilà tout dispos et debout,
> Venez m'accompagner, dit-il; que vous en semble?
> Nous reviendrons ici pour déjeuner ensemble;
> Et d'ailleurs, dans ce monde, il faut connaître tout.

Le poète n'hésite pas : il suit le médecin, curieux qu'il est de lui voir *prendre son intestin*. On arrive à l'Hôtel-Dieu ; description du funèbre endroit Dans une salle aux sombres arceaux, il distingue trois plateaux de pierre :

> Sur l'un de ces plateaux, sur celui du milieu,
> Une femme gisait, jeune, amaigrie et nue,
> Étalant à mes yeux sa pâleur inconnue,
> Sombre comme le jour, froide comme le lieu.
>
> Si vous aviez pu voir de ce pauvre corps blême
> Pendre lugubrement les bras inanimés,
> Ces cheveux secs qu'un homme avait peut-être aimés,
> Et ce sein jadis rond s'affaissant sur lui-même !
>
> Vous vous seriez jetée à genoux près de lui.
> Vous y fussiez restée une journée entière,
> Sur ce cadavre obscur versant votre prière ;
> Et vous auriez raison d'être triste aujourd'hui.
>
> Pour moi, j'interrogeai l'hôte de ces demeures,
> Lui demandant le nom dont ce corps s'appelait ;
> Mais il me répondit, le sinistre valet :
> « C'est le *numéro neuf*, mort hier à six heures. »
>
> En ce moment, je vis le médecin ; j'avais
> Oublié tout le monde... Il retroussa sa manche,
> Assura le couteau qui tremblait dans son manche
> Et s'en vint au plateau, près duquel je rêvais.
>
> En le voyant venir, je me souvins... Mon âme
> Retomba, réveillée aux choses d'ici-bas ;
> Et je ne pus que dire, en arrêtant son bras :
> » *Mon ami, n'ouvrez pas le corps de cette femme !* »

La pièce se prolonge, mais je crois devoir borner là ma citation. Vous pressentez les réflexions qui assaillent ce jeune cœur.

Plus tard, après vingt ans, — vingt ans de prose, — M. Alexandre Dumas est revenu à ses impressions d'hôpital, dans les *Idées de Madame*

Aubray. Il a fait du fils Aubray un élève en médecine, interne à la Maternité. « Tout jeune que je suis, j'ai reçu des confidence de femme, et dans des moments solennels, quand la douleur et la mort étaient assises avec moi au chevet de leur lit d'hôpital. » Puis il décrit le « long dortoir blanc, semblable à un cimetière éclairé par la lune. »

Depuis les *Idées de Madame Aubray* et depuis les *Péchés de jeunesse*, M. Alexandre Dumas fils n'a rien perdu de sa précieuse sensibilité. Seulement il s'est fait médecin à son tour Il a assujetti un bistouri à sa plume, et il travaille, lui aussi, non pas sur le mort, mais sur le vif. Il s'attendrit, mais il coupe ; — il pleure, mais il coupe ; — il raisonne, mais il coupe ; — il coupe toujours.

Alexandre Dumas fils a-t-il collaboré au *Marquis de Villemer* ou donné simplement quelques conseils pour la figure du duc d'Aléria?

Telle était la question qui revenait sur l'eau, l'autre jour, pendant la reprise de la comédie de George Sand.

Les deux célèbres écrivains la trouveront peut-être impertinente ; c'est aussi mon avis ; — mais empêchez donc les langues d'aller et les *potins* de circuler dans le monde littéraire, le plus bavard de tous les mondes !

Quoi qu'il en soit, on s'attachait ce soir-là à étudier particulièrement les mots lancés par l'acteur Porel ; on voulait y retrouver la marque de fabrique de l'auteur de *Monsieur Alphonse*. Parmi ces mots, il y en a en effet de très délurés, de très pimpants, de franchement joyeux. Or, sans prétendre diminuer le génie de George Sand, on est assez d'accord pour reconnaître que ce génie manque un peu de légèreté et surtout de gaîté.

Les Vacances de Pandolphe et *Les Don Juan de Village* l'ont prouvé suffisamment.

On était donc émerveillé des gentillesses du duc d'Aléria, et l'on se sentait tenté d'en faire honneur à l'homme d'infiniment d'esprit qui fut pendant quelques jours l'hôte de Mme George Sand, à Nohant.

Encore une fois, je ne suis qu'un écho.

A propos de Mme George Sand, on a vendu dernièrement un autographe d'elle à la salle de la rue des Bons-Enfants, dite salle Silvestre.

Les amateurs, qui augmentent de jour en jour, se le seront certainement arraché.

C'est une lettre à sa couturière :

Je vous prie, Madame, de venir recevoir le montant du corset que vous m'avez fait, et d'y mettre des buscs beaucoup plus forts. Ceux-là sont trop minces et m'entrent dans le creux de l'estomach (*sic*). Je vous prie donc de passer chez moi demain sur les trois heures. Je vais bientôt partir. Je vous salue.

G. SAND.

La belle science que la science des autographes, et comme on retrouve bien là le style enflammé d'*Indiana* et de *Consuelo !*

DUPREZ

Duprez, le ténor Duprez, qui a cédé lui aussi à la tentation d'écrire ses *Mémoires*, n'a pas tout dit dans le volume où il a essayé de faire entrer le récit de tous ses triomphes.

Il m'a laissé à raconter sa rencontre avec Rossini, à Paris, il y a une quinzaine d'années.

A cette époque, le gros et spirituel maestro, revenu de Bologne et de la gloire, repu jusqu'à la satiété d'ovations et de macaroni, avait planté sa tente (sur l'air : *Mathilde, constante, viendra sous ma tente !*) au milieu des ombrages de Passy.

Il y fut bientôt relancé par les artistes de toute sorte et sollicité de diverses façons.

— Maître, lui dit un jour un de ses familiers, mon ami le sculpteur Carrier-Belleuse serait très désireux de faire votre buste.

Le front de Rossini se rembrunit sensiblement.

— Est-ce qu'il faut poser pour cela? demanda-t-il.

— Un peu, dit M. C..., en souriant.

— Chez M. Carrier-Belleuse?

— Oui, dans son atelier.

— Loin d'ici?

— Rue de la Tour-d'Auvergne.

Rossini fronça le sourcil et passa à un autre sujet de conversation.

L'ami revint à la charge le lendemain ou le surlendemain.

— Vous y tenez donc beaucoup? fit l'immortel auteur de tout ce que vous savez.

— J'en conviens... Mais c'est surtout Carrier-Belleuse qui y tient.

— Et il a du talent votre sculpteur ?

— Immensément.

— C'est beaucoup... De combien de séances aura-t-il besoin ?

— De six ou sept, probablement.

— Je préférerais six.

— Il s'en contentera, dit l'ami.

— Eh bien ! dit Rossini, j'accepte.

— Ah ! cher maître !

— Mais à une condition.

— Elle est souscrite d'avance.

— Comme c'est pour vous faire plaisir que j'accepte, j'exige que vous m'accompagniez tous les jours chez M. Carrier-Belleuse.

— J'allais vous demander cette faveur, mon cher maître.

— A la bonne heure ! C'est une affaire conclue. Venez me prendre demain après déjeuner.

Connaissez-vous Carrier-Belleuse? Une grosse tête d'une couleur chaude, orangée ; une physionomie pleine de charme, pétillante d'esprit; beaucoup de bonne humeur.

Il fit tout de suite la conquête de Rossini.

A la troisième ou quatrième séance, il lui dit, entre autres choses indifférentes :

— Il y a près d'ici un de mes voisins qui serait bien heureux de vous voir... ou plutôt de vous revoir.

— Qu'est-ce que c'est que ce voisin ? fit Rossini.
— C'est Duprez.
— Bah !... En effet, nous ne nous sommes pas revus depuis une quarantaine d'années. Envoyez-le chercher.
— Tout de suite.

Duprez était à son école. Il laissa tout pour venir embrasser Rossini.

— Je vous dois ce que je suis, ou plutôt ce que j'ai été ! lui dit-il avec attendrissement ; sans *Guillaume Tell,* pas de Duprez... Comment m'acquitter envers vous, mon cher Rossini ?

— En me chantant quelque chose, répondit celui-ci avec sa grâce incomparable.

— Ah ! de grand cœur !

Duprez courut au piano et chanta.

Vous croyez qu'il chanta à Rossini de la musique de Rossini, un air de *Guillaume Tell,* — *Asile héréditaire,* par exemple. — C'était indiqué, c'était naturel, c'était de la plus simple convenance.

Eh bien ! non.

Duprez lui chanta... un air de *Gastibelza,* d'Aimé Maillart.

ALEXANDRE DUVAL

Victor Hugo nage à présent en pleine gloire, acclamé de tous, ayant désarmé jusqu'à ses derniers ennemis.

Aussi est-on pénétré d'étonnement lorsqu'on se reporte à ses années de lutte, et qu'on songe au temps qu'il lui a fallu pour forcer l'admiration publique.

Pourquoi ne nous égayerions-nous pas un peu au souvenir de ces attaques, dont quelques-unes atteignirent au grotesque ?

En 1833, par exemple, un vieux bon homme, qui s'appelait Alexandre Duval et qui était de l'Académie française, adressait une *Lettre à M. Victor Hugo* (Paris, Dufey et Vezard, libraires).

Dans cette lettre, qui est bien la chose la plus réjouissante du monde, Alexandre Duval accusait Victor Hugo d'avoir porté les coups les plus funestes à la littérature, et en particulier à la littérature dramatique.

C'est le pamphlet d'un vieillard qui ne peut se consoler d'être remplacé par un jeune homme : « Trente succès que je dois aux préceptes classiques, dit-il, me donnent bien le droit de regretter mon beau Théâtre-Français que, dès votre entrée dans la carrière, vous avez eu le projet d'anéantir ! »

Et il ajoute en note :

« M. Victor Hugo ne peut pas nier qu'il en ait eu le projet, car, après les premières représentations d'*Hernani*, il s'écria, dans un salon à moi bien connu : « Enfin, j'ai porté le dernier coup à la « *baraque* classique ! »

La crédulité et la douleur de cet ancêtre ne connaissent aucune limite ; il va jusqu'à s'imaginer qu'on en veut à ses jours ; il ne parle qu'avec épouvante des soirées d'*Hernani*. « Ce que je rapporte ici, dit-il, je l'ai vu, de mes propres yeux vu : à certaines représentations on se trouvait environné *d'hommes effrayants* dont le regard scrutateur épiait votre opinion ; et si, par malheur, votre figure indiquait l'ennui ou le dégoût, ils vous attaquaient par l'épithète d'*épicier*, mot injurieux selon eux, qui signifie, dans leur argot, *stupide, outrageusement bête*. Mais si vos cheveux étaient blanchis par le temps, alors vous étiez des académiciens, des perruques, des fossiles, contre lesquels on vociférait des cris de fureur et de mort. »

Cette idée de mort, de massacre, Alexandre Duval y insiste, il y revient : « Je ne me rappelle pas si c'était à une pièce de M. Victor Hugo ou à celle de l'un de ses imitateurs que s'est passé cet événement : tous les prosélytes du romantisme s'écriaient en sautant dans le foyer : *Racine enfoncé ! Voltaire enfoncé ! A bas toutes ces perruques de marbre ! jetons-les par les fenêtres !* Je n'y étais pas, mais cette scène bruyante m'a été racontée par vingt témoins. Au reste, elle ne m'étonne pas ; j'ai bien entendu crier auprès de moi : MORT A L'INS-TITUT ! LE SANG DES ACADÉMICIENS ! »

Arrêtons-nous pour rire un instant.

Ce bonhomme éffaré est vraiment incroyable ; il admet tout ce qu'on lui raconte. On lui aurait affirmé que Victor Hugo se promenait une hache sur l'épaule, qu'il n'en aurait pas été surpris outre mesure.

Rien n'égale son amertume :

« Surtout, monsieur, ne croyez pas qu'aucun motif de haine ait dirigé ma plume. Sans doute *vous m'avez fait du mal*, comme vous en avez fait à tous mes confrères, *en vous emparant d'un théâtre* sur lequel vos succès ne vous donnaient aucun droit, et en prouvant aux comédiens que mes ouvrages et ceux de mes confrères n'avaient pas le sens commun... »

Il finit cependant par lui offrir ses conseils et l'appui de son expérience

Pauvre homme !

Le côté triste de ceci c'est qu'il en mourut. Alexandre Duval ne survécut que peu de temps à sa brochure.

S'il avait eu la patience d'attendre une vingtaine d'années seulement, il aurait eu la satisfaction de voir M. Empis reprendre *les Héritiers*, son chef-d'œuvre.

DUVERGIER DE HAURANNE

M. Duvergier de Hauranne était malade depuis longtemps. Sa fin était prévue. Dans sa propriété du Cher, où il s'était retiré, il ne vivait plus que par l'esprit, — et aussi par le bien qu'il répandait autour de lui.

Si ce n'est pas une de nos gloires qui s'éteint, c'est du moins une de nos capacités. On a de lui un livre qui sera consulté : l'*Histoire du gouvernement parlementaire en France*.

L'homme d'Etat a tenu beaucoup de place, quoiqu'il n'ait jamais occupé un haut faîte. Il aimait les affaires pour elles-mêmes et à travers tous les gouvernements. Il n'y a renoncé que forcé par la cécité et la paralysie. A soixante-dix-huit ans, il acceptait encore une candidature dans le Cher et propageait les idées de M. Thiers. — Ces hommes du temps de Louis-Philippe étaient infatigables en vérité; leur arracher une part dans le pouvoir, c'était leur arracher le cœur.

On les voit s'en aller les uns après les autres avec un soupir qui trahit leur amertume.

Le docteur Véron n'aimait pas M. Duvergier de Hauranne, mais pas du tout. Il l'a vivement houspillé dans ses *Mémoires d'un Bourgeois de Paris*. Ce qu'il lui reproche principalement, c'est d'avoir, dans sa jeunesse, collaboré à deux ou trois comédies ou vaudevilles. Le cas n'est pas pendable. On avait fait un pareil reproche au vieux duc Pasquier, qui se contentait d'en rire.

Il devait y avoir autre chose sous l'antipathie du docteur Véron. Lui et M. Duvergier de Hauranne avaient été tous les deux du monde, du monde de l'Opéra et de la politique. Ils s'étaient rencontrés au foyer de la danse et dans le cabinet de M. Thiers. Un froissement d'amour-propre est facile à imaginer.

A quelque date qu'on le prenne, sous quelque point de vue qu'on l'envisage, dans quelque situation qu'on l'étudie, publiciste, député, ministre de quarante-huit heures, académicien, M. Duvergier de Hauranne a été, de tout temps et à toute heure, le type le plus achevé de ce qu'on entend par « un homme de coterie ». Il n'a jamais marché qu'en groupe ; il n'a jamais agi qu'entouré. Excellente nature de lieutenant, s'entendant parfaitement à répéter des ordres.

Son élection à l'Académie française, en 1870, fut le suprême effort de la « coterie », déterminée à retarder autant que possible l'admission de Théophile Gautier et de quelques autres hommes de lettres purs. L'opinion publique s'étonna ; on la laissa s'étonner, et l'homme politique passa, selon l'expression populaire, *comme une lettre à la poste,* — à la majorité de vingt et une voix sur vingt-huit.

M. Duvergier de Hauranne sera regretté de tous ceux qui l'ont connu, surtout de sa coterie, distinguée entre toutes. Mais je doute qu'il laisse une trace lumineuse dans l'histoire. Il est de la famille honorable et honorée des intelligences de second ordre. Récompensé de son vivant, au fur et à mesure de ses services, il ne doit pas beaucoup compter sur l'avenir.

Son œuvre appartiendra au silence des bibliothèques, où quelquefois un jeune doctrinaire ira la demander. Quant à son individualité, elle sera vite oubliée des flots humains qui se sont refermés derrière elle.

LE COMTE DE FALLOUX

Pour quelques jeunes barbes de la génération nouvelle, M. le comte Frédéric-Alfred-Pierre de Falloux est presque un inconnu. On sait qu'il a été ministre de l'instruction publique sous le *prince-président*, — comme on disait alors ; — qu'il a écrit de pieux ouvrages, qu'il est un agriculteur estimé et un académicien obscur (car on peut être académicien et obscur, quoique le fait semble étrange au premier aspect) ; enfin, que c'est un homme tout à son roi et à ses bœufs.

J'ai deux grands bœufs dans mon étable !

Il y en a qui en savent un peu plus long sur le compte de M. le comte ; il y en a qui sont allés au fond de ses livres — et qui en sont revenus.

Un d'entre eux qui a lu la préface de l'*Histoire de saint Pie V* (celui qui lira l'ouvrage tout entier gagnera un lapin) ; en a rapporté ce fragment surprenant :

« La tolérance n'était pas connue des siècles de foi... Aujourd'hui, l'intolérance serait un non-sens ; autrefois, elle avait un but légitime. Il y avait, *en immolant l'homme endurci dans son erreur, toute chance pour que cette erreur pérît* avec lui et que les peuples demeurassent dans l'orthodoxie. »

Où suis-je?

Il est vrai que M. de Falloux s'empresse d'ajouter :

« Aujourd'hui, le pouvoir qui continuerait à immoler de pareils coupables commettrait des actes de rigueur sans excuse, *parce qu'ils seraient sans bénéfice pour la société.* »

On n'écrit pas des énormités avec plus de tranquillité et de grâce.

On ne joue pas plus coquettement avec la hache du bourreau.

On ne taquine pas avec plus d'élégance la flamme de l'auto-da-fé.

Le joli inquisiteur qu'aurait fait M. le comte Frédéric-Alfred-Pierre de Falloux !

On vient de publier en volumes les *Discours politiques* de M. de Falloux comme ceux d'Ernest Picard. C'est la mode aujourd'hui. Certains éditeurs se sont avisés de classer le passé de quelques hommes influents d'autrefois. Autant de pierres tombales. Qui se souvient, à l'heure qu'il est, de M. de Falloux? Tout le monde et personne. Cela veut dire que beaucoup n'aiment pas à s'en souvenir.

Ce sera un éternel sujet d'étonnement pour les races futures que l'entrée de ce gentilhomme catholique et royaliste dans le gouvernement républicain de 1848. Quel vent funeste l'y poussa? Son confesseur, a-t-on dit, lequel était l'abbé Dupanloup. Du jour où M. le comte de Falloux aborda la tribune pour la première fois, le pays compta un orateur et un réactionnaire de plus.

Son nom sonne le glas de l'insurrection de Juin. Il fut successivement le conseiller de Cavaignac et le ministre de Louis-Napoléon, ce qui s'accorde et se comprend difficilement, surtout dans un caractère tel que le sien, qui a toujours visé à une certaine fierté d'attitude.

Comme ministre de l'instruction publique, il a fait beaucoup de bien aux Angevins, ses compatriotes ; il leur a donné des emplois, des chaires. Mais, à Paris, quel mélancolique représentant de l'Université ! On ne rencontrait plus que des soutanes dans son hôtel. Ah ! le beau temps pour les Riancey, les Montalembert, les Cochin, les Laurentie ! Pas un bal, mais des concerts où l'on exécutait de la musique sacrée, et des soirées où M. Viennet lisait ses poëmes épiques.

« A l'un de ces divertissements spirituels, — raconte un biographe de M. de Falloux, — un groupe de dames en toilette dansante fit une irruption soudaine au milieu des salons peuplés d'ecclésiastiques et de prélats. On sait que nos aimables Parisiennes ont l'habitude, sous le rayonnement des bougies, de se décolleter avec une audace naïve. Parmi les invités se trouvait un jeune diacre frais émoulu du séminaire. Mme la comtesse de B*** vint s'asseoir dans son voisinage ; les charmes victorieux de cette magnifique personne et la riche blancheur de sa peau satinée causèrent au pauvre jeune homme de singuliers éblouissements. Tout à coup, il se lève et quitte la place.

» — Où allez-vous ? lui dit-on.

» — Veuillez m'excuser, répondit-il ; impossible de demeurer plus longtemps, on me met à la porte par les épaules. »

Les *Discours* de M. le comte de Falloux seront lus avec curiosité, mais je doute qu'ils excitent d'autre intérêt que l'intérêt historique. Sa valeur littéraire est restreinte, quoique réelle, et par là je suis amené à parler de l'académicien.

Académicien ? il ne le fut pas sans insistances et sans luttes ; il se présenta plusieurs fois et essuya plusieurs échecs ; il se vit préférer tour à tour Berryer et le duc de Broglie. Enfin, un effort suprême du parti *fusionniste* le fit arriver au fauteuil tant convoité ; aussi son élection ne doit-elle être considérée que comme une élection politique. Ce n'est pas la vraie porte pour arriver à l'Académie française.

Ses titres sont surtout des titres religieux ; c'est l'*Histoire de Louis XVI*, c'est l'*Histoire de saint Pie V*, c'est Mme *Swetchine*. Je ne sais pas ce qu'il restera de M. de Falloux ; je sais ce qu'il en reste aujourd'hui : — entre autres une douce apologie, en quelques lignes, de l'intolérance :

« Autrefois... l'intolérance avait un but légitime..... »

Allons, tant mieux !

M. de Falloux demeure actuellement aux champs et semble avoir consacré presque exclusivement la seconde moitié de sa vie à l'agriculture. Il a de véritables succès dans cette partie. Aussi vient-il rarement à Paris.

Il y est, d'ailleurs, peu demandé.

JULES FAVRE

Il fut amer, mais il souffrit beaucoup.

Ces caractères hautains et sombres, ces physionomies dures, tranchées; ces existences compliquées, où la faiblesse revêt la forme du dédain, ne peuvent être jugés uniquement par le dehors.

Il faut, sinon les avoir fréquentés, du moins les observer patiemment, constamment, ne jamais les perdre de vue, si l'on ne veut s'exposer à n'avoir qu'une épreuve incomplète du portrait poursuivi.

J'ai souvent, très souvent entendu M. Jules Favre au Palais de Justice et à la Chambre des députés.

Il y a eu des avocats plus brillants que lui, et surtout plus séduisants. Il n'y en a jamais eu de plus âpres, de plus tenaces, de plus ironiques, de plus menaçants. Lorsqu'on voyait se dresser ce long homme noir, au profil en fer de hallebarde, on commençait à avoir froid dans le dos. Il avait quelque chose du Bertram de *Robert le Diable*. Il jetait sur sa partie adverse un regard sévère et glacé, qui l'enveloppait des pieds à la tête. C'était sa manière de marquer sa victime. Alors, se retournant vers le tribunal, il ouvrait la bouche. cette bouche fameuse, satanique, qui semblait une porte de l'enfer, et d'où sortaient la flamme et la fumée de sa parole !

Cette parole je l'entends toujours, je l'entendrai longtemps, sifflante, grinçante, monotone au début et ponctuée d'un hoquet assurément désagréable. Je n'avancerais pas que l'auditoire fût toujours convaincu par Jules Favre (les causes qu'il a gagnées ne sont pas nombreuses), mais l'auditoire était incontestablement dominé, gêné, inquiété, possédé, et cette espèce de *possession* ne cessait réellement qu'à la fin de la plaidoirie.

. A vrai dire, je préférais M. Favre à la tribune de la Chambre des députés, quoique là encore il eût ses maîtres; mais j'y trouvais son énergie, sa vigueur, sa colère plus à leur place. Le cadre était plus vaste pour son attitude méprisante; on le voyait plus grand dans l'éloignement. Et puis, les intérêts qu'il combattait ou défendait comme député étaient autrement importants que ceux qu'il combattait ou défendait comme avocat.

Jules Favre a été mêlé activement et souverainement à deux révolutions. En 1848, il fut entraîné diversement par le courant de ses amitiés et de ses inimitiés. Il avançait et reculait tour à tour, au point de se compromettre dans tous les camps. Son rapport concluant à une autorisation de poursuites contre Louis Blanc a été apprécié d'une façon sévère et que le temps n'a pas modifiée. D'autres erreurs, sur lesquelles il importe de ne pas trop insister à cette heure douloureuse, signalèrent son passage à travers cette période gouvernementale dont il ne comprit pas toutes les difficultés. En résumé, il alla tête baissée, ne faisant aucun bien et ne sachant pas empêcher le mal. En beaucoup de questions importantes il s'abstint, au grand étonnement de ses commettants. Cet avocat semblait désemparé.

Il s'apprêta ainsi un grand nombre de regrets et pas mal de remords, dont il devait s'accuser plus tard avec une franchise honorable sans doute, mais absolument stérile. Ce qu'on a appelé sa volonté de fer n'existait qu'à l'état très relatif. Ce masque de Croquemitaine recouvrait toutes les incertitudes de l'humanité.

On peut dire du moins à sa louange que, pendant la première partie de l'Empire, il resta éloigné des affaires poliques. Il ne sortit de son isolement que pour aller solliciter de l'empereur, en Algérie, la grâce d'un de ses clients, grâce qui d'ailleurs lui fut accordée.

Rentré à la Chambre des députés, en 1858, M. Jules Favre exerça une grande influence dans les rangs de l'opposition, et ne cessa de réclamer pour la liberté et les libertés. M. Rouher pâlit souvent sous les coups de boutoir de ce rude républicain.

Et dire qu'on a des vers de M. Favre, des vers enjoués, un poëme quelconque, dont il a été publié jadis quelques fragments !

Ce n'est pas pour cela, oh ! non, que l'Académie française lui a donné un jour un de ses fauteuils. Au fait, je ne sais pas trop pourquoi elle l'a appelé à succéder à M. Cousin. Peut-être est-ce parce qu'il s'est présenté, tout simplement. J'ignore quel appoint pouvait apporter à la docte compagnie cet avocat, fort éloquent d'ailleurs, mais dont il restera si peu de l'œuvre parlée, comme de tant d'autres avocats. On l'avait admis comme figure.

L'Académie a de ces caprices et de ces coquetteries.

Puis vint l'écroulement de l'Empire, et la guerre, et le 4 Septembre, et le cataclysme, et l'abîme. Cette histoire est trop voisine de nous pour que j'en souligne les funestes épisodes. M. Jules Favre y eut une terrible tâche.

Pauvre homme! — Il a cru à l'étoile de la France; il y a cru sincèrement. Il a écrit, dans le commencement de la guerre, des manifestes fort beaux, d'une facture large et ferme, et qui n'avaient pas de peine à passionner la foule. Plus tard, il a essayé, mais vainement, de maintenir sa patriotique arrogance dans les entretiens du château de Ferrières. Il y versa des larmes dont il lui sera tenu compte. Plus tard encore..... mais est-il bien nécessaire de rappeler l'obscurcissement graduel de cette intelligence, et tant de qualités sombrant dans l'effarement et dans le cauchemar des nuits de Versailles?...

Il n'est pas mort à la peine, du moins; il a survécu au rôle formidable qu'il avait accepté, et il a eu tout le temps utile pour apprécier la façon dont il l'avait rempli. Comment s'est-il arrangé avec sa conscience? je l'ignore. Mais je crois que la postérité ne sera pas sévère outre mesure; elle fera la part de ses douleurs et de sa bonne volonté; elle oubliera son orgueil.

L'homme était bon, très bon. Sa robe d'avocat dépouillée, il redevenait aimable, sociable, serviable. On pourrait citer de lui vingt traits qui lui font honneur, et qui n'étonneront aucune des personnes qui l'ont connu et qui ont pu pénétrer dans son intimité. Ce regard farouche s'adoucissait dans son salon, cette lèvre dédaigneuse s'éclairait au milieu des siens d'un sourire bienveillant. Ceux qui ont pu le voir à son heure dernière ont pu retrouver en lui ce sourire — suprême expression du lutteur touchant au repos éternel.

FEUILLET DE CONCHES

La démission de M. Feuillet de Conches, chef du protocole, introducteur des ambassadeurs, etc., etc., a reporté l'attention sur cet aimable et savant vieillard.

Il ne faut pas s'y tromper : malgré sa clef dans le dos, M. Feuillet de Conches a occupé et occupe encore une des premières places dans la littérature sérieuse. C'est un homme profondément érudit ayant touché à tout et à tous, autant par sa situation personnelle que par son amour excessif des autographes.

Les autographes ! — Il leur a beaucoup sacrifié, mais ils lui ont beaucoup rendu. — Soit qu'il fasse revivre l'âme ardente de Léopold Robert en une touchante monographie, soit qu'il complète les physionomies de Montaigne ou de Malebranche, ses ouvrages ont toujours le caractère de la découverte. Il y apporte des faits, des renseignements inédits ; — il greffe une idée nouvelle sur un document inconnu.

Ses *Causeries d'un curieux* ont initié le public à une partie de ses richesses manuscrites.

La collection de M. Feuillet de Conches est sans égale dans le monde entier.

Elle lui a permis de publier, il y a quelques années, quatre volumes in-octavo : *Louis XVI*,

Marie-Antoinette et Madame Elisabeth, lettres et documents inédits. Cette publication ne s'est pas faite sans soulever de nombreuses clameurs; elle éclaircit plusieurs points d'histoire, et elle en crée d'autres, souvent inattendus. Les familles royales sont bonnes à étudier dans leur intimité.

Une certaine critique, — critique de parti, bien entendu, — a tenté de mettre en doute l'authenticité de quelques-unes des lettres émises par M. Feuillet de Conches. Sur quinze cents environ, vingt ont paru apocryphes à des esprits intéressés ou prévenus. Que voulez-vous ! La science des autographes dérange tant de théories, déplace tant de points de vue, renverse tant d'échafaudages et de systèmes politiques ! Elle apprend qu'il n'y a rien de définitif dans l'histoire, ce dont on se doutait un peu, mais ce qui ne fait pas le compte des historiens.

Où a-t-il eu tout cela? s'est-on demandé en Allemagne et jusque dans les bureaux de la *Revue des Deux Mondes*. Et M. Feuillet de Conches, en une réponse écrite au courant de la plume la plus charmante et la plus française, a pris la peine de renvoyer les incrédules aux archives officielles de Vienne, de Moscou, de Stockholm, de Darmstadt, aux familles de Rouillé, de Polignac, de Fitz James, au conventionnel Courtois, et finalement chez les bouquinistes de tous les pays, — à l'enseigne du hasard et de la persévérance !

« Qu'y a-t-il de surprenant, s'écrie M. Feuillet de Conches, à ce que des documents se pressent en un centre commun, dans les mains d'un même curieux? Comment, par exemple, presque tous les dessins de Prud'hon, exécutés pour tant d'amateurs divers, ont-ils semblé de nos jours s'être donné rendez-vous chez M. Marcille? L'explication est bien simple : il a poursuivi son idée unique, et il a conquis à force de persévérance et d'argent.

» Je possède neuf cents lettres de la marquise de Maintenon adressées à cinquante correspondants différents; — j'en ai quinze cents de Voltaire écrites à plus de cent correspondants, tant Français qu'étrangers, même à des souverains.

» Cherchez, si vous le pouvez, à vous rendre compte de la dispersion des papiers les plus intimes du maréchal duc de Richelieu, en dépit de l'existence de sa famille, qui gardait tous ses souvenirs et n'entendait en livrer rien aux curiosités et indiscrétions d'autrui!

» Essayez de vous rendre compte aussi de la marche des pièces trouvées sur la personne de Charlotte Corday, lors de son arrestation, après la mort de Marat! — L'une de ces pièces, la fameuse *Adresse aux Français*, se trouve d'abord, on ne sait commment, dans la possession du moine Chabot, qui ramassait les épaves révolutionnaires; et voilà qu'un jour on la voit briller aux mains de notre contemporain, le célèbre avocat Paillet, pour être signalée tout à coup sans transition en d'autres collections privées... et enfin aboutir à la mienne ! »

GUSTAVE FLAUBERT

Que celui qui fut l'ennemi de Flaubert se lève et se nomme !

C'est par l'éloge de l'homme que je veux commencer ; l'éloge de l'écrivain viendra après.

Personne n'eut plus que lui la chaleur du cœur et la noblesse de l'esprit, le dévouement à l'amitié, la foi dans tous les beaux sentiments. Cet homme, qui avait la taille d'un grenadier de Frédéric II et « des moustaches de Tartare mantchou qui s'en va-t-en guerre » comme a dit Théophile Sylvestre, avait l'âme d'un enfant.

Son affection pour Louis Bouilhet est restée légendaire. De même son culte pour Victor Hugo et Théophile Gautier.

Il avait commencé par écrire fort tard, voulant s'épargner ainsi les tâtonnements et les ridicules des débuts, et il n'avait pas moins de trente-six ans lorsque parut *Madame Bovary*. Du jour au lendemain, la littérature salua un maître. Il faut remonter jusqu'à *Eugénie Grandet* pour trouver l'exemple d'un roman aussi vite et aussi généralement adopté par le public. *Madame Bovary* est aujourd'hui un classique du genre, comme *Manon Lescaut*.

Il y a d'amirables pages dans ce livre, qui sent la Normandie à plein nez. Rappelez-vous le tableau des comices, son tapage, sa couleur, sa puissance de vérité.

Le pré commençait à se remplir, et les ménagères vous heurtaient avec leurs grands parapluies, leurs paniers, et leurs bambins. Souvent il fallait se déranger devant une longue file de campagnardes, servantes en bas bleus, à souliers plats, à bagues d'argent, et qui sentaient le lait quand on passait près d'elles. Elles marchaient en se tenant par la main et se répandaient ainsi sur toute la longueur de la prairie, depuis la ligne des trembles jusqu'à la tente du banquet.

Dans ce tableau des comices et de la distribution des prix se trouve un épisode de toute beauté et d'une grande portée morale : c'est celui de la vieille servante récompensée d'une médaille de vingt-cinq francs pour cinquante-quatre ans de services.

Le président appelle : — Catherine Leroux !

Personne ne répond. Un mouvement se produit cependant dans la foule. On entend des voix : — Vas-y ! — N'aie pas peur ! — A gauche ! — Ah ! qu'elle est bête !

Alors on vit s'avancer sur l'estrade une petite vieille femme de maintien craintif et qui paraissait se ratatiner encore dans ses pauvres vêtements. Elle avait aux pieds de grosses galoches de bois et le long des hanches un grand tablier bleu. Son visage maigre, entouré d'un béguin sans bordure, était plus plissé de rides qu'une pomme de reinette flétrie, et des manches de sa camisole rouge dépassaient deux longues mains à articulations noueuses. La poussière des granges, la potasse des lessives et le suint des laines les avaient si bien encroûtées, éraillées, durcies, qu'elles semblaient sales quoiqu'elles fussent rincées d'eau claire, — et, à force d'avoir servi, elles restaient entr'ouvertes, *comme pour présenter d'elles-mêmes l'humble témoignage de tant de souffrances subies.*

Quelque chose d'une rigidité monacale relevait l'expression de sa figure. Rien de triste ou d'attendri n'amollissait ce regard pâle. Dans la fréquentation des animaux, elle avait pris leur mutisme et leur placidité. C'était la première fois qu'elle se voyait au milieu d'une compagnie si nombreuse, et intérieurement effarouchée par les drapeaux, par les tambours, par les messieurs en habit noir et par la croix d'honneur du conseiller, elle demeurait tout immobile, ne sachant s'il fallait s'avancer ou s'enfuir, ni pourquoi la foule la poussait et pourquoi les examinateurs lui souriaient. *Ainsi se tenait devant ces bourgeois épanouis ce demi siècle de servitude.*

Il faut s'incliner et admirer.

A admirer aussi certaines parties de *Salammbô*, notre troisième roman-poëme en prose. Les deux premiers sont *Télémaque* et *les Martyrs*.

Pourtant à *Salammbô* je préfère presque la *Tentation de saint Antoine*, qui passa moins aperçue.

La *Tentation de saint Antoine* est une œuvre qui tient à la fois de l'histoire, du roman et du théâtre (du théâtre dans son ancien *mystère*); — qui se rattache au *Faust* de Gœthe, à l'*Ashaverus* d'Edgar Quinet, à la *Larme du Diable*, de Théophile Gautier; — un drame qui traverse tous les pays, une tragédie qui se mêle à tous les peuples, une comédie qui emprunte tous les costumes, sans se soucier de la chronologie.

Comme point de départ, c'est bien encore le saint Antoine de Callot, mais considérablement augmenté, agrandi. — Je ne prononce pas le mot *fantastique*; il serait insuffisant dans cette circonstance, insuffisant et puéril.

Le saint Antoine de Gustave Flaubert subit les tentations de toutes les hérésies elxaïtes, nicolaïtes, caïnites, ophites; il voit les gnostiques, les manichéens, les carpocratiens et les donatistes circoncellions.

Il assite à un souper du roi Nabuchodonosor. Et, ma foi, ce souper est fort remarquable !

Le roi Nabuchodonosor, coiffé de la tiare et vêtu d'écarlate, mange et boit tout dans le fond et tout en haut d'une salle immense éclairée par des candélabres d'or.

Par terre, sous lui, rampent des rois captifs, sans pieds ni mains, auxquels il jette à manger ; et plus bas se tiennent ses frères, avec un bandeau sur les yeux, étant tous aveugles. Les esclaves courent portants des plats ; des femmes circulent, versant à boire ; un dromadaire, chargé d'outres percées, passe et revient, laissant couler de la verveine pour rafraîchir les dalles.

Des belluaires amènent en souriant des lions qui se mettent à gronder. Des danseuses, les cheveux pris dans des filets, *tournent sur les mains* en crachant du feu par les narines. Des bateleurs nègres jonglent ; des oiseaux s'envolent ; des enfants nus se lancent des pelotes de neige, qui s'écrasent en tombant contre les argenteries claires.

Un beau souper en vérité !

Mais tout à coup saint Antoine apparaît au milieu du festin, vêtu de peaux de chèvre, en véritable *gêneur* qu'il est, et il suffit de son apparition pour que toute cette fantasmagorie s'écroule. Le roi tombe de son trône. Les convives s'enfuient épouvantés.

Antoine se retrouve devant sa cabane, au petit jour.

Son cochon se vautre sur le sable à côté de lui.

Gustave Flaubert avait le travail lent, et il s'en vantait. Il se cloîtrait quelquefois pendant des mois entiers, — mais il se cloîtrait littéralement. Il fermait volets et portes, condamnait absolument le jour, — cet ennemi, — et, s'environnant de flambeaux, il s'acharnait après le livre commencé.

Sortait-il de sa retraite ? on le voyait porter partout la préoccupation de son travail; il fronçait le sourcil au milieu d'une réunion et s'interrompait tout à coup au milieu d'une phrase. Dans la rue il demeurait pensif, arrêté, les yeux fixés sur quelque chose qu'il ne regardait pas; — inquiétude des boutiquiers ! objet d'étonnement et de raillerie pour les passants !

Avait-il des théories littéraires bien arrêtées ? je l'ignore. On a voulu faire de lui le chef de l'école réaliste, tandis qu'il s'est toujours vanté d'être un romantique fervent. Il comprenait le livre un peu à la façon du tableau, c'est-à-dire qu'il travaillait *d'après nature*. Il avait des levers et des couchers de soleil observés à des heures diverses, par des temps différents, et soigneusement rangés dans des cartons. Ses amis ont vu de lui des descriptions de la mer à midi, — à trois heures, — à six heures et demie, — à minuit. Une autre fois, c'était une chaumière normande qu'il croquait en dix lignes, — un mur fleuri; un buisson chantant qu'il enlevait à la pointe de son crayon-plume, — un bonhomme aperçu qu'il campait en vingt mots.

L'*Education sentimentale* et *Trois Contes* complètent son bagage comme romancier. Mais il y avait autre chose qu'un romancier en Gustave Flaubert.

Un matin de l'hiver de 1874, Paris apprit en s'éveillant que le théâtre du Vaudeville allait jouer une comédie en cinq actes de l'auteur de *Madame Bovary*. Malheureusement, cette comédie ne s'appelait pas *Madame Bovary*, comme on l'aurait désiré; elle s'appelait le *Candidat*.

Grande fut la surprise.

Il y avait bien longtemps que Flaubert était tourmenté du désir de faire des pièces. Il s'y était essayé plusieurs fois déjà avec Bouilhet, mais ces essais n'avaient jamais abouti. N'importe ! il s'était juré de mettre tôt ou tard le pied dans ce monde de quinquets et de toiles peintes qui avait pour lui un attrait si irritant.

Ses amis connaissaient de lui une féerie dont ils parlaient avec enthousiasme. (Elle a été imprimée depuis sous le titre du *Château des Cœurs*).

Je dois avouer qu'aucun enthousiasme n'avait transpiré à propos du *Candidat;* on n'avait point entendu de ces mots mystérieux, accompagnés d'un sourire confiant, qui signifient : « Vous verrez... je ne vous dis que cela ! » Au contraire. Les amis outraient la discrétion ; ils se tenaient sur la réserve, presque sur la défensive. Ils devinrent invisibles après la répétition générale, à laquelle on avait invité beaucoup de monde...

La sympathie générale dont jouissait Gustave Flaubert amortit l'insuccès du *Candidat*. J'ai rarement vu un public plus respectueux, plus digne plus résigné. Dans les corridors on s'abordait avec une tristesse muette ; on se comprenait dans une poignée de main.

Quelques audacieux murmuraient : « Il y a de bonnes choses ! » Cela n'allait pas plus loin. Il était facile de prévoir que, si aimé qu'il fût, M. Gustave

Flaubert serait *lâché* le lendemain par la critique.

C'est qu'en effet la pièce était difficile à défendre, à soutenir. Comme idée, elle n'existait pas; comme exécution, elle excédait toute naïveté. En dehors d'une inexpérience à laquelle on s'attendait, on espérait du moins des qualités d'esprit, d'originalité, de verve. Là encore on fut déçu. Les mots à la Beaumarchais avaient été remplacés par des bourdonnements à la Henri Monnier.

Je ne répondrais pas que cet insuccès n'ait attristé assez profondément les dernières années de cet excellent homme qui demeurera un de nos plus brillants écrivains.

HENRI FONFRÈDE

Henri Fonfrède, le grand journaliste bordelais, — une physionomie extrèmement curieuse et un peu oubliée aujourd'hui.

J'ai connu Henri Fonfrède sur les derniers temps de sa vie, alors que j'habitais Bordeaux. C'était un de ces hommes dont le moule a été brisé.

Ses goûts étaient partagés entre la chasse et la pêche, mais la chasse fougueuse, avec une meute lancée au triple galop à travers les champs et les bois ; — mais la pêche avec ses dangers réels, sur une chaloupe inclinée qui fend les vagues en frémissant et laisse après elle une longue traînée d'écume. C'était son bonheur, sa joie ; il oubliait tout alors, partis et gouvernements, pour ne songer qu'à la *pousse* d'un lièvre ou à la levée de ses filets.

Puis, quand le jour commençait à baisser, son matelot *Basque* à la barre, lui, couché de tout son long sur le pont, il s'en revenait mettre le cap sur Mont-Ferrand ; — ou, le fusil sur l'épaule et sifflant ses chiens, il sortait des bois voisins d'Ambarès et cherchait des yeux pour s'orienter dans son retour la cime du *mai* planté devant sa grille, et qui était pour lui les bornes de son horizon.

Une fois arrivé, il faisait une halte dans sa cour, et ralliait du fouet et de la voix sa troupe aboyante : c'était *Florine* la paresseuse, *Polisson* qui sentait les cailles à plus de quarante pas, *Fanfan*, *Mouze*, *Poulet* et tant d'autres encore. Et quand il les avait tous fait rentrer au chenil, les uns après les autres, cet homme en sarreau de toile et dont un grossier chapeau de paille cachait à demi les traits bronzés par le soleil, — il allait vers son cabinet et, de ses mains endurcies où le goudron avait laissé son empreinte, il décachetait les lettres éparpillées sur son pupitre. — Ces lettres étaient signées Thiers, — Molé, — Guizot, — Béranger, et exprimaient également une profonde admiration ou une vive sympathie pour l'homme auquel elles étaient adressées. Toutes les gloires, toutes les causes, toutes les opinions se donnaient ainsi rendez-vous dans cette petite maisonnette de village, à plus de cent cinquante lieues de Paris, pour venir rendre hommage à ce paysan de génie qui s'appelait Henri Fonfrède !

Alors, quand cet homme si simple avait lu ces lettres, il les rassemblait en paquet et les serrait dans un tiroir où, parmi d'autres paperasses, on pouvait distinguer un bout de ruban rouge qu'il n'osait presque pas porter et qu'il avait déjà refusé une fois. — Il s'asseyait à une table, et il écrivait les lignes suivantes à quelqu'un de ses bons amis, avec ce style moitié souriant, moitié fâché, qui lui était habituel :

« Hélas ! *mio caro* ! on me porte pour député, malgré tout ce que j'ai fait pour l'empêcher ; d'abord quand on a cru que je n'étais pas éligible, on voulait m'acheter une maison pour me rendre éligible malgré moi ; la loi s'y est opposée, parce qu'en supprimant la nécessité de possession annale, elle a stipulé qu'il faudrait néanmoins posséder au moment de la révision des listes; or, l'époque en est passée, mais on a tant tourné la loi qu'on a trouvé un article d'où l'on infère, avec raison je crois, que je suis éligible, et en avant ! On a dressé des batteries à mon insu, et me voilà candidat quand même. J'ai assuré tous les électeurs qui sont venus m'offrir leur vote qu'ils pouvaient me nommer si cela leur faisait plaisir, mais je n'accepterais pas. On m'a prié seulement de ne pas refuser publiquement, afin de ne pas faire manquer l'élection, sauf à moi de faire ce que je voudrai après. A la bonne heure, mais cela me fait jouer un sot rôle. Et si vous saviez comme j'ai causé dans l'assemblée électorale.

Comme j'ai prouvé par *a* plus *b* qu'ils n'avaient pas le sens commun ! Comme on m'a interrompu avec violence ! »

C'est là une charmante histoire que l'histoire de la députation de Henri Fonfrède pleine de saillies et d'étranges boutades. Fonfrède refuse à l'assemblée électorale la déclaration de principe qu'elle lui demande. On le presse, on l'entoure, on le supplie, — il persiste. « Je suis fier, moi aussi, dit-il, quand on me chauffe les oreilles! » Alors, voyant cela, le président se lève et déclare que, puisque Fonfrède ne veut pas s'expliquer, s'il y a dans l'assemblée quelqu'uns de ses amis, on leur accordera la parole *afin qu'ils parlent pour lui...*

Trouvez-moi, un autre homme en France pour qui cela ait été fait.

EDOUARD FOUSSIER

Un mort va rarement seul.

Tandis que je faisais des fouilles dans ma bibliothèque pour Émile Bouchery, j'ai retrouvé le premier volume de vers d'Édouard Foussier, qui ne court pas précisément les rues.

Il est intitulé : *Italiam*, et a été publié en 1846, chez Garnier frères.

Édouard Foussier avait alors vingt ans ; on s'en aperçoit bien à ses réminiscences, à ses négligences, à ses incorrections souvent inexcusables.

Mais il y a une chose que je ne m'attendais pas à y trouver, et qui donne à ce volume âgé de trente-six ans un air d'actualité : c'est une sorte d'apologie de l'athéisme. Les amis d'Édouard Foussier, tous ceux qui l'ont connu si doux, si simple, s'étonneront aux lignes que je viens de tracer. Alors qu'ils lisent celles qu'il traçait lui-même dans la préface d'*Italiam*.

« Il ne paraît pas convenable à l'auteur du présent livre d'étaler certains principes nouveaux à un âge où il n'est pas même permis de les avoir. Il croit seulement que le cercle fait à notre poésie est un cercle trop étroit. Il pense qu'elle a droit de se poser sur tous les jalons des croyances humaines, que tout ce qui est du ressort de l'âme est de son ressort.

» Si dans le mysticisme elle a puisé de magnifiques inspirations, il croit *qu'elle en peut trouver de plus belles peut-être* dans les horreurs de l'athéisme. Aussi, comme tant d'autres, ne conteste-t-il pas à l'athéisme le droit d'emprunter à la poésie ses puissantes ailes, et de monter aux cieux frapper ses voûtes immenses, pour entendre s'il n'en sortira pas une autre voix que celle du néant !... »

Édouard Foussier était, on l'a assez dit et redit, membre d'un petit cénacle composé d'Émile Augier, du comédien Got, du compositeur Membrée, d'Edmond Cottinet, de Jules Barbier.

Il paraîtrait qu'on ne s'amusait pas tous les jours dans le petit cénacle, s'il faut en croire le témoignage d'un de ses propres membres, Edmond Cottinet, qui a rimé ainsi le procès-verbal d'une de ses séances :

CHEZ FOUSSIER

FOUSSIER

Pleut-il toujours ?

BARBIER, *à la fenêtre*

Il pleut toujours.

FOUSSIER

Ferme les rideaux, je te prie.
Que la lumière, de huit jours,
Ne soit de notre confrérie.
Allumons une lampe ou deux.
Le soleil n'est-il pas honteux ?...

GOT

De la bière fraîche ! une cruche !

FOUSSIER, *à Cottinet*

Hé ! là-bas, toi qui t'assoupis,
Le corps en travers du tapis,
Dans le feu mets donc une bûche !

COTTINET, *bâillant*

Aux champs personne n'est dehors ;
Le bétail enfermé s'ennuie.
Il pleut tant que les pauvres morts
Flottent dans leur fosse envahie.
Seul, un lièvre s'en va chercher
Un bout de chaume où se sécher.

MEMBRÉE

..... On sait que pour écrire en prose
Il faut souvent bien plus d'esprit.

GOT

Tu ferais mieux, mon cher petit,
De nous chantonner quelque chose,

BARBIER, *rêvant tout haut*

Dans la forêt de Saint-Germain,
Vienne la première gelée,
Un cerf passera le chemin.
On verra dans la grande allée,
Toute pleine d'un blanc brouillard,
Un cerf s'enfoncer au hasard.

MEMBRÉE

Messieurs, j'ai cela dans la tête ;
Nos fils verront le temps changer.

COTTINET

Si l'on pouvait toujours manger ?

FOUSSIER

Pleut-il ?

BARBIER, *à la fenêtre*

Il pleut.

CHŒUR

Ah ! qu'on s'embête !

Se réunir pour cela, il y a de quoi exciter la surprise du benoît lecteur.

L'ABBÉ GALIANI

La mode est aux épistoliers. Ici, du moins, nous sommes en plein pétillement d'esprit. Il s'agit d'un abbé qui n'a de l'abbé que le titre, un de ceux au nez desquels les chansonniers du dix-huitième siècle jetaient effrontément ce couplet :

> Monsieur l'abbé, où courez-vous ?
> Vous allez vous casser le cou.

Figurez-vous un petit homme, de la plus petite taille, vif, gesticulant, « le plus joli petit Arlequin qu'eût produit l'Italie », a dit Marmontel. Il vint de Naples à Paris en 1759, avec le titre de secrétaire d'ambassade, précédé d'une réputation de jeune savant et d'homme d'esprit

L'abbé Galiani se révéla du premier coup lors de sa présentation à Versailles. Les courtisans s'étant pris à rire de sa petite stature, il s'en aperçut et, saluant le roi : « Sire, dit-il, voici l'échantillon du secrétaire de Naples... le secrétaire viendra après. » Le roi sourit et toute la cour en fit autant; pendant un jour, on ne parla que du petit abbé napolitain.

Il se poussa très vite dans la société des beaux esprits et des belles dames. Ce fut tout de suite le *gentil abbé, l'abbé charmant...* Il avait une verve originale dans la causerie, tout le feu et toute la gaieté de son pays, avec une pointe de licence qu'on lui passait en sa qualité d'étranger et dont il abusait le plus possible. Bref, il devint tellement à la mode que Diderot put écrire : « Si l'on faisait des abbés Galiani chez les tabletiers, tout le monde voudrait en avoir. »

Le séjour de l'abbé Galiani à Paris dura une dizaine d'années, pendant lesquelles jamais homme ne fut plus choyé, plus heureux et ne mena plus brillante vie. Il s'est vanté d'avoir tous les vices. Grand merci! En revanche, il possédait de sérieuses et estimables qualités; par exemple, il fut honnête en amitié, honnête et constant.

Son chagrin fut grand lorsque son gouvernement le rappela à Naples en 1769. Il était insensiblement devenu Parisien. Il ne se consola jamais de ce départ forcé, quelques honneurs et quelques bénéfices qui vinssent le trouver dans sa patrie.

C'est de ce moment que date sa carrière épistolaire, sa longue correspondance avec ses amis — et surtout ses amies — de Paris, la ville regrettée. Jusqu'alors il ne s'était occupé que d'ouvrages de finances et de numismatique.

Les lettres de l'abbé Galiani ne sont arrivées au public qu'en 1818, trente et un ans après la mort de leur auteur. Encore furent-elles publiées d'une façon incomplète, avec des suppressions et des mutilations. La nouvelle édition qui paraît aujourd'hui, par les soins tout à fait scrupuleux de MM. Lucien Perey et Gaston Maugras, est établi d'après les textes originaux et donne tous les passages supprimés, ainsi qu'un grand nombre de lettres inédites. Grâce à cette édition, on peut apprécier définitivement la valeur de l'abbé Galiani comme épistolier.

Cette valeur a-t-elle été surfaite jusqu'à présent ou mérite-t-elle d'être augmentée ? Voilà la question. Pour moi, l'homme demeure à l'état de curiosité. Il n'a pas l'envergure de Grimm, ni son utilité. Il peut amuser les dilettanti du dix-huitième siècle, les Sainte-Beuve, les Goncourt, les éclairer sur certains points de mœurs, mais il n'arrive pas à percer la profondeur du grand public, juge en dernier ressort.

Il joue avec la pantoufle de Mme Necker, avec l'éventail de Mme d'Epinay, avec le compas de d'Alembert. Il écrit : « Avez-vous reçu mes oranges de Malte ? » ou bien : « Vos enveloppes de lettres sont affreuses. » Lettres d'un homme du monde, lettres de tout le monde. Mérimée, de notre temps, nous en a inondé et nous en inondera peut-être encore ; rappelez-vous sa correspondance avec Panizzi : « Comment vont vos rhumatismes, mon cher ami ?... J'ai reçu votre pâté de foie gras... Mes demoiselles de compagnie vous souhaitent bien le bonjour. » Et cent autres billevesées. Il faut beaucoup chercher à travers tout cela pour trouver un enseignement digne de l'histoire ou un portrait griffonné en six lignes qui laisse apercevoir la touche de l'homme supérieur. Mérimée avait eu Galiani pour lui tracer la voie.

Ce parallèle entre Mérimée et Galiani s'offre de lui-même. Mérimée s'intitulait le *fou de l'impératrice*; Galiani se serait volontiers adjugé le même titre auprès de Mme Geoffrin. Il s'est dépeint en ces termes : « Me voici tel que toujours, l'abbé, le petit abbé, votre petite chose Je suis assis sur un bon fauteuil, remuant des pieds et des mains comme un énergumène, ma perruque de travers, parlant beaucoup et disant des choses sublimes qu'on m'attribuait. » Galiani est un Mérimée dégelé.

Reste le style. Le style est l'homme chez l'abbé Galiani; le frétillement du Napolitain sur le bon sens du Français, une intuition et une appropriation étonnantes de notre langue. Nous avons vu renaître ce phénomène dans Fiorentino.

Lire Galiani, c'est bien; l'avoir entendu et vu, cela serait mieux. C'était l'homme des propos salés, je le répète, et il faut bien que j'y revienne, puisque c'est un des côtés caractéristiques de sa physionomie. Il aimait particulièrement la forme du conte et du dialogue; quelques-uns nous ont été transmis par ses contemporains.

Tel celui-ci :

Un cocher avait été condamné à la peine du blâme; le juge prononce la sentence habituelle :

— Au nom du roi et de la loi, je vous blâme et vous déclare infâme.

LE COCHER. — Hélas ! monseigneur, je ne pourrai donc plus conduire mon carrosse ?

LE JUGE. — Rien ne vous en empêche.

LE COCHER *surpris*. — Mais alors. je m'en f...

LE JUGE, *s'en allant*. — Et moi aussi.

Une autre fois, Galiani racontait qu'à Rome les cardinaux ont des espions qui viennent leur rapporter tout ce qui se débite sur leur compte. Il avait imaginé ce dialogue, qu'il parlait et mimait avec une verve incomparable :

Le Cardinal, *écrivant à son bureau*. — Eh bien! qu'est-ce qu'on dit?

L'Espion, *debout*. — Seigneur... on dit... on dit..

Le Cardinal. — Vous plairait-il d'achever?

L'Espion. — On dit que vous avez pour page.., une... une fille charmante, qui est malade pour neuf mois... et par votre faute.

Le Cardinal, *continuant d'écrire sans se déranger* — Cela n'est pas vrai, c'est de la sienne.

L'Espion. — On ajoute que le cardinal un tel a voulu vous enlever ce page charmant et.. que vous l'avez fait assassiner.

Le Cardinal, *continuant d'écrire*.. — Ce n'est pas du tout pour cela.

L'Espion. — Enfin, on parle de votre dernier ouvrage, et l'on assure que c'est un autre qui l'a fait.

Le Cardinal, *se levant avec fureur*. — Eh! pourriez-vous, monsieur le maroufle, me nommer l'impudent qui a dit cela?

Je m'étonne qu'avec une telle liberté de langage l'abbé Galiani se soit toujours maintenu en crédit dans son pays. Cela est pourtant. Revenu à Naples, il essaya d'y vivre comme à Paris, c'est-à-dire aussi gaiement, et il y réussit en partie. Un diplomate autrichien, le comte de Hartig, qui l'a vu à cette époque, a dit de lui : « Aussi galant et tendre qu'Ovide et Chaulieu, les belles l'occupent encore plus que les muses, *et ses sens passent pour être aussi vifs que son esprit* »

Ses amis, les philosophes pleurèrent son départ. On fit chez le baron d'Holbach un discours en son honneur terriblement égrillard et révélateur.

« Qu'êtes-vous devenue, ô fusée éclatante et resplendissante ? Vous avez disparu parmi nous, et les sots ont repris courage... Jurez, crieurs de la communauté, appelez à son de trompe notre cher et très vénérable monsignor abate Ferdinando Galiani, Napolitano, secrétaire d'embassade de Sa Majesté sicilienne à la cour de France. Parcourez tous les carrefours de la philosophie, visitez tous les saints asiles où des vestales publiques s'occupent, sous la protection de la police, de la satisfaction particulière du clergé ; redemandez notre charmant abbé à tous ces lieux, et qu'on nous le rende tel qu'il est, avec sa petite taille et sa tête sublime ! »

N'insistons pas.
De son côté, le charmant abbé s'écrie, avec une colère comique, de son exil de Naples : « Qu'on m'aime, car, par la sangbleu ! je le mérite à tous égards, et ils ne reverront pas de longtemps à Paris un étranger plus aimable que moi ! »
MM. L. Perey et G. Maugras ont accompagné cette publication d'une étude sur la vie de Galiani. Dire qu'elle est intéressante serait superflu. J'y trouve une tendance à rehausser leur auteur, à l'ennoblir sous certains rapports, à voir en lui autre chose et plus qu'un homme de beaucoup de savoir et d'une intelligence exceptionnelle. De ce qu'ils ont retrouvé un certain nombre de lettres à son gouvernement, ils le bombardent volontiers homme d'Etat. Agent diplomatique tout au plus. M. de Choiseul, qui fit demander son rappel, avait raison de se méfier de ce petit abbé à la langue peu circonspecte, plus influent qu'il ne voulait peut-

être le paraître, s'échappant en saillies involontaires. De sembables étrangers sont faits pour inspirer des inquiétudes, non pas aux gouvernements, mais du moins aux ministres. Ils donnent des commotions à l'opinion publique ; leurs mots se répètent, transformés en épigrammes, et alimentent les gazettes clandestines. S'en débarrasser, c'est ce qu'il y a de mieux à faire. Et voyez ! si M. de Choiseul n'avait pas renvoyé l'abbé Galiani à Naples, nous n'aurions pas aujourd'hui le régal de ses lettres.

THÉOPHILE GAUTIER

Le conseil municipal de Tarbes a, dit-on, voté l'érection d'une statue à Théophile Gautier. Bravo !

C'est à Tarbes, en effet, qu'est né le merveilleux écrivain, en 1811. Des trois noms qu'il reçut à son baptême, Pierre-Jules-Théophile, il ne garda que le dernier.

L'enfant ne devait pas rester longtemps dans sa ville natale ; il la quitta à l'âge de trois ans et n'y remit les pieds qu'en 1860.

Cela n'empêche pas les bons habitants de montrer avec orgueil son pupitre d'écolier, conservé au collège de la ville. Théophile Gautier ne put résister au désir de connaître ce glorieux pupitre. Il se présenta incognito au principal, en se donnant pour un admirateur de ses propres écrits. La scène ne manquait pas de comique ; plus tard, Gautier la racontait ainsi à son gendre, Emile Bergerat :

« Le principal tint à honneur de me conduire lui-même. Le pupitre qu'il me fit voir et même toucher était un pupitre quelconque, et pourtant à son aspect j'éprouvai une émotion irrésistible. C'était assurément la première fois que lui et moi nous étions en face l'un de l'autre, mais enfin, s'il n'était pas mon pupitre, il aurait pu l'être. Il aurait réveillé en moi une foule de souvenirs. Je m'assis sur le banc qui le complétait et qui, si le sort l'avait voulu, eût été lui aussi mon banc, et, m'étant placé dans la position d'un écolier studieux, je tâchai de m'imaginer que j'y retrouvais mon assiette.

» Me voyant si empoigné, le principal ne put retenir un sourire mouillé d'attendrissement; il me montra sur le pupitre des éraflures et des sillages de canif faits par Théophile Gautier en classe, et qui lui avaient valu bien des punitions. Je lui demandai la permission d'en emporter une écharde. Il me l'accorda. Puis il me reconduisit, en me racontant vingt anecdotes authentiques, qui me parurent concluantes à moi-même, et desquelles il résultait que j'avais été un élève prodigieux et la gloire de son collège. »

Théophile Gautier fut un des premiers hommes de lettres vers qui la sympathie me poussa lors de mon arrivée à Paris. Une certaine jovialité d'humeur dominait encore chez lui; plus tard, il tourna au *dieu*, au *Théo*; je le vis moins alors, sans savoir pourquoi. Mais nos rencontres étaient de véritables fêtes pour moi.

— Dis-moi des vers! faisait-il en me prenant par le bras!

Et à travers les rues, les places, les jardins, sans s'inquiéter des regards qui nous suivaient, il me menait, écoutant, discutant les rimes. La langue était son souci principal. Il était l'homme-dictionnaire, doré par tous les rayons de l'art. — Il daignait s'enquérir de mes tendances et de celles de mes amis d'âge; et lorsque je lui confessais notre admiration pour Balzac, il secouait la tête en murmurant :

— Oui... la *Comédie humaine*... c'est grand... mais il y a trop de tuyaux de cheminée !

JULES DE GÈRES

Un poète aimable, à qui il n'a manqué que peu de chose pour être un poète supérieur, M. Jules de Gères, qui s'était résigné à la province comme Joséphin Soulary, vient de passer de vie à trépas.

Les plus délicats d'entre les lettrés savent son nom, — qu'il a attaché à plusieurs volumes aujourd'hui recherchés :

Dans sa jeunesse, c'était un fringant gentilhomme, élégant jusqu'au bout des ongles, Bordelais d'origine, mais toujours par vaux et par chemins, connu à Paris, apparaissant à intervalles dans le petit salon d'Emile Deschamps, cette succursale du grand salon de Charles Nodier ; tantôt mettant sa carte de visite à l'*Artiste* avec un poëme intitulé : *Mariquita* ; tantôt écrivant à Nice un délicieux roman, le *Brin de Guipure*, alors que Nice n'avait pas encore été découverte. Il signait parfois *le chevalier Franz*, ce qui est la marque d'une période littéraire n'échappant pas à un certain dilettantisme — qu'on ne pratique plus guère à présent.

On ne saurait donner une idée d'un poète qu'à la condition de le citer ; je prends ces deux strophes dans l'œuvre de M. Jules de Gères :

> La brise sourit dans l'air indulgent ;
> Des poissons furtifs l'écaille nacrée
> Perçant le flot clair de flèches d'argent,
> Saute en frétillant devant la marée ;

> C'est d'un jour de feu la tiède soirée.
> L'ombre des aubiers se fonce en plongeant ;
> Détachons l'yole au môle enchaînée,
> Et livrant sa quille au fleuve charmant,
> Couronnons de frais la chaude journée,
> Ramons lentement, ramons lentement.
>
> Ce soir, l'existence est vraiment un bien ;
> Rendons pleine grâce à l'auteur des choses ;
> A son paradis il ne manque rien :
> Les papillons noirs ont leurs ailes closes ;
> Les yeux sont contents, les couleurs sont roses ;
> Au gré du souhait tout cadre et va bien.
> Nous aimons tout bas, sentant qu'on nous aime ;
> L'âme est au repos, le ciel est clément ;
> Tout ainsi toujours n'ira pas de même...
> Ramons lentement, ramons lentement.

On ne fait pas mieux aujourd'hui, on ne faisait pas mieux autrefois.

En ces dernières années, M. Jules de Gères s'était retiré dans son domaine de Mony-sur-Garonne, près de Cadillac. Il y vivait de la vie de famille, mais quelquefois encore risquant un œil sur les choses du monde littéraire. C'était ainsi qu'il prenait très au sérieux son titre et ses fonctions de membre de l'Académie de Bordeaux.

Je le connaissais depuis longtemps : il avait encouragé mes débuts. Aussi est-ce avec une sincère douleur que j'ai appris sa mort prématurée.

Chevalier Franz ! chevalier Franz ! vous avez compris sans doute, en fermant les yeux, que le temps n'était plus aux délicats.

LÉON HALÉVY

Peu de personnes parmi la nouvelle génération connaissaient M. Léon Halévy, le père de M. Ludovic Halévy, et cependant l'œuvre de M. Léon Halévy est relativement considérable et a embrassé bien des genres. Ses débuts littéraires dataient de la Restauration ; il avait commencé par une traduction d'Horace; après quoi, il avait entrepris, sous le titre de *Poésies européennes*, une publication composée d'imitations en vers de pièces étrangères, choisies en général chez les poètes contemporains.

Mais quel triste choix ! Du Schiller avarié, du Burns de rencontre, du Thomas Moore ridicule. C'est comme une gageure. Voici, en guise d'échantillon, le *Soldat et son cheval*, tiré des *Chants populaires de la Grèce moderne* recueillis par M. Fauriel.

Vévros était gisant sur la plaine sanglante;
Son cheval le parcourt de sa bouche écumante :
« Lève-toi, lui dit-il; viens, maître, et cheminons.
» Car voilà que sans nous partent nos compagnons ! »
Le Klephte se soulève et, d'une voix tremblante :
« Je ne puis plus partir, ami, je vais mourir.
» Avec tes fers d'argent creuse, creuse la terre
» De tes dents prends mon corps; il n'est besoin de bière, »
» Jette-le dans la fosse et songe à le couvrir.
» Puis, *prends mon sabre et mon fusil fidèle*;
» Porte à mes vieux amis ces restes d'un vaillant.
    » *Porte mon mouchoir à ma belle,*
    » *Pour qu'elle pleure en le voyant !* »

Tout cela relève des exercices d'un cheval savant...

A cette époque, Léon Halévy avait un pied dans le camp classique, et un autre dans le camp romantique. C'est ce qui explique qu'en même temps qu'il traduisait les tragiques grecs, il arrangeait en drames, pour des petits théâtres, *Indiana* et *Leone Leoni*. Mais je crois bien que le parti classique l'emportait dans ses préférences ; c'est, du reste, celui qui lui a fait le plus d'honneur.

N'allons pas oublier un heureux hasard dans son existence, le *Chevreuil,* comédie en trois actes, qui fut le plus clair de ses succès.

C'est le *Chevreuil* qui rattache le père au fils.

OTHENIN D'HAUSSONVILLE

Sous ce titre : *Les Rendez-vous du Crime*, qui sent son d'Ennery d'une lieue, un gentilhomme écrivain, M. Othenin d'Haussonville, a publié dernièrement, dans la *Revue des Deux-Mondes*, un tableau de quelques quartiers excentriques de Paris et de quelques cabarets, — tableau que je recommande aux amateurs de la franche gaieté.

Ils y verront comment un homme du monde s'y prend pour continuer les études spéciales des Privat d'Anglemont et des Alfred Delvau. Ils s'amuseront des précautions qu'il se croit obligé d'employer et des grossissements de son imagination. Ils souriront à ses prétendues découvertes, et au style prudhommesque avec lequel elles sont racontées.

« La Société élégante, dit M. Othenin d'Haussonville, a dans Paris ses clubs où, depuis cinq heures du soir jusqu'à minuit, les hommes se réunissent pour causer, fumer et jouer ; *on sera peut-être étonné* de savoir que les voleurs ont aussi leurs clubs, *à la vérité assez différents d'aspect et de ton de ceux où se réunit la bonne compagnie.* »

Bah !

Mais non, on ne sera pas *étonné* du tout. Ce sont des choses qui sont connues de tout le monde depuis longtemps. Les *Mystères de Paris* ne datent pas d'hier, pas plus que l'existence des tapis-francs.

M. d'Haussonville continue ainsi ces révélations :

« Il y a dans l'intérieur de Paris ou dans le voisinage immédiat des fortifications plus de *soixante* établissements, cafés, crémeries, marchands de vin, qui servent de lieux de rendez-vous habituels à tout le monde interlope de Paris... »

Soixante ? rien que soixante ! — M. Othenin d'Haussonville pourrait sans inconvénient doubler, tripler ce chiffre, il ne serait pas encore au-dessus de la vérité. Mais soixante suffisent à exciter son effroi.

Il a entrepris, dit-il, de visiter un certain nombre de ces établissements. Je m'imagine que sa famille et ses amis se sont jetés à ses genoux pour l'arrêter dans sa résolution. M. Othenin d'Haussonville est jeune, il est un des derniers espoirs du parti doctrinaire ! — Ses jours sont précieux à bien des titres, il n'a pas le droit de les exposer. Mais le jeune M. d'Haussonville est poussé par une vocation irrésistible ; ce n'est pas une stérile curiosité qui l'agite, il veut sincèrement l'amélioration de la race humaine, et particulièrement de la race parisienne.

Rien ne lui a coûté pour l'accomplissement de ses projets, on le voit aux lignes suivantes :

« A la condition d'avoir un bon guide, au tact et à la résolution duquel on puisse se fier, *de se plier à certaines exigences de costume*, de subir sans répugnance le contact de certaines familiarités..., on peut, ainsi que je l'ai fait, s'attabler dans les cabarets de barrière. »

Vous représentez-vous M. Othenin d'Haussonville affublé d'une blouse blanche par-dessus sa redingote et coiffé d'une de ces monumentales casquettes de soie qui ressemblent à des omelettes soufflées ?

Ce qu'il a observé ne justifie cependant pas autant qu'on pourrait le croire un tel luxe de précautions. Il n'a vu que ce qu'avaient vu mille autres avant lui, ce qu'on peut voir tous les jours sans difficulté. Il a découvert le carreau des Halles et ces restaurants nocturnes où maraîchers et maraîchères, enveloppés dans leurs limousines, viennent dormir, la tête sur les tables, en attendant le point du jour. Mais Gérard de Nerval avait déjà décrit ces milieux pittoresques dans ses *Nuits d'octobre*, si justes de couleur, si exactes, si dépourvues d'exagération.

L'exagération, voilà le défaut de M. d'Haussonville et ce qui enlève toute portée à ses récits. Il voit partout des gibiers de cour d'assises ; le moindre ivrogne le terrifie. Il a des épouvantes à propos d'une soupe à l'oignon ou d'un verre de cassis mêlé. Et pourtant, il est forcé quelquefois de s'avouer que tel ou tel de ces intérieurs à la Rembrandt sont moins sinistres qu'ils n'en ont l'air. Un soir, par exemple, il s'introduit dans un bouge des environs de la place Maubert, et se trouve en face d'une jeune fille *qui aurait été passable sans la bouffissure de ses traits.*

« Tout à coup d'une voix avinée, cette fille réclama le silence pour chanter. Je m'attendais à entendre quelque chanson obscène et à moi inconnue. Mais elle entonna un air tiré d'une opérette à la mode où la société élégante s'était précipitée en foule... »

Ma foi, c'est bien fait pour M. Othenin d'Haussonville! Cela ne l'a pas empêché de sortir de cet endroit avec les pâleurs d'un Dante qui revient de l'enfer.

Une autre fois — toujours coiffé de sa casquette en soie, je suppose — notre observateur se hasarde dans un café-concert du quartier Montparnasse. La salle était pleine, il est forcé de grimper au paradis : « L'auditoire presque exclusivement composé d'hommes en blouses et de femmes en bonnet, quelques-unes avec des enfants sur les genoux, riait à gorge déployée et applaudissait avec transport à une petite pièce qui n'était, *je dois le dire*, ni beaucoup plus vulgaire, ni beaucoup plus inconvenante que celles auxquelles la meilleure société assiste tous les jours dans des théâtres plus élégants. »

Eh bien, de quoi se plaint-il? Tout n'est-il pas pour le mieux? Des hommes dans leur costume de travail, des femmes avec leurs enfants sur les genoux, cela ne compose-t-il pas un tableau tout à fait rassurant?

Le tort de ce café-concert, aux yeux de M. d'Haussonville, est d'être situé dans une rue qui a le privilège de lui déplaire entre toutes : la rue de la Gaieté. Il en trace une description marquée au coin de la crainte et de la prévention :

« A l'entrée, des maisons de débauche, au milieu un théâtre, plus loin un bal public, de porte en porte des établissements où l'on boit et l'on consomme, depuis d'ignobles cabarets jusqu'à des cafés d'une élégance de mauvais goût, tous fréquentés par une clientèle plus ou moins relevée d'aspect, mais semblable de mœurs. Cette rue aboutit d'un côté à un boulevard peu fréquenté, de l'autre aux profondeurs solitaires d'un cimetière. Il fait bon ne point s'aventurer dans ces régions désertes avant de s'assurer qu'on n'est pas suivi par trois ou quatre individus en blouse ou même en redingote, qui, malgré leur démarche insouciante et leur flânerie apparente, deviendraient à un moment donné des adversaires redoutables. »

La peinture est chargée. M. d'Haussonville est vraiment trop facile à effrayer. Heureusement pour le renom de cet arrondissement, il y a quelqu'un qui a tracé, par anticipation, la véritable physionomie du quartier Montparnasse et qui a mis en garde contre les lugubres racontars à venir. Ce quelqu'un moins pusillanime, malgré son âge avancé, que le jeune M. Othenin d'Haussonville, et tout aussi délicat que lui, n'est autre que Sainte-Beuve.

Sainte-Beuve répondait alors à un autre gentilhomme, M. de Pontmartin, qui avait noirci Paris lui aussi, presque calomnié. Sainte-Beuve s'indigna et prit en ces termes la défense de la mère capitale :

« Paris, ville de lumière, d'élégance et de facilité, c'est chez toi qu'il est doux de vivre, c'est chez toi que je veux mourir ! Ville heureuse où l'on est dispensé d'avoir du bonheur, où il suffit d'être et de se sentir habiter ; qui fait plaisir, comme on le disait autrefois d'Athènes, rien qu'à regarder ; où l'on voit juste plus naturellement qu'ailleurs, où l'on ne s'exagère rien, où l'on ne se fait des monstres de rien…. »

Cela n'est qu'un couplet spiritualiste, je me hâte de le déclarer ; mais Sainte-Beuve arrive à son faubourg (il habitait depuis de longues années la rue Montparnasse, comme on sait); il fait une poussée, « après des journées et des semaines de retraite et d'étude sur ces boulevards fourmillants. »

« J'y vois, — dit-il, — une population facile, sociable et encore polie ; et, s'il m'arrive d'avoir à fendre un groupe un peu trop épais, j'entends parfois sortir ces mots d'une lèvre en gaieté : *Respect à l'âge* ou *Place à l'ancien!* Je suis averti alors, et assez désagréablement, je l'avoue, de ce qu'on est toujours si tenté d'oublier, mais je le suis avec égard, avec politesse ; de quoi me plaindrais-je ? Oh ! Paris, Paris de tous les temps, Paris ancien et nouveau, toujours maudit, toujours regretté et toujours le même, oh ! que Montaigne déjà te connaissait bien ! »

Vous avez entendu les deux cloches et par conséquent les deux sons : la cloche Othenin d'Haussonville et la cloche Sainte-Beuve.

Il y en a une qui sonne faux certainement.

MADAME HENRI HEINE

Mme Henri Heine, la veuve du célèbre écrivain, avait été une belle et rieuse Parisienne, grasse à souhait, cheveux noirs, dents éclatantes, mais d'une instruction médiocre. Elle s'appelait Mathilde Mirat. Henri Heine l'avait épousée le 31 août 1841, à la veille d'un duel et afin d'assurer son avenir.

« Sa beauté exerça sur Heine un immense empire, — a écrit la princesse Della-Rocca, sa nièce, dans un petit volume de souvenirs ; — il l'aimait de tout son cœur et jouait avec elle comme un enfant ; son babil l'amusait... Au fond, Mathilde avait bon cœur ; c'était une insouciante enfant, toujours gaie, parlant à voix haute, ne demandant qu'à vivre et à se laisser vivre. On la voyait sur les boulevards, pendue au bras de son mari, flâner, s'arrêter pour regarder les devantures des magasins, visiter les pâtisseries, s'attarder dans les restaurants. Les friandises, les primeurs l'attiraient, et mon oncle, pour qui un bon dîner a toujours été un plaisir divin, ne se faisait guère prier.

» Pas plus que lui Mathilde ne savait le prix de l'argent, et tous deux s'entendaient à merveille pour le gaspiller. L'un et l'autre aimaient à passer la belle saison à la campagne, dans les forêts, sur les plages fréquentées, à suivre en toutes choses le courant de la mode... Avec un pareil genre de vie, il était certes difficile de maintenir dans le ménage l'équilibre du budget. »

Hélas! le bonheur de cette aimable personne ne devait pas être de longue durée. Trois ans après, le beau, le brillant Henri Heine tombait malade; deux ans encore, et il devenait la proie d'une paralysie qui attaqua d'abord les yeux et envahit peu à peu l'organisme entier. A partir de ce moment, il ne quitta plus sa *tombe de matelas,* selon son expression.

Pendant huit années, il souffrit des tortures atroces, jour et nuit, sans une minute de répit, rêvant quelquefois le suicide, mais sans forces même pour le suicide.

Pendant huit années, Mme Heine fut admirable de dévouement et de patience; elle croyait à la possibilité d'une guérison. Elle trouvait des éclairs de gaieté pour le distraire, mais souvent c'était en vain. Tous deux demeuraient alors silencieux pendant de longs espaces de temps, et la jeune femme murmurait avec un triste sourire :

— C'est de la conversation allemande !

VICTOR HUGO

I

On prétend que, depuis qu'il est né à la poésie, Victor Hugo s'est toujours astreint, à travers tous les événements, quelques soins qui l'agitent, à ne laisser jamais passer un seul jour sans écrire un certain nombre de vers, dix au moins. Cela expliquerait en partie cette prodigieuse facilité de main.

Peut-on y penser sans étonnement ? Le dictionnaire réveillé chaque matin, les mots remués à grand bruit par ce rimeur infatigable, et cela depuis plus de soixante-six ans ! On ne comprend bien un pareil entassement de chefs-d'œuvre qu'avec un travail aussi régulier. Et voilà pourquoi tous les vocables obéissent à la voix de cet évocateur debout sur sa tour dès l'aurore. Oui, c'est bien une tour ouverte à tous les vents. On pourrait y lire : Au rendez-vous des adjectifs, au tourbillon des métaphores !

Il y a quelques jours, Victor Hugo s'est penché sur le grand bahut où il jette les unes après les autres les feuilles couvertes de sa large écriture ; il y a puisé à poignées, jusqu'à ce qu'il en ait eu assez pour faire les deux volumes des *Quatre vents de l'Esprit*. Une autre fois, l'année prochaine sans doute, lorsqu'il retournera au bahut, nous aurons *Toute la Lyre*.

Ces quatre vents sont, comme on sait, divisés en quatre livres : satirique, dramatique, lyrique et épique.

Le livre satirique, dans quelques-unes de ses parties, est daté des jours d'exil; on y sent comme un excédent des *Châtiments*. Il y a là des colères rallumées, des passions qui, pour flamber à nouveau, n'attendaient qu'un de ces vents de l'esprit. C'est d'ailleurs la même manière, le même éclat et la même solidité dans la facture. Lisez les pièces intitulées : *Ecrit sur un livre de Joseph de Maistre; le Bout de l'oreille; Qui que tu sois qui tiens un peuple dans ta main; Lorsque j'étais encore un tout jeune homme pâle; Anima vilis*. Lisez aussi, lisez surtout :

> Muse, un nommé Ségur, évêque, m'est hostile.
> Cet homme violet me damne en mauvais style;
> Sa prose réjouit les hiboux dans leurs trous.
> O muse, n'ayons pas contre lui de courroux.

En vérité, je ne sais si l'ironie de Victor Hugo n'est pas plus accablante que sa colère.

Le livre dramatique, qui vient après, est la grande surprise des *Quatre Vents de l'Esprit*. Il contient deux pièces de Victor Hugo, l'une en un acte, l'autre en deux. Sont-elles jouables? Oui... comme les *Marrons du feu*, de Musset; comme la *Coupe et les Lèvres*, c'est-à-dire qu'elles auraient besoin d'un public d'élite, d'un public de poètes.

Nous connaissions déjà, par le quatrième acte de *Ruy Blas*, un Victor Hugo joyeux. C'est cet Hugo joyeux, sémillant, bouffonnant, qui se montre dans *Margarita* et dans *Esca*, deux côtés d'une fantaisie sur la femme. Le héros de ces saynètes est un gentilhomme du dix-huitième siècle qui cherche l'amour, et qui le méconnaît après l'avoir trouvé. Les traits d'esprit, les gaietés champêtres, les folies de palais y sont semés avec la prodigalité particulière à Victor Hugo.

Cet homme est vraiment extraordinaire. Il donne le vertige. Il était Juvénal tout à l'heure. A présent, il met Alfred de Musset dans sa poche comme on ferait d'un pantin. On ne peut pas parler de lui tranquillement, avec les phrases accoutumées. Lui seul a le mot juste, imprévu et éblouissant. Et des trouvailles d'images, et des trouvailles de pensées, à toutes les minutes, comme s'il en pleuvait ! Pas de répit, pas un seul temps d'arrêt. Encore, et puis toujours encore ! C'est la richesse sans trêve, l'opulence se dépensant à foison. Est-il las d'aligner ses paroles en vers, il les habille en prose, et il se trouve que ce sont encore les plus jolies chansons du monde. Ecoutez plutôt :

Les lutins — dans les thyms, — les haut bois — dans les bois. — les roseaux — dans les eaux — ont des voix. — Donc, faisons — des chansons, — et dansons ! — L'aube achève — notre rêve, — et l'amour — c'est le jour !

Je ne sais plus qui a écrit cette phrase si juste : « Il n'existe pas de sentiment plus embarrassant que l'admiration. »

Il faut admirer aussi le livre lyrique.

Il faut admirer, à côté de ces grandes envolées

de poésie, toutes ces petites œuvres finement travaillées, comme *Androclès*, *A ma fille Adèle*, la *Rencontre d'une petite fagotière* :

> Enfant au teint brun, aux dents blanches,
> Ton petit bras derrière toi
> Tire un tremblant faisceau de branches,
> O doux être d'ombre et d'effroi !
>
> Dans la clairière aux vertes routes
> Tu passes ; nous nous regardons,
> Moi, plein de songes et de doutes,
> Toi, les pieds nus dans les chardons.
>
> A nous deux, seuls dans la rosée,
> Nous ferions sourire un cagot,
> Car, moi, je porte la pensée,
> Et toi, tu traînes le fagot.

C'est peut-être dans de pareilles petites pièces que j'admire le plus Victor Hugo. Je ne le vois jamais aussi grand que lorsqu'il est simple.

Si le livre dramatique est la surprise des *Quatre Vents de l'Esprit*, le livre épique en est l'épouvante. Il a pour sous-titre : la *Révolution*. Mais ce n'en est qu'un épisode, une page fantastique.

Imaginez trois rois, trois statues descendant de leurs piédestaux, — l'Henri IV du terre-plein du pont Neuf, le Louis XIII de la place Royale, le Louis XIV de la place des Victoires — et, par une nuit sombre, se promenant à travers Paris.

Henri IV apostrophe le roi-soleil :

> Louis, quatorzième du nom,
> Réveille-toi, Louis ! et viens avant l'aurore
> Voir si ton petit-fils est à sa place encore.
> — Quel est ce petit-fils que ta voix m'a nommé ?
> — Celui que tes sujets appelaient Bien-Aimé.
> — Où donc est-il, l'objet de ces idolatries ?
> — Dans une grande place, au bout des Tuileries,

Alors se place ici un portrait de Louis XV qui se porte bien, je vous le jure.

Le poète rappelle les circonstances honteuses de sa mort et la décomposition rapide de son corps.

> Despotes, vous vivez, vous dévorez le monde,
> Vous avez Pompadour, Diane ou Rosemonde,
> Vous riez, vous régnez; les fronts se courbent tous;
> La honte des pays frémit derrière vous;
> Vous faites une tache immonde sur l'histoire;
> Vous mourez : ô la chère et l'illustre mémoire !
> Et l'oraison funèbre appelée au palais,
> Pleurante, met sa mitre et ses bas violets,
> Et, vous mêlant à Dieu, célèbre vos obsèques;
> Vos gloires ne font pas reculer les évêques,
> Mais vos cadavres font reculer l'embaumeur.

Voilà ce qu'on voit dans le livre épique. Je ne cite pas le reste, parce qu'il faut bien que je réserve une place aux réflexions qui me sont suggérées par les *Quatre vents de l'esprit* et par leur glorieux auteur.

— Eh bien ! qu'est-ce que vous voulez prouver ? me dit un ami qui survient au moment où j'écris ces lignes.

— Ma foi, je veux prouver que...

— Que Victor Hugo est le plus grand génie du dix-neuvième siècle ?

— C'est cela !

— Vous arrivez trop tard. C'est fait, mon cher. Il y a cinquante ans.... cinquante ans, entendez-vous... que Balzac écrivait dans son orgie de la *Peau de chagrin* : « Victor Hugo ?... C'est un grand homme ; n'en parlons plus. »

II

Je ne veux pas savoir à quelle époque, ni dans quelles circonstances, ni dans quel pays a été écrit *Torquemada*. Il est signé Victor Hugo, cela me suffit. Donc, il n'a pas de date, pas de pays, pas d'origine. Il est de lui, voilà tout. Il a poussé comme ont poussé *Cromwell*, *Hernani*, *le Roi s'amuse*, *Marie Tudor*, on ne sait pas comment, mais on sait pourquoi. Il n'est ni plus petit ni plus grand que les autres, il n'a ni plus de taches ni plus d'éclat; il est le même.

Cependant, il ne manque pas de gens, depuis quatre jours, qui vont demandant à ceux qui ont lu *Torquemada* : « Eh bien ! Victor Hugo est-il en progrès ? est-il en décadence ? »

Ni l'un ni l'autre. Il continue.

Il continue avec son imperturbable sérénité.

Ce nouveau drame ne sera probablement pas compris de tout le monde ; il remue des idées hors nature et parle un langage disparu ou non encore advenu. Il s'agite au milieu de mœurs exceptionnellement féroces. On y tue comme on y respire. Quelques-uns des personnages sont affreux à ce point qu'on doute de leur existence. Quand ce ne sont point des spectres, ce sont des pantins sanglants. Tous les grands personnages symboliques de l'humanité, y ont un rôle : voici le roi, voici la reine, voici le pape, voici le fou, voici le moine. Tous se valent comme horreur. L'œuvre à laquelle ils participent est une œuvre abominable.

Drame à la façon de Calderon et des *Autos sacramentales*; drame noir, lugubre, fanatique.

Comme dans toute œuvre, la critique a à se préoccuper, dans *Torquemada*, de l'idée et de la forme.

L'idée, extra humaine comme dans toutes les pièces de Victor Hugo est celle-ci : Torquemada adorait le genre humain. Il l'adorait, et, pour le précipiter plus vite vers les voluptés célestes, il lui faisait prendre le chemin du bûcher.

Est-ce admissible ? Victor Hugo croit que cela a été, il veut que cela ait été. Il met une âme dans le corps d'un monstre, et il se charge d'expliquer ce monstre. Il lui fait dire :

Un pas de plus, le monde est perdu. Mais j'arrive.
Me voici. Je ramène avec moi les ferveurs.
Pensif, je viens souffler sur les bûchers sauveurs.
Terre, au prix de la chair je viens racheter l'âme.
J'apporte le salut, j'apporte le dictame.
Gloire à Dieu ! Joie à tous ! Les cœurs, ces durs rochers
Fondront. Je couvrirai la terre de bûchers ;
Je ferai flamboyer l'autodafé suprême ;
Joyeux, vivant, céleste ! — O genre humain, je t'aime !

Et plus loin :

L'enfer et sa noirceur
Attendent l'univers. Je suis le guérisseur
Aux mains sanglantes. Calme, il sauve, et semble horrible.
Je me jette effrayant dans la pitié terrible,
Vraie, efficace, et j'ai pour abîme l'amour.

Voilà l'homme, et voilà le paradoxe ; ils sont à prendre ou à laisser. Prenons-les. J'admets que ce n'est pas plus le Torquemada de l'histoire que Lucrèce Borgia, Triboulet, Frédéric Barberousse ne sont les personnages de l'histoire. C'est le Torquemada de Victor Hugo. Les hanteurs de dictionnaires auront beau jeu à rétablir la vérité biographique. Je vois d'ici la *Revue des Deux-Mondes* protester par l'organe de ses Brunetières et de ses Soury, — O Brunetière! ô Soury! vous avez raison à l'avance, mais vous n'avez que raison.

Victor Hugo s'est emparé de Torquemada, comme il se serait emparé de Laubardemont ou de tout autre scélérat, parce que ce scélérat avait un nom facile à retenir et déjà déshonoré. A quoi bon le lui reprocher, puisqu'il a plaidé la cause de ce bandit, puisqu'il a cherché à montrer un cœur dans cette enveloppe de fer?

Jamais plus beau thème n'avait tenté plus audacieux génie.

La question de forme.

Ce serait une banalité de dire que Victor Hugo dans *Torquemada*, se maintient au degré de perfection où il est arrivé depuis longtemps. C'est un objet perpétuel d'étonnement et d'éblouissement. Tous les mots lui obéissent; de là sa lutte fréquente avec l'infini, avec l'inconnu, avec l'invisible. Redescend-il sur terre, il a plus de précision et d'esprit que personne.

Est-il une ironie égale à la sienne s'il s'agit de railler l'Église? Lisez plutôt :

En la persécutant vous la constituez.
Les prêtres ont cela que si vous les tuez,
Ils sont plus vivants. Rien ne les fait disparaître.
D'un tas de prêtres morts naît ce spectre, le prêtre.
Leur sang est éternel et leurs os sont féconds.
Nous les brisons vivants, morts, nous les invoquons;
Ah! roi, vous opprimez l'Église. Elle s'en tire
Par des palmes, des chants, des pleurs et du martyre.
Massacrez ces cafards du cloître ivres de fiel,
Frappez. Bien. Maintenant levez les yeux au ciel :

Le voilà plein de saints de votre façon, sire !
Joignez les mains, tombez à genoux. Moi, j'admire
L'Église. Esclave ou reine, elle a le dernier mot.
Elle fourmille en bas, elle fourmille en haut.
Vous l'écrasez vermine, elle renaît pléiade.

Victor Hugo ne serait pas lui-même s'il renonçait à ces rimes téméraires qui exaspéraient jadis ses ennemis. Ainsi lit-on dans la scène de l'ermite :

Va ! le but t'absoudra pourvu que tu l'atteignes ;
Je vais.
L'ERMITE
Voici de l'eau, du pain et des châtaignes,

Il a besoin de se répandre en bouffonneries excessives, comme celle-ci, — qu'il place du reste dans la bouche d'un bouffon de cour :

Niais qui m'avez cru
Un héros, un vaillant hardi, cassant, bourru,
Un martyr souhaitant la mort, vous vous trompâtes.
Que va-t-il arriver ? Je m'en lave les pattes.

C'est bien toujours le même rimeur qui, dans la *Légende des Siècles*, faisait dire à un soldat de l'armée de Charlemagne :

Et, pour toutes ribotes,
Nous avons dévoré pas mal de vieilles bottes.

La vérité est que si l'on avait affaire à un talent ordinaire, on pourrait faire des réserves. On pourrait, par exemple, s'étonner de ce que chaque personnage, au lieu de parler le langage de son état, parle le langage de Victor Hugo. Tous sont friands de métaphores et surtout d'antithèses. Mais, je le répète, il ne faut pas des balances ordinaires pour peser de tels colosses.

Qu'il n'y ait un peu — et parfois beaucoup — de cauchemar dans *Torquemada*, je ne chercherai pas à le nier. Mais n'y a-t-il pas du cauchemar dans l'*Enfer* de Dante et dans *Macbeth* de Shakespeare ? Quelquefois l'esprit se débat, oppressé, et se révolte; quelquefois l'autodafé flambe trop rouge. Le roi a l'ineptie géante, le moine devient enragé. Mais empêchez donc Victor Hugo d'aller trop loin. Autant vaudrait le supprimer d'un coup.

Eh bien ! oui, il va trop loin, — trop loin dans la laideur et dans la beauté, trop loin dans la force et dans la grâce, trop loin dans tout et partout. Il ne sait rien faire à demi, c'est convenu. Et puis, après ?

Une double actualité — actualité non cherchée — fournit son appoint au succès de *Torquemada*. C'est l'actualité de l'inquisition ou plutôt des idées qu'elle évoque; c'est l'actualité des Juifs persécutés.

Voici trente mille écus d'or,
Qu'ils vous offrent, seigneur, au nom de trente villes,

LE ROI

Bien. Que demandent-ils ?

LE MARQUIS

Qu'on les laisse tranquilles.

LE ROI

C'est beaucoup. Je ne puis laisser tranquillement
Des hommes être juifs.

J'entends de tous côtés poser la demande :
Torquemada peut-il supporter cette représentation ?

Certainement. C'est même en vue de la représentation qu'il a été composé.

Il peut être joué, mais à plusieurs conditions.

Torquemada a la même liberté et la même ampleur d'allures que les *Burgraves*. Ce sont, comme dans les *Burgraves*, des discours fort étendus, des monologues plus longs que celui d'*Hernani*.

L'inusité a souvent son danger au théâtre.

Pour jouer *Torquemada*, il faudrait des acteurs et... un public.

Combien de drames comme cela Victor Hugo a-t-il en portefeuille? On dit cinq, on dit six. On parle d'une *Madame de Maintenon*, de l'*Epée*, de la *Grand'Mère*, d'une *Aventure de don César de Bazan*, d'une féerie poétiquement intitulée : la *Forêt mouillée*. On nomme les *Jumeaux*, dont l'action se passe sous Mazarin, les *Jumeaux* qui ne seraient autres que Louis XIV et l'inconnu qui passe dans l'histoire le visage couvert d'un masque. Les intimes de Victor Hugo m'ont raconté que les *Jumeaux* avaient été bien près d'arriver à la scène ; il avait donné son consentement, mais il le retira en apprenant qu'Alexandre Dumas traitait un sujet à peu près semblable pour le Théâtre-Historique.

JASMIN

Mistral a fait oublier Jasmin, — ou à peu près.

Le félibre de Maillanne a détrôné le poète d'Agen.

Je sais bien que Jasmin a sa statue au beau milieu de sa ville natale, — ce qui est quelque chose, — mais sa statue est plus facile à rencontrer que ses œuvres.

Et cependant que de choses charmantes il y a dans ces œuvres, un peu délaissées aujourd'hui !

Je viens d'acheter sur les quais (comment est-il venu là ?) un des derniers poëmes de Jasmin : *Maltro l'innoucento*, ou autrement *Marthe la Folle* C'est un chef-d'œuvre de sentiment, de grâce, de naïveté.

Je veux essayer d'en donner une idée.

Maltro était une pauvre folle, une *innoucento*, que toute la ville d'Agen a connue ; elle ne vivait que d'aumônes, et les enfants riaient d'elle lorsqu'elle passait dans les rues avec son petit panier vide au bras. Mais Maltro n'a pas toujours été folle ; comme une autre elle a eu vingt ans, et ses vingt ans à elle rayonnaient de bonheur autant que de beauté. — Le jour vint cependant où le sort appela son amoureux sous les drapeaux ; ce fut un coup cruel pour le cœur de Maltro, elle faillit en mourir. Toutefois, peu à peu, on la vit reprendre courage; une idée venait de germer dans son esprit : c'était la plus habile ouvrière du canton, elle se remit au travail avec une nouvelle ardeur; elle passait les nuits sur son métier. Si bien qu'au bout d'un an elle s'en alla trouver son curé, et lui dit en versant devant lui son tablier tout ruisselant de belles pièces d'argent :

— Écrivez bien vite à Jacques de revenir, mais cachez-lui bien surtout de quelle part lui vient son rachat.

Toute cette scène est charmante de détails.

Deux mois se sont écoulés. Jacques a fixé pour le dimanche prochain le jour de son retour. Ce jour-là, tout le village se porte avec Maltro sur le chemin par où il doit arriver. Au bout de quelques instants, on le voit paraître là-bas — tout là-bas. — Mais il n'est pas seul; une femme l'accompagne, jeune, jolie, dans un délicieux costume de cantinière. — Maltro sent une sueur froide glacer son front, un soupçon terrible l'oppresse. — Quelle est cette femme? Mon Dieu ! C'est la sienne; Jacques est marié...

Le dénouement, vous le devinez. — Maltro devint folle, sa figure douce et triste est encore dans le souvenir de tous les Agenais; et les petits enfants se rappelleront longtemps son effroi lorsqu'ils lui criaient méchamment : — Marthe, un soldat ! — Quant à Jacques, désespéré, on raconte qu'il s'enfuit du pays, abandonnant sa femme, et qu'il alla se faire tuer en se plaçant *devant la bouche d'un gros canon qui faisait feu.*

Ce petit drame, dont rien ne peut rendre la touchante simplicité, mériterait, à coup sûr, d'être réimprimé.

Il est comparable à cet autre bijou : l'*Aveugle de Castel-Cuillé*, du même auteur.

MADAME JAUBERT

Mme Jaubert était celle qu'Alfred de Musset, dans sa correspondance, désigne sous le nom de sa *marraine*. Elle avait publié, l'année dernière, un volume de Souvenirs, qui fut remarqué comme l'expression très curieuse d'un coin de la société parisienne entre 1838 et 1848. Ce n'était plus qu'une vieille femme, mais elle avait gardé jusqu'à la fin un tour d'esprit infiniment agréable et piquant, qui fait d'elle comme une Mme d'Épinay moderne ou même une Mme de Rémusat.

Elle avait eu des accointances dans ce monde à part où brillaient la princesse Belgiojoso, la comtesse d'Agout, la comtesse Guiccioli, Pauline Garcia, la princesse de Bedmar — et, parmi les hommes, Liszt, Berryer, Alfred de Musset, Ulric Guttinguer, Ary Scheffer, Victor de Laprade, Henri Heine, Eugène Delacroix. Monde supérieur, éclatant, mais sujet, comme les autres mondes, à toutes les humaines faiblesses !

Mme Jaubert en savait sur le bout du doigt la chronique et les mille secrets ; elle devait en tenir registre à la façon des précieuses d'autrefois, avec une malice plus matérielle cependant. Elle en sait beaucoup, elle en sait trop sur Berryer, et elle ne se gêne pas pour tout raconter dans la langue inconsciemment libre des femmes qui ont dépassé la soixantaine. Elle retrouve à point nommé des billets doux de l'illustre avocat au fond de ses tiroirs. Que dis-je, des billets doux? de véritables lettres comme celles que Mirabeau écrivait à la marquise de Monnier.

Elle est plus discrète pour Musset; elle ne dit pas tout ce qu'elle pourrait dire. Elle se fait la conseillère de ses amours, elle berce ses espoirs, elle endort ses chagrins. Elle le pousse vers celle-ci, elle le détourne de celle-là. Et nous voyons le poète-dandy (qui n'a pas encore piqué sa tête dans l'alcool) valser, madrigaliser, soupirer dans les salons, sans se douter de son ridicule.

Mme Jaubert appartenait à une race de femmes qui tend à disparaître.

LAMARTINE

On a beaucoup lu Lamartine autrefois, on l'a dévoré. Les premières *Méditations* se sont tirées à quarante mille exemplaires. Elles étaient entre les mains de tout le monde.

Qui les relit aujourd'hui ?

Vous, moi, quelques-uns, — ceux qui vivent dans le passé, les pieds sur les chenets d'une cheminée de province, — de rares bibliophiles attendris, bien rares, — car les bibliophiles pur sang mettent leur orgueil à ne pas lire leurs livres. Ne faut-il pas qu'ils arrivent *non coupés* (les livres) dans les ventes publiques.

Quoi qu'il en soit, Lamartine n'en est pas moins un nom, un « gros bonhomme » comme on dit en style de catalogue. Il est classé parmi les *romantiques*. Ses premières éditions sont recherchées, surtout celles où il est représenté dans une vignette enveloppé d'un vaste manteau, au bord d'un rocher surplombant un abîme.

La *Bibliographie* de Charles Asselineau, si consultée, mentionne particulièrement les « *Harmonies poétiques et religieuses*, 1830 ; Gosselin. 2 vol. in-8° avec deux vignettes gravées par Porret : 1re, *le poète dans un cimetière ; une ombre de femme lui apparaît dans la vapeur ;* 2e, *un ange planant au-dessus du globe terrestre.* »

Un ange, une ombre, une vapeur, — voilà ce qui symbolisait, en ce temps-là, la poésie d'Alphonse de Lamartine.

N'oublions pas ce prénom d'Alphonse. Il est typique. Nous l'y reverrons renoncer plus tard. Mais alors un prénom avait son charme, son attraction, sa valeur en librairie.

Je me suis trouvé en relations avec Lamartine dans une circonstance assez piquante.

Je venais de publier, dans la *Revue de Paris* (celle de Laurent Pichat, d'Arsène Houssaye, de Théophile Gautier, de Maxime Ducamp), un article intitulé l'*Echelle de vie*, essai de métempsychose fantaisiste. Sous le couvert d'un professeur de théologie, j'y recherchais les transmigrations de quelques âmes fameuses.

Voici ce que j'avais écrit à propos de Lamartine :

« Nul plus que cet homme n'a passé des transmigrations glorieuses ; nul ne s'est révélé au monde sous des faces plus belles et plus séduisantes ; son existence n'est qu'une longue succession de types tour à tour jeunes, artistes, élégants, amoureux et fiers.

» Je reconnais en lui DAVID, le roi à la harpe d'or, le roi aux pleurs éloquents, poète couronné, regardant du haut de la terrasse de son palais la poésie profane qui vient livrer aux saules de la rive le dernier mot de sa beauté ; David dansant et chantant, chantant ses psaumes sublimes, inspirés dans des nuits de feu !

» Plus tard, il m'apparaît sous le vêtement gracieux d'un JOUEUR DE FLUTE GREC, à demi couché sur l'herbe, et faisant retentir les échos de ses soupirs en musique;

» Il a été LÉANDRE, l'amant nocturne d'Héro, cette jeune prêtresse, le nageur intrépide pour qui les flots furent sans pitié;

» Il a été ALCIBIADE, le jeune homme couronné de roses, le philosophe de toutes les philosophies;

» Il a été un CHEVALIER DE LA TABLE RONDE;

» Puis, un MÉNESTREL DU NOM DE LOÏS;

» Puis, TANCRÈDE, — Tancrède au front orné d'un panache ondoyant, à la longue épée, au manteau chrétien !

» Peintre des anges aux ailes éblouissantes, des vierges émues, des draperies somptueuses, il s'est appelé LE GUIDE; il a vu le ciel et il en a reproduit les enchantements; il a vécu dans l'Italie, et partout il s'est arrêté, il a tapissé de sa pensée rayonnante les plafonds des palais, les murs des monastères.

» Il a été LAUZUN, — et ceci est la moins pure de ses transformations, — il a été Lauzun, c'est-à-dire l'homme qui se laisse adorer, le gentilhomme en bottes de chasse, qui fait l'amour comme Louis XIV fait de la politique, le fouet à la main. Il a été le faste et le bruit de la cour. Les duchesses ont mouillé ses rubans de leurs plus belles larmes passionnées, et il ne s'est inquiété de rien, sinon de changer de rubans et de duchesses. Il a été un ambitieux empêché, un Prométhée de palais enchaîné dans des fleurs; son regard et ses lèvres n'ont rien trahi de ses souffrances; son orgueil a vaincu ses regrets. — Vraiment, comprenez-vous quelque chose à cette dissonance ?

» En revanche, cette âme poétique s'est complètement tenue à l'écart du siècle de Louis XV et de Louis XVI. Le ciel n'a pas permis qu'elle trempât dans les hontes et dans les fanges royales ; et, pendant que la Dubarry se faisait donner ses pantoufles, au saut du lit, par le nonce du pape ; pendant que les philosophes dansaient autour de l'*Encyclopédie*, — l'âme de cet homme animait modestement le corps d'un GONDOLIER DE VENISE.

» Il chantait. »

Lamartine s'empressa de me répondre et de me remercier.

Mais il protesta avec vivacité contre la réputation d'homme à bonnes fortunes que je lui avais prêtée.

J'en crus ce que je voulais.

Sa lettre était très jolie. On me l'a dérobée, naturellement.

Il ne faut pas oublier que Lamartine est le premier qui, avant Auguste Barbier et sous la royauté politique de Béranger, ait protesté contre Bonaparte.

Il est le premier qui ait osé mesurer l'homme de Brumaire ; — cela s'appelait *oser* alors.

> Rien d'humain ne battait sous ton épaisse armure ;
> Tu grandis sans plaisir, tu tombas sans murmure.
> Sans haine et sans amour, tu vivais pour penser.
> Comme l'aigle régnant dans un ciel solitaire,
> Tu n'avais qu'un regard pour mesurer la terre,
> Et des serres pour l'embrasser !

Quelques-uns de ses vers ont commencé à vieillir ; il en est qui resteront immortels.

Ses paysages d'Italie sont incomparables de fraîcheur et d'éclat.

> Le portique au soleil est ouvert : un enfant
> Au front pur, aux yeux bleus, y guide en triomphant
> Un lévrier folâtre aussi blanc que la neige,
> Dont le regard aimant la flatte et la protège ;
> De la plage voisine ils prennent le sentier
> Qui serpente à travers le myrte et l'églantier :
> Une barque non loin, vide et légère encore,
> Ouvre déjà sa voile aux brises de l'aurore,
> Et, berçant sur leurs bancs les oisifs matelots,
> Semble attendre son maître et bondit sur les flots.

Cela n'a pas été dépassé.

Lamartine ne pouvait pas avoir tous les dons en partage.

Le sens critique lui avait été absolument refusé.

Il l'a prouvé maintes fois, avec une obstination touchante.

Il ne comprenait rien à Rabelais, qu'il a traité de *pourceau ;* rien à La Fontaine : rien à l'abbé Prévost, dont il a dit : « *Manon Lescaut*, ce roman de mauvais aloi, dont les critiques du moment réchauffent la verve suspecte » ; rien à Alfred de Musset dont il n'avait lu que la *Ballade à la lune ;* rien à Balzac, sur lequel il a écrit pourtant un volume. Quel volume, ô ciel ! entièrement fabriqué à coup de ciseaux et de citations.

« Balzac, — dit-il, — avait le nez bien modelé, *quoique un peu long* (absolument faux !) les lèvres découpées avec grâce, mais amples, relevées par les coins ; les dents inégales, ébréchées, *noircies par la fumée de cigare.* »

Or, Balzac n'a jamais approché un cigare de sa bouche ; il avait l'horreur du tabac.

Mais qu'importe à Lamartine !

Il y a, au moins, un aveu singulier dans ce bizarre volume. Parlant du *Lys dans la vallée*, c'est-à-dire le reproduisant presque en entier, Lamartine termine par ces mots sa prétendue *étude :* « Évidemment cela me ressemble, quand, voulant associer l'hypocrisie du monde au délire de la passion, j'écrivis ce livre à moitié vrai, à moitié faux, intitulé *Raphaël*. Le public se sentit trompé et m'abandonna. Je l'avais mérité : la passion est belle, mais c'est à condition d'être sincère. »

Le volume sur Balzac est de la mauvaise et douloureuse période ; il fut suivi d'une foule de volumes pires encore sur Guillaume Tell, sur Bossuet, sur Christophe Colomb, sur Jacquard, sur Cromwell, sur Benvenuto Cellini, sur Cicéron, sur Nelson, etc., etc.

Sur qui et sur quoi le pauvre homme n'en aurait-il pas fait ?

Ce fut alors, comme l'a dit Théophile Gautier, que « la France eut ce spectacle triste du poète vieillissant, courbé depuis l'aube jusqu'au soir sous le joug de la copie productive. Ce demi-dieu qui se souvenait du ciel fit des romans, des brochures et des articles comme nous. Pégase traçait son sillon, traînant une charrue, que d'un coup d'aile il eût emportée dans les étoiles ! »

J'ai toujours admiré un mot de lui, vrai ou faux, dont on a voulu faire une arme contre son caractère privé.

Une personne étant allée le voir, rue Ville-l'Évêque, se mit à l'entretenir de ses embarras pécuniaires, à elle.

Lamartine l'écoute sans étonnement ; puis, fouillant dans un tiroir, il lui offre deux billets de mille francs.

— Oh ! monsieur de Lamartine ! s'écrie le visiteur confus et comprenant trop tard sa faute ; je ne puis accepter... Dans un pareil moment, lorsque je vous sais si gêné....

— Prenez, prenez donc, mon ami... prenez sans crainte... *Moi, je n'ai pas de petits besoins !*

L'auteur des *Confidences d'un Journaliste*, M. Maxime Rude, a entrevu le Lamartine de la presque dernière heure.

C'était un soir de musique, aux Tuileries. Un vieux monsieur, la tête perchée sur une haute cravate, « mélange de grand oiseau de proie et de cheval anglais », se promenait seul. Sa redingote boutonnée jusqu'au menton et son chapeau gris le faisaient ressembler à un vieux maître d'armes.

Il attira l'attention d'une jeune femme, une élégante, qui le montra en riant à son mari. Celui-ci partagea son hilarité.

M. Rude s'était approché de ce couple joyeux.

— Pardon, madame, savez-vous quel est le vieux monsieur qui vous met en si belle humeur ?

— Mais... non, monsieur.

— C'est monsieur de Lamartine.

La jeune femme demeura interdite ; puis, jetant un regard de côté sur le promeneur qui lui avait paru si démodé, elle cacha son visage dans son mouchoir et fondit en larmes.

Navrant, n'est-ce pas ?

Victor Hugo, un aigle ; — Lamartine, un cygne.

Cette définition, immédiatement adoptée dans l'origine, restera longtemps encore la meilleure.

Est-ce à dire qu'elle soit absolument juste ? Non, mais on a toujours eu besoin de formules en France. On se paye volontiers d'un cliquetis de mots.

LAMENNAIS

Il est question d'élever une statue à Lamennais. C'est une idée qui fait honneur à la Bretagne libérale. Lamennais est un des plus grands écrivains du dix-neuvième siècle — et de tous les siècles. A ce titre seul il aurait droit à la distinction du marbre et du bronze, mais il a encore d'autres titres, et des plus éclatants, surtout aux yeux de la démocratie. Il fut l'apôtre de la pensée libre et l'un des plus ardents défenseurs des droits des peuples. Il combattit, souffrit pour ces deux causes, qui se confondent en une seule. On le persécuta, on le condamna, on l'emprisonna, on le calomnia surtout. Aucun genre d'outrage ne lui fut épargné pendant sa vie. Cela vaut bien une statue après sa mort.

Où s'élèvera cette statue, pour laquelle il paraît qu'un comité breton vient de se former? Si l'on ne consultait que moi, je voterais pour Paris, centre et foyer de toutes les gloires. Mais son pays natal réclame, et c'est justice de s'incliner devant ce vœu, d'autant plus que Lamennais aimait son berceau d'un amour profond, qu'il y est sans cesse revenu et que, par son caractère, ses habitudes, ses qualités et ses défauts, il doit être considéré comme une des expressions les plus complètes du *Breton bretonnant*.

Quelques-uns inclinent pour Saint-Malo; cela semble assez naturel puisque c'est à Saint-Malo que Félicité-Robert de la Mennais (plus tard, il modifia l'orthographe de son nom et supprima la particule) naquit en 1782. On m'a montré, il y a quelques années, la maison de sa famille, maison de noble apparence, avec un grand portail.

A Saint-Malo, la statue de Lamennais se trouverait en compagnie de la statue de Chateaubriand et de celle de Duguay-Trouin. On ne saurait souhaiter plus glorieux voisinage. Mais on m'a laissé à entendre qu'à côté de la Bretagne libérale il y avait encore quelques tenants de la Bretagne cléricale, et que cette statue ne serait pas du dégoût de tous les habitants. Voilà bien des susceptiblités de la part d'une petite ville! C'est comme si Chatenay venait à s'offusquer du buste de Voltaire.

Alors le comité breton, ne se souciant pas d'entrer en lutte avec des hostilités, — vraiment de clocher, celles-là, — aurait tourné ses regards vers la Chesnaie, une propriété de la famille La Mennais, distante de Saint-Malo de deux lieues environ; la Chesnaie, où Félicité, enfant, allait passer ses vacances; où, homme fait, il revint avec délices et séjourna longtemps; la Chesnaie, dont il parle constamment dans sa correspondance et où il aurait voulu mourir.

C'est-là, dit-on, que les amis et les admirateurs de Lamennais ont l'intention de consacrer un monument à sa mémoire, certains qu'ils sont de n'éveiller ni mécontentement ni haine dans cet endroit solitaire. Ils ont raison. La foule n'est pas indispensable aux statues. Leur majesté s'accroît quelquefois de la majeté du désert.

Je trouve dans M. Peigné, un érudit et un compatriote de Lamennais, une description de la Chesnaie, située dans la commune de Plesder, arrondissement de Saint-Malo.

« Sur la route qui conduit de Dinan à Combourg, — où se passa la jeunesse de Chateaubriand, — au delà de la petite forêt sur la lisière de laquelle s'élèvent les ruines du vieux manoir des seigneurs de Coëtquen, s'ouvre, à gauche, une longue avenue de châtaigniers et de sapins qui annonce le voisinage d'une habitation bourgeoise. En suivant ce chemin, ombreux pendant l'été et jonché de feuilles sèches à l'hiver, on arrive bientôt dans un joli parc, au fond duquel se montre, à travers les clairières, une blanche villa que les paysans d'alentour appellent pompeusement le *château*, et qui est connue par le monde comme Ferney ou les Charmettes. C'est la Chesnaie.

Mettez dans ce paysage, sous l'allée la plus sombre de ce parc, un homme de petite taille, maigre, au front penché, aux cheveux plats, aux yeux caves et perçants, à la lèvre amère, au nez visiblement parent de celui du père Aubry dans *Atala*, vêtu d'une longue redingote qui lui bat les mollets, chaussé d'épais souliers, — et vous aurez l'hôte illustre de céans.

C'est à la Chesnaie que Lamennais passa les instants les plus heureux de sa vie. Il y eut un moment où l'on y venait comme en pèlerinage. Les habitués de la maison étaient Maurice de Guérin, Duquesnel,

Hippolyte de la Morvonnais; les visiteurs s'appelaient Lacordaire, Berryer, Montalembert. On peut juger de quel intérêt y étaient les entretiens, présidés et dirigés par Lamennais avec un charme et une éloquence qui ne se trahissaient entièrement que dans l'intimité.

La simplicité la plus parfaite régnait dans sa vie. « Il était plein de bonté pour ceux qui l'entouraient, — a dit le même écrivain que nous citions tout à l'heure. Longtemps il eut à son service un grand garçon passablement niais, nommé Jean, pour lequel il avait toute sorte d'indulgence. Lorsque ses différends avec le clergé eurent éloigné de la Chesnaie ses anciens amis, le philosophe, à ses rares heures de loisir et d'ennui, demandait quelques distractions à la musique et *jouait de l'accordéon*. Aussitôt qu'il entendait les sons de l'instrument, Jean laissait de côté sa besogne, montait à la hâte dans la chambre de son maître et, sans plus de cérémonies, s'allongeait sur un fauteuil, d'où Lamennais ne le dérangeait jamais. »

A l'humanité près, c'est l'histoire de l'araignée dilettante.

Mais quel joli sujet de tableau que Lamennais jouant de l'accordéon à son domestique!

J'aime à m'arrêter sur cette figure mélancolique, unique dans notre temps, et dont le père Hyacinthe n'est que la caricature poussée au gras.

On sait que Lamennais fut ordonné prêtre assez tardivement, à l'âge de trente-quatre ans, exhorté par tous ses proches et après de nombreux combats intérieurs. C'est de cette époque que ses nerfs commencèrent à se manifester. « *Cette résolution lui a singulièrement coûté,* » écrivait son frère à un de ses amis. Et lui-même, Lamennais, trois mois après, adressait à ce frère, l'abbé Jean, une lettre où l'on remarque les passages suivants :

« Quoique M. Caron m'ait plusieurs fois *recommandé de me taire sur mes sentiments,* je crois pouvoir et devoir m'expliquer avec toi une fois pour toutes. *Je suis et ne puis qu'être désormais* extraordinairement malheureux... Je n'aspire qu'à l'oubli dans tous les sens, et plût à Dieu que je pusse m'oublier moi-même ! La seule manière de me servir véritablement est de ne s'occuper de moi en aucune façon. Je ne tracasse personne ; qu'on me laisse en repos de mon côté ; ce n'est pas trop exiger, je pense.

» J'ai trente-quatre ans écoulés ; j'ai vu la vie sous tous ses aspects et ne saurais dorénavant être la dupe des illusions dont on essaierait de me bercer encore. Je n'entends faire de reproches à qui que ce soit : il y a des destins inévitables ; mais, si j'avais été moins confiant ou moins faible, ma position serait bien différente. Enfin elle est ce qu'elle est, et tout ce qui me reste à faire est de m'arranger de mon mieux et, s'il se peut, de m'endormir *au pied du poteau où l'on a rivé ma chaîne.* Heureux si je puis obtenir qu'on ne vienne point, sous mille prétextes fatigants, troubler mon sommeil ! »

Cela équivaut à un : *Laissez-moi tranquille !* en bonne forme.

Mais la tranquillité ne devait jamais être le lot de Lamennais.

Ses démêlés avec le Saint-Siège sont célèbres ;

il y apporta toute la violence et toute l'âpreté du prêtre et du Breton. Pourtant, ces démêlés n'entamèrent jamais sa foi de chrétien; jusqu'au dernier moment il demeura enflammé de l'amour de Dieu et de l'amour de son prochain, — à la condition cependant que son prochain n'habitât point Rome.

Pendant cette période de lutte, ses adversaires s'occupaient à créer pour lui des sobriquets. Il y en a eu quelques-uns d'ingénieux. On l'a appelé tour à tour *Diderot catholique, Rousseau en soutane, Babœuf en rabat.*

C'est de cette époque aussi que date la légende du chapeau de cardinal.

On peut donner le chapeau de cardinal à des Dubois, on ne l'offre pas à des Lamennais.

Lorsqu'il eut quitté pour toujours la robe du prêtre, de nombreuses relations vinrent au-devant de lui, de très hautes et aussi d'assez singulières. Dans ses voyages et dans ses longs séjours à Paris, jusqu'au dernier, il se montra plus curieux et plus ouvert qu'on ne s'y serait attendu.

Liszt, le pianiste Liszt, avait particulièrement le privilège de l'intéresser, de l'éblouir, de l'étourdir. Lamennais revenait à des notions plus graves avec Henri Martin et Jean Reynaud.

Victor Hugo a écrit, en se rappelant le temps où il habitait les Champs-Élysées avant d'aller habiter la place Royale : « Je recevais là des visites de quelques travailleurs, pauvres comme moi : d'un vieux chansonnier appelé Béranger, d'un vieux philosophe appelé Lamennais, d'un vieux proscrit appelé Chateaubriand. »

Et ces deux hommes, Béranger et Lamennais, s'en allaient souvent bras dessus bras dessous, — à pied, bien entendu.

Autre spectacle :

Un jour, Liszt vient trouver le *vieux philosophe*, en compagnie d'un autre pianiste, le jeune Hermann, et il lui dit : « Suivez-moi, je veux vous faire connaître une femme étonnante ! » Et il le mène sur le quai Malaquais, lui fait monter quatre ou cinq étages et le présente à George Sand. L'illustre romancière s'enthousiasma immédiatement de Lamennais, comme elle s'était enthousiasmée de Mme Dorval. Elle a raconté cette première entrevue, qui devait être suivie de beaucoup d'autres, dans l'*Histoire de ma vie*. Tout d'abord, elle trouva un aspect étrange à son visiteur ; la négligence de son costume, sa longue redingote, ses gros souliers l'étonnèrent (elle devait en voir bien d'autres plus tard avec Pierre Leroux); mais ce qui la frappa le plus fortement, ce fut son nez, qui lui parut étrangement *disproportionné;* elle revient plusieurs fois à ce nez qui, pour elle, supprime tout le reste de la figure ; un moment, elle le compare à un *glaive*. C'est pousser un peu loin la métaphore.

Malgré son nez, Lamennais se lia avec George Sand et devint en peu de temps son confident, son conseiller littéraire. Cette liaison alla, de la part de Lamennais, jusqu'à inviter Mme Sand à venir passer quelque temps à la Chesnaie. Celle-ci se laissa arracher un demi-consentement. Elle se mit même en route, mais tout à coup, obéissant à je ne sais quelle secrète impulsion, elle tourna bride ; — et l'homme de la Chesnaie l'attendit vainement toute une semaine, n'ayant pour se consoler que son accordéon.

En 1847, on le voit donnant des leçons de philosophie au prince Jérôme Napoléon.

Mon intention n'est pas de donner à ces notes un développement et une portée extraordinaire. Mais, puisque je viens d'écrire le mot de philosophie, je terminerai par une petite anecdote qui eut pour théâtre le salon de la Chesnaie.

C'est Lamennais qui en est le héros, naturellement.

Un soir, dans un entretien avec quelques amis, comme il venait de passer en revue divers systèmes philosophiques, l'unique lampe qui éclairait la réunion vint à s'éteindre.

— Tiens ! on n'y voit plus goutte ! s'écria Élie de Kertanguy.

— Mes amis, dit Lamennais, c'est presque toujours ainsi que se terminent les cours de philosophie.

Personne ne le lui avait fait dire.

LAURENT

L'acteur Laurent, de la Porte-Saint-Martin, est un type entre tous les acteurs. Il y a son originalité personnelle en dehors de son originalité du théâtre. Il est naïf et fin tout ensemble; quelques-uns de ses mots ont dépassé les coulisses.

Laurent n'a pas toujours été aussi gros qu'il l'est aujourd'hui; c'était, il y a trente ans, un charmant garçon aux yeux singulièrement expressifs, doux et malins, aux manières câlines, au parler agréable. Plus tard, l'embonpoint devait lui donner cette prononciation courte, oppressée, hachée, qu'Alexandre Michel imitait si bien.

L'excellent comique se consola pendant quelque temps de cet embonpoint en s'imaginant qu'il ressemblait comme deux gouttes d'eau, — ou plutôt comme deux verres de vin, — à l'empereur Napoléon Ier. Il se fit faire des redingotes grises, s'exerça à prendre du tabac dans la poche de son gilet et se promena les mains derrière le dos au milieu de sa famille, en ordonnant à tous les siens de l'appeler : *Sire !* Longtemps il harcela son directeur pour obtenir de lui qu'il fît jouer une retraite de Russie, — ou tout au moins la scène des adieux de Fontainebleau, dans laquelle *il se voyait*, disait-il.

Le directeur eut le mauvais goût de toujours résister à ce désir.

Laurent, est le plus consciencieux et le plus inquiet des comédiens, ce dont on ne se douterait peut-être pas. Lorsqu'il s'est agi pour lui de remplir le rôle du père Sournois dans la reprise des *Petites Danaïdes*, sa vie n'a plus été qu'un tourment. Jouer un rôle créé par Potier, le grand Potier, le seul comédien qui, dans son genre, ait pu être comparé à Talma, de l'aveu de Talma lui-même ! Laurent n'en dormait pas. On le surprit un soir, dans le foyer du théâtre de la Porte-Saint-Martin, agenouillé devant le portrait de Potier, les mains jointes et disant : « O grand saint Potier ! pardonne-moi mon audace extrême ! Excuse-moi et inspire-moi, grand saint Potier ! »

Ce ne fut pas tout. Le jour de la première représentation, Laurent prit le chemin du Père-Lachaise, et il alla porter une couronne d'immortelles sur la tombe de Potier.

CHARLES LEFEUVE

Un homme vient de mourir à Nice, un homme de lettres, Charles Lefeuve, qui s'était attelé seul à un labeur surhumain. Il avait entrepris d'écrire une à une, non seulement l'histoire de toutes les rues de Paris, mais encore l'histoire de toutes les maisons. Vous figurez-vous une tâche semblable ? Piganiol de la Force, Sauval, Saint-Foix, Dulaure, Mercier n'auraient pas osé la rêver. Et lui, l'humble Charles Lefeuve, isolé, sans prestige, sans antécédents littéraires, sans subvention de l'État, sans libraire autorisé, réduit à ses modiques ressources, l'a conçue, l'a commencée, l'a continuée, l'a menée à bonne fin. Cela lui a pris dix-sept années de sa vie.

Il a d'abord lancé sa publication par fascicules, sans ordre d'arrondissement ni de quartier, allant d'une rue à l'autre, au hasard de la plume, — quitte son œuvre terminée, à régulariser le tout par une table des matières. Cela s'est d'abord appelé les *Anciennes maisons de Paris sous Napoléon III* ; c'était imprimé à Bruxelles, sur papier à chandelles, à la diable, en caractères serrés. Cela se vendit peu et mal, n'attirant l'attention que de quelques bibliophiles comme moi, gent trop peu nombreuse pour faire aboutir une opération de cette importance. C'était consciencieux, mais bizarre, confus, avec un accent personnel et familier, trop familier peut-être. Lefeuve met là-dedans ses réflexions, sa gaieté pimentée de licence ; il s'appesantit sur les maisons de joie autant que sur les grands hôtels historiques, et traite la rue du Pélican à l'égal de la rue Saint-Dominique-Saint-Germain.

Je ne lui en fais pas de reproches. Charles Lefeuve est un Parisien de vieille souche et de bonne humeur. A l'époque où sa publication se poursuivait cahin caha, à travers maints obstacles, maints retards, maints changements d'éditeurs, je rencontrais souvent Edouard Fournier, le fureteur par excellence, qui me disait : « Quel fouillis ! quelles erreurs ! Mais que de perles dans ce fouillis ! Combien de trouvailles inattendues et inespérées ! Qui mettra de l'ordre dans ce désordre ? »

Lefeuve allait toujours. Je faux quand je dis qu'il était seul pour cette besogne ingrate ; il avait avec lui un secrétaire qu'il appelait M. Rousseau et dont il parle fréquemment sur un ton plaisant. Il abandonnait à M. Rousseau les rues insignifiantes, les maisons sans caractère. Voici par exemple, la façon dont Lefeuve rend compte d'une expédition de M. Rousseau dans la rue Boutebrie, qui est presque en face du théâtre Cluny.

« M. Rousseau y fut surpris par la pluie au fort de ses recherches ; il tâchait de faire diversion à sa mauvaise humeur en guettant au passage maints bas blancs qui se décolletaient pour préserver maintes jupes de mouches de crotte. » M. Rousseau entre au n°7, on lui indique, au troisième étage, l'appartement qu'habite un vieillard chargé de représenter le propriétaire ; ce pauvre homme ne sait que répondre sur la date et l'origine de la maison. Alors

M. Rousseau se contente de copier les inscriptions suivantes sur une muraille sans papier.

« Simon Claude et Marie Mahu, enlumineurs, 1572. — Sylvain aime Cloriette à toujours. — Pamiendo, né à Lisbonne le 26 mai 1690. — Loyson, commis aux aides. — Naissance de Régulus Thomas, le 2 prairial an III, et de Phocion Décius Thomas, le 14 frimaire an V ; signé : le citoyen Thomas, employé chez le citoyen Saugrain, aux réverbères. — Mort à Bailly ! — Vive Robespierre ! — Gagné un terne le 10 janvier 1821. — Jean Pruneau, 2º de médecine. — Adèle Grujot. — Clara Fontaine. — Boquillon et Souton, élèves en pharmacie. — Jules Clopin, homme de lettres. — Indiana Soufflard, coloriste, etc., etc. »

Lorsque M. Rousseau a fini de prendre ses notes, il dit gravement au vieillard, resté les yeux écarquillés :

« Monsieur, votre maison, qu'on a replâtrée il y a un ou deux siècles, est du temps de Charles IX. »

Et il sort pour se rendre dans la maison voisine.

Les *Anciennes Maisons* s'appellent aujourd'hui du titre définitif : *Histoire de Paris rue par rue, maison par maison*. L'ouvrage forme cinq volumes in-18, avec une table par ordre alphabétique. On connaît encore de Charles Lefeuve une *Histoire du lycée Bonaparte* et un roman sur Interlaken, la jolie ville suisse.

Lefeuve est mort à la villa Fanny, dans le quartier Carabacel. Il avait soixante-quatre ans.

NÉPOMUCÈNE LEMERCIER

Pauvre Mlle Népomucène Lemercier !

Barbare Académie française !

Les *Quarante*, — qui ne sont presque jamais que trente-neuf, — viennent de refuser cinquante mille francs que Mlle Lemercier leur avait offert pour publier une édition illustrée des œuvres de son père.

Il y a dans ce refus une cruauté et une mélancolie.

Que les académiciens refusent avec énergie de s'éditer entre eux du moment qu'il faut dépenser de l'argent, cela se comprend de reste ; mais lorsque cela ne leur coûte pas un sou et qu'il s'agit d'un collègue décédé depuis longtemps, cela ne se comprend plus.

Je cherche en vain quel inconvénient il y avait pour l'Académie française à patronner une édition des œuvres de Népomucène Lemercier.

Rougirait-elle de l'auteur d'*Agamemnon* et de *Pinto* ?

Elle aurait tort assurément.

Népomucène Lemercier (Népomucène ! quel beau nom pour un poète tragique !) était un homme de haut talent et d'un noble caractère. Après avoir été l'ami du premier consul, il était devenu l'adversaire de l'empereur. C'était un oseur pour son époque, et Victor Hugo, qui occupe son fauteuil académique, a raconté comment Népomucène Lemercier avait eu *quatre grands drames tués sous lui.*

Un tel homme a honoré l'Académie autant qu'il a été honoré par elle.

Il n'y avait donc aucun danger à éditer ses œuvres. Ni danger, ni ridicule. On n'en pourrait pas dire autant des œuvres complètes de M. Viennet, par exemple.

Hélas! l'Institut aurait pu d'autant mieux accorder cette satisfaction à la fille de Népomucène Lemercier que, selon toute vraisemblance, il n'en serait pas résulté grand bruit. Cette publication, quelque illustrée qu'elle eût été (encore ne va-t-on pas loin avec cinquante mille francs!) aurait faiblement remué le monde littéraire, qui est tout entier aux écrivains vivants. Les livres et les pièces de Lemercier ont fait leur temps, ses idées ont été dépassées. Il n'intéresse que les curieux comme moi.

Cela se serait donc passé en famille, le plus discrètement du monde. N'importe; les mânes du vieil académicien en auraient été réjouis.

Et voilà pourquoi je trouve qu'il y a barbarie et mélancolie dans le refus de l'Académie française.

Comme si j'avais prévu ce refus, il y a quelques années j'ai poussé vivement à la réimpression d'un poëme de Népomucène Lemercier, intitulé : *les Quatre Métamorphoses.* Ce poëme, ou plutôt ces quatre poëmes, fruits de sa jeunesse et de la fantaisie païenne du Directoire, n'ont rien de l'afféterie particulière à cette période; leur inspiration remonte à la plus pure, à la plus puissante antiquité. Les tableaux s'y multiplient, rappelant tour à tour le Corrège et Rubens. Écartez plutôt ces feuilles, et voyez :

> Silène, au loin couché, dormait sous de vieux chênes.
> Un nectar bu la veille avait enflé ses veines ;
> Sa couronne tombait pendante sur son sein ;
> L'anse d'un vase usé s'échappait de sa main.

N'est-ce pas que cela semble attendre le graveur ? Beaumarchais, à qui Lemercier avait communiqué son manuscrit, s'en était enthousiasmé justement. Il lui conseilla et surveilla même (il était un peu imprimeur) une magistrale édition in-quarto des *Quatre Métamorphoses*, sur papier-carton, caractères de toute beauté.

Népomucène Lemercier fit bien de suivre les conseils de Beaumarchais puisqu'il ne devait jamais arriver, même à prix d'or, à une édition *illustrée* de ses œuvres.

JOHN LEMOINNE

M. John Lemoinne est de la race des publicistes *pince-sans-rire*. Il s'emballe rarement. Sainte-Beuve a écrit de lui :

« John Lemoinne a le bon sens piquant et acéré, même légèrement impertinent. Saint-Marc Girardin aussi a le bon sens impertinent, mais comme une marquise a le nez retroussé. Chez John Lemoinne, c'est plus bref et plus incisif ; c'est tout nerf et tout acier. »

J'ajouterai que son style a l'accent anglais, comme sa personne. Nul plus que lui ne justifie la théorie des milieux, de M. Taine. Il est le produit le plus complet du *Journal des Débats*, — cette école de journalistes dogmatiques, habiles, prudents, et dont le nœud de cravate traverse toutes les révolutions sans cesser d'être irréprochable.

En politique comme en littérature, M. John Lemoinne obéit à un principe absolu : tout ce qui pourrait le gêner, il l'ignore. Il devient myope à volonté. Il y a une quinzaine d'années, il commençait un article de la sorte aux *Débats* : « La *Revue*, dans son dernier numéro... »

Or, il y avait à cette époque plusieurs revues, entre autres la *Revue contemporaine*, la *Revue moderne*, la *Revue germanique*. Mais, pour M. John Lemoinne, il n'en existait qu'une seule, celle où il écrivait, la *Revue des Deux-Mondes*. En disant : la *Revue*, il lui semblait qu'il ne pouvait y avoir équivoque pour personne.

Voilà pour le trait d'impertinence souligné par Sainte-Beuve.

Aujourd'hui, M. John Lemoinne est à l'Académie française, et il y fait aussi bonne figure qu'un autre.

Le ciel nous préserve d'employer la raillerie vis-à-vis de l'Académie ! Moins que personne, nous aimons les thèmes usés ; ce qui faisait rire les pères laisse sérieux les fils, et nous n'épousons pas plus la malice de Piron que le dédain de Béranger. L'Académie est une assemblée de gens distingués ; tous ont du talent, à des degrés divers ; il faudrait accumuler des montagnes d'épigrammes et de paradoxes avant de nous faire renoncer à cette opinion.

De ce que, à quelques époques d'indigence littéraire, plusieurs bonshommes en douillette puce, des grands seigneurs égarés, de petits magistrats, se sont assis dans les fauteuils historiques, n'en reste-t-il pas moins un cortège assez imposant de noms respectés ?

Avec ce farouche et incompréhensible amour de l'insociabilité, avec cette puissance d'inimitié propre aux classes littéraires et qui fait de leur force un instrument exclusivement destructif, on s'est rué de tout temps et en toute occasion sur l'Académie française ; on l'a attaquée dans sa base, dans ses travaux, dans sa somnolence aussi bien que dans ses hardiesses ; des poètes eux-mêmes ont demandé hautement sa suppression, — comme si nous avions déjà tant de moyens d'honorer le mérite !

Ce sont principalement les concours qui déchaînent contre l'Institut, et surtout contre l'Académie française, les fureurs et les railleries. Nous devons avouer que nous ne sommes guère partisans de ce mode d'émulation ; nous aimerions mieux voir élargir les revues, et fonder de grands centres de publicité ; pourtant il n'y a pas là prétexte à malédiction. Si les programmes n'ont jamais fait éclore d'œuvres réellement supérieures, ils ont du moins répandu la lumière sur quelques talents discrets, encouragé des bonnes volontés éparses. Jean-Jacques Rousseau et M. Thiers ne sont-ils pas un peu sortis des concours des Académies de Dijon et d'Aix ?

En dehors des sujets qu'il propose aux passants à la façon du sphinx thébain, l'Institut distribue quelquefois, avec infiniment de sagacité, l'argent de ses fondations. Le prix Gobert a été longtemps l'unique rente d'Augustin Thierry, le modeste et sublime aveugle. Ce sont de tels actes, de tels choix, qui élèvent l'Académie et qui expliquent sa raison d'être.

LESUEUR

On causait, l'autre jour, des bons comédiens disparus, et la conversation vint s'arrêter sur Lesueur, — le créateur de *M. Poirier*.

Tout le monde fut d'accord pour le déclarer prodigieux et inimitable.

— L'avez-vous vu dans sa dernière création : la *Galerie du duc Adolphe ?* demandai-je.

On répondit négativement, et j'en fus étonné.

C'est une chose singulière que la ténacité avec laquelle le souvenir de ce *Duc Adolphe* s'est incrusté en moi. La pièce était insignifiante, quoique assez bien tournée. Le duc Adolphe était un vieux gâteux d'abord, et un myope ensuite, qui donnait une petite fête dans son hôtel, avec opéra ; mais, ses chanteurs se trouvant subitement enchifrenés, le duc Adolphe remplaçait l'opéra par une exhibition de sa galerie de tableaux.

Très embarrassé, l'intendant du duc, quand il apprend la décision de son gracieux maître ! — Spéculant sur sa myopie, il lui a acheté de monstrueuses croûtes, dont la vue ne pourrait que le déshonorer aux yeux de ses invités. Grâce à l'imagination d'un peintre français, l'intendant remplace, au dernier moment, les toiles de maîtres par des tableaux vivants — qui ont la prétention, plus ou moins justifiée, de reproduire quelques-uns des chefs-d'œuvre du Salon.

Éteint, cassé, ployé, le corps tremblotant sur deux maigres jambes chaussées de soie, la poitrine traversée par le grand cordon du Pigeon gris, tel était le duc Adolphe, — tel était Lesueur. En le voyant, on songeait à quelque Talleyrand échappé du pays des casse-noisettes, à un Metternich bouffon crayonné par Henri Monnier au temps de ses fantastiques et spirituelles enluminures. Sa main sèche tenait un lorgnon à deux branches, qu'il s'évertuait à coller sur un œil inquiet, effaré, clignotant. Quelques cheveux blancs se hérissaient sur son front, comme la huppe de certains oiseaux.

Sa démarche était tout un poëme ; il semblait, lorsqu'il se mouvait, qu'on entendît le cliquetis de ses os. Et la voix ! Qui pourra donner une idée de la voix et de la prononciation de Lesueur? On prêtait l'oreille ; on distinguait d'abord un bruit de mâchoires aux prises avec un vocable quelconque, un broiement confus ; puis, on saisissait à la volée quelques voyelles, on démêlait quelques consonnes. — Était-ce de l'allemand ? cela se pourrait bien. Était-ce du basque ? je ne jugerais pas que non. Parfois, c'est quelque chose comme le *ranplanplan* d'un perroquet. On devine qu'une lutte sérieuse est engagée dans ce gosier ; Lesueur ne désespère pas de la victoire ; il tend le cou, il baisse la tête, il s'efforce ; — et la phrase ressaisie, mâchée, déchiquetée, est rejetée enfin dans une burlesque explosion !

LIGIER

Mes fréquents voyages à Bordeaux m'avaient souvent mis en relations avec Ligier, qui y possédait une maison où il est allé achever sa vie. C'était un homme absolument épris de son art; il avait reçu des leçons de Talma, qui lui avait enseigné la tragédie et rien de plus. Pendant quelques années Ligier a tenu au Théâtre-Français et à l'Odéon les Achille et les Oreste; on s'y souvient encore de ses tremblements de jambe et de son accent incurablement gascon. La tête était énergique, le regard fier; mais le corps était petit, trapu, au-dessous de la moyenne. Il était dans la tragédie ce que Duprez était dans l'opéra.

Lorsque le drame romantique fit irruption sur la scène, il trouva dans Ligier non pas précisément un sectaire bien convaincu, — le meilleur de ses tendresses est toujours demeuré acquis à la tragédie, — mais un interprète consciencieux. Les pièces de Casimir Delavigne lui servirent de transition; il trouva ses plus beaux succès dans *Marino Faliero, Louis XI,* les *Enfants d'Edouard.* Par sa taille exiguë, par sa structure irrégulière, par la vigueur de ses poumons, par un ensemble particulier de qualités et de défauts, il était tout désigné pour le personnage de Triboulet. Ce qu'il y fut, on ne le sait guère aujourd'hui. Tous les journaux contemporains sont d'accord pour rendre justice à sa vaillance et surtout à sa mémoire prodigieuse. Ils insistent sur ce phénomène de mémoire, et de fait, le rôle est écrasant.

Victor Hugo fut content de Ligier, sans doute, puisque, treize ans plus tard, il lui confia un rôle important dans les *Burgraves*, le plus important peut-être, celui de l'empereur Barberousse. Cela n'empêcha pas Ligier, quelque temps après, de faire comme beaucoup d'autres, notamment comme Beauvallet, de rompre avec le Théâtre Français pour s'en aller jouer au boulevard et cabotiner en province.

C'est dans cette dernière période que j'eus avec lui le plus d'entretiens. Il venait de temps en temps se reposer dans sa maison de la rue Ségalier, à Bordeaux. Il est inutile de dire si je me plaisais à le mettre sur le chapitre de ses succès parisiens. Il était moins loquace qu'un autre tragédien bordelais que j'ai connu aussi, Lafon, et il y avait moins à recueillir dans ses souvenirs que dans ceux du beau Tancrède.

Je cherchais surtout à amener Ligier sur le terrain romantique et à lui rappeler ses créations du Corse Borgia dans la *Maréchale d'Ancre*, d'Alfred de Vigny; de Christian, dans *Clotilde*, de Frédéric Soulié, et la plus étonnante de toutes peut-être, la plus imprévue, celle de lord Byron, dans un *Lord Byron à Venise*, d'Ancelot. De là, par des gradations ménagées, j'arrivais au *Roi s'amuse*. Mais il se dérobait toujours, pour s'étendre complaisamment sur l'*Othello* de Ducis ou sur les *Vêpres siciliennes*. J'aurais voulu des détails sur la manière dont il avait compris et rendu ce formidable Triboulet. Une fois que je le pressais à ce sujet, il s'écria :

— Ne me parlez pas de ce cauchemar-là.

Un cauchemar! voilà tout ce qui semblait lui être resté de ce rôle, de cette pièce, de cette soirée !

Je ne me décourageai pas cependant et laissai s'écouler quelque temps. A la suite d'un déjeuner chez M. Hippolyte Minier, où il s'était montré d'une humeur fort gaie, je tirai de ma poche et mis sous ses yeux un exemplaire du *Roi s'amuse*, en première édition Renduel, avec la superbe vignette de Tony Johannot représentant Triboulet se lamentant sur le cadavre de sa fille à moitié sortie du sac, sous une nuit sombre traversée d'éclairs, au bord de la Seine, le vieux Paris dans le fond...

— C'est bien cela, dit Ligier avec émotion ; je me reconnais... la jaquette de velours noir, la marotte pendante à la ceinture, les larges manches. Votre exemplaire est curieux.

— Feuilletons-le ensemble.

— Volontiers.

J'ai dit que Ligier était de bonne humeur ce jour-là. Il s'attacha à souligner de ses souvenirs chaque hémistiche, chaque tirade de son rôle. J'étais au comble de mes vœux.

— Mon entrée au premier acte, à côté du roi, fit sensation, dit-il ; la salle ne semblait pas encore avoir de mauvaises dispositions. Il y eut seulement quelques : *oh! oh!* lorsque j'adressai ce vers à M. de Cossé :

Monsieur, vous avez l'air tout encharibotté !

Convenez que le mot était passablement étrange. *Encharibotté!*

— Je ne conviens de rien du tout.

— J'avais longtemps lutté aux répétitions pour obtenir de l'auteur la suppression de cet... *encharibotté.* Mais ce diable d'homme était inflexible. Il ne supprimait jamais rien... L'orage commença à se former quelques minutes après, à cette exclamation lancée par Perrier :

> Moi, foi de gentilhomme !
> Je m'en soucie autant qu'un poisson d'une pomme.

— Un vers qui est devenu proverbe, murmurai-je en riant.

— Je ne dis pas le contraire... mais il a eu de la peine et il y a mis du temps.

— Passons au deuxième acte.

— Non, passons le deuxième acte. Tout l'effet y fut pour Beauvallet, sinistrement comique dans Saltabadil... Moi, je n'eus qu'un monologue sur les inconvénients du métier de bouffon, trop attendu pour produire beaucoup d'effet... Puis, une psalmodie dans la scène avec ma fille : des larmes, et encore des larmes... Vous savez la débâcle de la fin : mon bandeau mal attaché, Anaïs emportée les jambes en l'air... Le public hua.

— Mais, au troisième acte, quelle revanche, monsieur Ligier !

— J'en conviens... Mais aussi, quel mal je me donnai ! Je dépassai les forces humaines, comme les dépassera tout homme qui voudra aborder après moi ce rôle échignant.

— Echignant ?

— Oui, je ne dis rien de trop. J'avais voulu faire changer une rime à M. Victor Hugo...

— Encore !... Laquelle ?

— Celle-ci :

Cette main qui paraît désarmée aux rieurs,
Et qui n'a pas d'épée, a des ongles, messieurs !

Rieurs et *messieurs* me semblaient insuffisants ; j'en fis respectueusement l'observation à M. Hugo. Je lui proposai de substituer *seigneurs* à *messieurs*.

— Comme dans *Othello* ?

— Comme dans *Othello*.

— Et que vous répondit-il ?

— Il me sourit, me pressa la main et me dit de me conformer à son texte écrit. Toujours le même !... Par exemple, je crus qu'on allait me jeter les banquettes à la tête lorsque je poussai ce hurlement :

Au milieu des huées,
Vos mères, aux laquais, se sont prostituées !

— Je me figure le coup de théâtre.

— Le coup de tonnerre, vous voulez dire !

— Arrivons aux deux derniers actes, qu'on ne peut séparer ni de décor ni d'action... les actes du bouge.

Ligier passa la main sur son front en frissonnant et, repoussant l'exemplaire de *Roi s'amuse* :

— Tenez, me dit-il, restons-en là, je vous prie... Je ne me souviens plus de rien, je vous l'affirme. Je ne sais par quel prodige j'ai pu venir à bout de mon grand monologue, le pied sur le sac qui renfermait ma fille... Je crois que les vociférations du public me surexcitaient... On m'a dit que j'avais été sublime... que j'avais touché au génie... La vérité est que je devais avoir l'air d'un véritable énergumène... Chaque fois que je me rappelle ce moment unique dans ma vie, j'éprouve un malaise horrible .. J'étais emporté malgré moi. Ce n'était plus du théâtre. Je pleurais tout de bon, je criais, je me cramponnai à la cloche du bac... Pour une fortune, voyez-vous, je ne voudrais pas repasser par ces sensations diaboliques ?... Cachez, cachez votre livre...

Je me tus.

Le visage de Ligier était décomposé.

— Allons, se mit à dire M. Hippolyte Minier, notre hôte, causons d'autre chose... Mon cher Ligier, vous allez nous dire à présent votre véritable morceau de triomphe, le discours d'*Othello*...

Et le tragédien Bordelais, tout à coup rasséréné, commença :

Je me tais, Odalbert, et ne puis vous répondre ;
Vous avez trop acquis le droit de me confondre...

LOUVEL ET ANGE PITOU

On a pu lire dans quelques journaux que mardi dernier, 13 février, anniversaire de la mort du duc de Berry, une messe avait été célébrée dans l'église de Colombes.

Il y a soixante-treize ans, en effet, que le second fils du comte d'Artois, que le neveu de Louis XVIII tombait sous le poignard du sombre Louvel.

Sombre et taciturne ! Une figure d'assassin qui retient la pensée ; un ouvrier sans éducation, mais probe, laborieux, économe et sobre. Dans sa jeunesse, il achetait en une seule fois plusieurs pains de quatre livres, qu'il laissait sécher dans sa chambre, parce que, disait-il, *on mange moins de pain quand il est dur.*

Ce Louvel en voulait aux Bourbons, à tous les Bourbons. Il leur en voulait de ce qu'ils avaient porté les armes contre leur pays, et pour cela il s'était promis de les tuer les uns après les autres. Un monomane.

Il avait résolu de commencer par le duc de Berry, comme le plus jeune, et afin d'éteindre la race. Ce projet arrêté, il acheta deux poignards et se mit à suivre les Bourbons aux chasses, aux théâtres, à l'église. Cela dura quatre ans, à partir de 1816.

Enfin, le 13 février 1820, Louvel *trouva le joint.*

Ce jour-là était un dimanche gras ; l'Opéra donnait un spectacle extraordinaire qui devait attirer le prince. Louvel a lui-même raconté minutieusement l'emploi de sa journée.

« Le dimanche gras, dit-il, je me levai de bonne heure ; je fis mon déjeuner chez Dubois, aubergiste, rue Saint-Thomas-du-Louvre, où je mangeais toujours. Je causai quelques moments avec Barbé, perruquier, et deux autres personnes qui étaient chez lui, de choses indifférentes. Puis, je remontai dans ma chambre prendre un poignard, comme c'était ma coutume toutes les fois que je voulais rôder ; c'était le plus petit. Je sortis *pour aller voir les masques et le bœuf gras ;* il pouvait être alors une heure et demie... »

Sa promenade le poussa jusqu'à la porte Maillot. Il revint à la nuit et dîna à son auberge. Ensuite il remonta encore dans sa chambre pour prendre son second poignard. Cela lui faisait deux poignards, un dans chaque gousset de son pantalon. Ainsi armé, il se rendit près de l'Opéra, qui était situé sur l'emplacement du square Louvois. Il vit arriver le duc de Berry, avec la duchesse. Mais alors il eut des hésitations.

« Je m'en allai en me reprochant mon manque de courage. Je traversai le Palais-Royal. Là, une foule de réflexions m'assaillirent. Ai-je tort ? ai-je raison ? me disais-je. Si j'ai raison, pourquoi le courage me manque-t-il ? Si j'ai tort, pourquoi ces idées ne me quittent-elles pas ?... Je me décidai à l'instant même. »

On sait le reste.

Louvel avait entendu donner l'ordre aux voitures de revenir à onze heures moins le quart. Il se glissa derrière elles et attendit peu de temps. Aussitôt que le duc eut conduit la duchesse à sa voiture, Louvel s'élança sur lui, le saisit de la main gauche par l'épaule gauche et le frappa de la main droite au côté droit.

Le duc de Berry agonisa sept heures et fut chanté par Chateaubriand.

Épilogue inattendu, dans lequel on s'étonnera de voir apparaître Ange Pitou, — oui, vous avez bien lu, — Ange Pitou le chansonnier, celui-là même qui a été mis à la scène par les auteurs de la *Fille de Mme Angot*.

Après Louvel, Ange Pitou. O histoire ! ce sont de tes surprises.

Ange Pitou existait encore en 1820, il tenait un petit magasin de librairie dans la rue Lulli, voisine de l'Opéra.

Ce voisinage lui permit d'assister à l'assassinat du duc de Berry.

Ange Pitou s'est même donné un mouvement extraordinaire dans cette soirée tragique. Ce fut la mouche du coche du 13 février. Il s'entremit auprès de son voisin le tapissier Duriez pour faire apporter au prince, qui agonisait dans une chambre du théâtre, « un lit de sangle, deux matelas, un traversin, une couverture de coton et deux draps ». Ange Pitou allait et venait ; il était partout, gesticulant, offrant ses services.

Quelques jours après, comme il était avant tout libraire et auteur, il faisait paraître une brochure dont voici le titre : « *Véritable dernier coucher de*

Mgr le duc de Berry, le 13 février 1820, suivi d'Événements importants, authentiques et inédits, communiqués par l'un des médecins appelés à donner ses soins à S. A. R., et par Duriez, tapissier, *qui a fourni le coucher du prince*, rédigé par L. A. Pitou. Paris, Pitou, 1820 ; in-8°. »

Remarquez cette ligne insidieuse : *qui a fourni le coucher du prince*. C'est le point de départ de tout un drame où se mêle un comique d'une étrange nature.

Il paraît que, lorsque des indemnités furent distribuées aux personnes qui s'étaient employées dans cette nuit terrible, le secrétaire général de l'Opéra s'attribua le mérite d'avoir procuré le lit et les matelas ayant servi au prince, et fut récompensé en conséquence. Réclamations fort naturelles de Duriez. Puis intervention furibonde d'Ange Pitou, intervention se traduisant par une deuxième brochure ; « Le *Trône du martyr du 13 février 1820*, oublié, demandé ensuite aux possesseurs, au bout d'un mois, par Monsieur, comte d'Artois, etc., etc., par L. A. Pitou. Paris, Pitou, 1820 ; in-8°. »

Dans cette deuxième publication, l'ex-chansonnier s'abandonne à une colère aussi emphatique que ridicule. « J'ai déjà dévoilé au roi, dit-il, les manœuvres de l'intrigue assise près du véritable dernier coucher du prince, s'adjugeant cette dépouille du martyr, comme les cohortes qui, au pied de la croix, se partageaient les vêtements du Rédempteur du monde... » Il entre dans des détails répugnants sur cette question de matelas. « Outre que leurs matelas n'ont reçu tout au plus, que de bien loin, quelques gouttes de sang, les *nôtres* sont empreints de la sueur du prince au moment où la religion le rend digne d'un autre univers... *Notre coucher a l'avantage d'être pris hors du local de l'Opéra; c'est un sépulcre apporté tout exprès comme par ordre de la providence.* »

Inouï, n'est-ce pas ?

Cette fois, la cour s'émut de ce tapage indécent, et la duchesse de Berry fit acheter, pour les détruire, tous les exemplaires des deux brochures d'Ange Pitou.

C'était là probablement ce qu'il désirait.

MAILLARD DESFORGES

Il se trouva un homme au dix-huitième siècle, habitant d'un humble bourg breton, qui eut l'adresse prodigieuse et dangereuse de mystifier Voltaire.

C'était un poète d'un ordre secondaire, nommé Maillard Desforges.

Il avait vainement essayé de se faire imprimer dans le *Mercure*; ses idylles étaient impitoyablement jetées au panier. Têtu comme un breton, Desforges jura qu'il arriverait à son but, pour cela, il imagina d'adresser ses vers au directeur sous un nom féminin : Mlle *de Malcrais de la Vigne.*

Cette ruse lui réussit plus qu'il n'avait osé l'espérer; en peu de temps le nom de Mlle de Malcrais devint célèbre. — O renommée ! ce sont là de tes coups ! — Presque tous les beaux esprits de l'époque se disputèrent l'honneur de lui dédier des madrigaux; ce fut un torrent de fadeurs.

De son côté la *Muse bretonne* — on l'appelait ainsi — ne voulut pas demeurer en reste de politesse; toujours par l'entremise du *Mercure*, elle écrivit des épîtres à la plupart de ses illustres confrères. On pense bien que Voltaire en eut sa part; le grand homme donna dans la nasse comme les autres, — et voici ce qu'il répondit à la Sapho du Croisic :

> Toi dont la voix brillante a volé sur nos rives ;
> Toi qui tiens dans Paris nos muses attentives ;
>   Qui sais si bien associer
>   Et la science et l'art de plaire,
>   Et les talents de Deshoulières
>   Et les études de Dacier ;
> J'ose envoyer aux pieds de ta muse divine
> Quelques faibles écrits, enfants de mon repos.
>   Henri quatre fut mon héros,
>   Et tu seras mon héroïne.

Désormais, la mystification ne pouvait aller plus loin ni plus haut. Desforges le comprit et se démasqua. Il n'eut pour lui d'autre rieur que Piron, qui, avec cette aventure, fit la *Métromanie*, son chef-d'œuvre.

Il est à remarquer que ce sont deux Bretons — Fréron, de Quimper, et Desforges, du Croisic — qui ont porté à Voltaire les coups les plus sensibles.

La Société de la *Pomme* n'apprendra pas sans intérêt qu'on vient de réimprimer les poésies de Maillard Desforges.

MAILLARD DESFORGES

Il se trouva un homme au dix-huitième siècle, habitant d'un humble bourg breton, qui eut l'adresse prodigieuse et dangereuse de mystifier Voltaire.

C'était un poète d'un ordre secondaire, nommé Maillard Desforges.

Il avait vainement essayé de se faire imprimer dans le *Mercure*; ses idylles étaient impitoyablement jetées au panier. Têtu comme un breton, Desforges jura qu'il arriverait à son but, pour cela, il imagina d'adresser ses vers au directeur sous un nom féminin : Mlle *de Malcrais de la Vigne*.

Cette ruse lui réussit plus qu'il n'avait osé l'espérer ; en peu de temps le nom de Mlle de Malcrais devint célèbre. — O renommée ! ce sont là de tes coups ! — Presque tous les beaux esprits de l'époque se disputèrent l'honneur de lui dédier des madrigaux ; ce fut un torrent de fadeurs.

De son côté la *Muse bretonne* — on l'appelait ainsi — ne voulut pas demeurer en reste de politesse ; toujours par l'entremise du *Mercure*, elle écrivit des épîtres à la plupart de ses illustres confrères. On pense bien que Voltaire en eut sa part ; le grand homme donna dans la nasse comme les autres, — et voici ce qu'il répondit à la Sapho du Croisic :

> Toi dont la voix brillante a volé sur nos rives;
> Toi qui tiens dans Paris nos muses attentives;
> Qui sais si bien associer
> Et la science et l'art de plaire,
> Et les talents de Deshoulières
> Et les études de Dacier;
> J'ose envoyer aux pieds de ta muse divine
> Quelques faibles écrits, enfants de mon repos.
> Henri quatre fut mon héros,
> Et tu seras mon héroïne.

Désormais, la mystification ne pouvait aller plus loin ni plus haut. Desforges le comprit et se démasqua. Il n'eut pour lui d'autre rieur que Piron, qui, avec cette aventure, fit la *Métromanie*, son chef-d'œuvre.

Il est à remarquer que ce sont deux Bretons — Fréron, de Quimper, et Desforges, du Croisic — qui ont porté à Voltaire les coups les plus sensibles.

La Société de la *Pomme* n'apprendra pas sans intérêt qu'on vient de réimprimer les poésies de Maillard Desforges.

MANET.

Ce peintre, personnel jusqu'à l'extravagance, est l'homme le plus doux du monde. Il est blond, tandis que son talent est de toutes les couleurs. Edouard Manet est surtout le peintre de l'inattendu. Inutile de le chercher au Salon : il vous saute à la gorge, c'est-à-dire aux yeux, comme un malfaiteur. Et il y a du malfaiteur, en effet, dans son genre de talent. On se demande, avec une sensation première de stupeur, comment on a pu laisser entrer cet homme-là dans une compagnie de gens corrects et distingués. Une casquette à trois ponts ne jurerait pas davantage sur le perron du café Tortoni.

En voilà un, du moins, duquel on peut dire qu'il n'est pas banal. C'est le ton cru, saisissant, dans toute son effronterie, tantôt le pâté d'encre, tantôt la naïve pièce d'étoffe chinoise. On s'y fait quelquefois, et plus vite qu'on ne s'y serait attendu. Baudelaire s'y était fait tout de suite, peu accoutumé qu'il était aux : *Halte là !* de la peinture moderne Un des premiers il avait admiré sans réserve la *Manola* et *l'Enfant à l'épée*. En ce temps là, Edouard Manet accusait d'une certaine parenté avec Goya.

Depuis, il a fait preuve d'une abondante variété : portraits, paysages, il a tout abordé et tout marqué de sa touche d'étrangeté. Et c'est au moment où le public arrive peu à peu à lui que le pinceau échappe de ses mains encore jeunes....

MARTEL

Acheté aujourd'hui sur les quais un volume intitulé :

« *Billets doux d'un Comédien*, par A. Martel, précédés d'une lettre de M. Alphonse Karr, 1857, grand in-8. »

Martel ? Ne serait-ce point le consciencieux et aimable pensionnaire du Théâtre-Français, celui qui joue les pères et quelques rois ? Tout le fait supposer.

Ses vers ont de grands cheveux, comme lui. Ses strophes ont, comme lui, un air mélancolique, même lorsqu'il s'efforce de sourire.

Quant à la lettre d'Alphonse Karr, c'est une page charmante :

« Monsieur, vous me demandez mon avis sur la publication d'un volume de vers de votre cru. Vous êtes fatigué d'être toujours le Cid, Oreste, Ruy Blas, Hamlet; vous voudriez soulever le masque qui vous impatiente et être un peu aussi vous-même. — Vous voulez dire à un public qui vous a souvent applaudi : Je ne suis pas seulement les héros ou les illustres scélérats que vous connaissez, — je suis aussi un honnête jeune homme, qui ai mes propres sentiments et mes pensées à moi. Je n'aime pas toujours en vers hexamètres Chimène, Isabelle, Ophélie, etc., avec les bras nus, la tunique, le peplum ou la cotte de maille ; — je parle aussi en petits vers, en sonnets galants, et j'agis en prose à l'égard de quelque Marie Trois-Etoiles... »

Mais bientôt Alphonse Karr abandonne ce ton reposé et arrive à cette phrase prodigieuse :

« Il y a quinze ans, effrayé de voir toute une génération se jeter dans les lettres, attristé de constater qu'il ne resterait ni un lecteur au poète ni un auditeur à l'orateur, je demandais s'il ne serait pas opportun *de pendre tous les ans solennellement un poète désigné par le sort...* »

Pendre M. Martel ! Voilà bien une idée de l'auteur de *Sous les Tilleuls !*

Si l'on avait pendu M. Martel, nous n'aurions pas le joli sonnet du *Cachemire*, qui fait partie des *Billets doux d'un Comédien* :

> Il est enfin conquis le premier cachemire !
> Un Crésus en fit don pour prix d'un doux larcin.
> Vous voilà mise ainsi qu'Herminie et Palmyre,
> Et le même linceul couvre votre beau sein.
>
> Je le sais, j'en gémis ; je vous vois et j'admire...
> Car la couleur splendide et le rare dessin
> De ce tissus royal, où votre orgueil se mire,
> Double encor de vos yeux le pouvoir assassin.
>
> Certes, pour déguiser la grisette en marquise ;
> Vous savez le draper d'une façon exquise ;
> Et l'on croit au blason devant tant de beauté.
>
> Mais, songeant au trésor que ce châle a coûté,
> Je maudis ce Crésus et ma mauvaise étoile,
> Qui m'ont volé ton cœur dans ta robe de toile.

Décidément, c'est bien le Martel du Théâtre-Français qui est l'auteur des *Billets doux d'un Comédien* ; j'en ai la preuve dans plusieurs pièces dédiées par lui à ses amis Talbot et Jahyer.

MARY-LAFON

M. Mary-Lafon, écrivain des plus honorables et des plus laborieux, vient de publier un volume qu'il intitule : *Cinquante ans de vie littéraire*. Ce sont, à proprement parler, ses Mémoires, et l'on y trouve des pages intéressantes, quoiqu'il n'ait jamais été mêlé à des événements d'une bien grande importance. Ce qu'on y trouve moins, c'est l'impartialité dans certains jugements et la fidélité dans certains portraits.

D'Alfred de Vigny, par exemple, il dira que c'était « un homme petit, un peu lourd, et commun de traits et de figure ». Autant de mots, autant de démentis à la vérité. Il ne fait pas bon d'être dans les mauvais papiers de M. Mary-Lafon. Sous sa plume, Orfila devient : « un témoin espagnol, né pour rouler le pays dans une voiture de charlatan plutôt que pour diriger, comme doyen, l'École de médecine. » Le docteur Véron n'est plus qu'un *escroc*, et Jasmin, le poète agenais, un pauvre hère, « rimaillant des vers sans prosodie », Tudieu ! M. Mary-Lafon a le sang bien bouillant pour un septuagénaire !

Mais il est une race d'individus que l'auteur de *Cinquante ans de vie littéraire* déteste par dessus tout : c'est la race des emprunteurs, qui, à ce qu'il paraît, ce sont fait un malin plaisir de tournoyer toujours autour de lui. Il avait apporté un peu d'argent de sa province en venant à Paris ; on le sut, et il dut faire bonne garde autour de sa cassette. Il a raconté avec une certaine complaisance les nombreux pièges qui furent tendus à sa générosité ou à sa candeur.

Le premier quidam que tentèrent les écus du Méridional fut l'improvisateur Eugène de Pradel. M. Mary-Lafon avait obtenu une lecture à la Comédie française ; on lui conseilla en raison de son accent, jugé exécrable, de faire lire sa pièce par M. de Pradel. Celui-ci accepta et, naturellement, demanda communication du manuscrit.

Le jour venu, voici la lettre qu'un commissionnaire apportait à M. Mary-Lafon, au café Minerve : « Mon cher ami, il m'arrive un affreux malheur ! Je viens d'être arrêté pour dettes, et, si je n'ai pas dans vingt minutes une somme de cinq cents francs, le garde du commerce m'emmène à Sainte-Pélagie *avec votre manuscrit*, qu'il croit m'appartenir. Voyez si vous pouvez me tirer de là, *pour ne pas perdre votre lecture.* »

M. Mary-Lafon, fit la grimace et refusa net. Prend-on jamais un poète sans verd ? Il savait sa pièce par cœur (Eugène de Pradel n'avait pas prévu cela !) et il la récita tant bien que mal au comité de la Comédie française, qui la reçut... à la condition de ne pas la jouer. Cela se passe encore quelquefois ainsi, pour sauvegarder l'amour-propre de certains écrivains.

M. Mary-Lafon, sur l'avis de Provost, porta sa pièce toute chaude au directeur de la Porte-Saint-

Martin, qui était le célèbre Harel. Là encore, nouvelle atteinte à son *sac*.

— Mon cher monsieur, lui dit Harel après avoir entendu la récitation des *Pâques de la Reine*, je reçois votre pièce, je la monte immédiatement et je vous donne Georges pour votre reine... à une seule condition.

— Laquelle ?

— Vous allez m'avancer mille francs, que je vous rendrai à la vingtième représentation.

La somme n'était pas énorme, et elle ouvrait à M. Mary-Lafon la porte d'un des premiers théâtres de drame. Mais sa vanité se révolta ; il trouva humiliant de payer pour se faire jouer.

— Vous avez tort ! ne cessa de lui répéter Harel en le poursuivant jusqu'à la dernière marche de l'escalier.

« Cette somme (mille francs) se trouvait presque toujours dans mon bureau, » dit M. Mary-Lafon en racontant cette anecdote. Le bruit s'en répandit sans doute, car quelque temps plus tard, lorsque les *Pâques de la Reine*, devenues le *Maréchal de Montluc*, furent représentées à l'Odéon, M. Mary-Lafon se vit encore en butte à une demande du même genre. Comme autrefois, quelqu'un s'était offert pour lire sa pièce au comité ; c'était Hippolyte Bonnelier, un romancier oublié aujourd'hui. Il lut, du reste, d'une manière remarquable. Peu de jours après, Bonnelier se présentait chez l'heureux auteur et s'invitait sans façon à déjeuner.

» Il fut d'une gaieté charmante jusqu'à la fin, — dit M. Mary-Lafon, — mais, le café pris et les liqueurs savamment dégustées, son front s'assombrit tout à coup, ses traits exprimèrent une profonde tristesse, et il me dit avec des larmes dans la voix :

» — Mon cher confrère, vous voyez en moi un homme bien malheureux !

» — Bah ! que vous arrive-t-il donc ?

» — Ma femme, un ange, le seul amour de ma vie, se trouve en danger de mort si l'on ne se hâte pas de pratiquer une opération difficile et des plus urgentes.

» — Eh bien ! il faut la faire tout de suite.

» — C'est mon ardent désir, hélas !... Mais je suis pauvre et le chirurgien exigeant.

» — Que vous demande-t-il ?

» — Trois cents francs. »

Le ressouvenir d'Eugène de Pradel vint tout à coup à l'esprit de M. Mary-Lafon. Cependant, comment refuser en présence d'une semblable douleur ? Il prit un terme moyen.

— Aujourd'hui, dit-il à Hippolyte Bonnelier, il m'est impossible de vous donner plus de cent francs ; mais revenez après demain, et vous aurez le reste.

Bonnelier prit les cent francs et sa course.

M. Mary-Lafon avait son idée ; il ordonna sur-le-champ à son domestique de suivre l'emprunteur.

Or, voici ce que vit le domestique : Bonnelier s'était rendu tout droit dans le jardin des Tuileries, où il avait rencontré deux dames ; il avait pris avec elles le chemin de fer de la rive droite et les avait longuement promenées dans le parc de Saint-Cloud ; après quoi, il les avait emmenées dîner à la Tête-Noire. Retour à Paris en voiture ; on avait consommé des glaces, et finalement on s'était fait conduire dans un hôtel de la rue du Helder.

On devine comment Hippolyte Bonnelier fut reçu le surlendemain lorsqu'il se représenta chez l'auteur du *Maréchal de Montluc* pour toucher son « solde ».

Ce Bonnelier avait été sous-préfet dans les premiers temps du règne de Louis-Philippe. Un jour, emporté par son zèle et pour remplacer le curé, qui refusait de bénir les drapeaux de la garde nationale, il avait revêtu l'habit ecclésiastique et les avait bénits lui-même. Bienséance à part, convenons que l'histoire est drôle.

Je reprends l'historique des assauts livrés à la bourse de M. Mary-Lafon. Cette fois, il ne s'agit de rien moins que d'un académicien de l'Académie française, et en même temps professeur au Collège de France, de M. Tissot, un vieillard. M. Tissot s'était employé avec une chaleur singulière pour faire obtenir un prix d'histoire à M. Mary-Lafon. Cette chaleur eut son explication dans une visite qu'il fit au lauréat le jour même du vote.

Laissons parler M. Mary-Lafon :

« M. Tissot accourt chez moi, monte vivement et, entrant tout haletant et radieux dans mon cabinet :

» — Enfin, nous avons triomphé ! vingt-neuf voix, mon ami, et le prix !

» J'allais me jeter dans ses bras, qu'il paraissait ouvrir ; il ne m'en donna pas le temps.

» — Mon jeune ami, dit-il très vite, je ne dois

pas vous dissimuler que c'est à moi que vous devez votre victoire. Or, un service en vaut un autre, et je viens vous prier de me prêter quinze cents francs. Un mot sur Pingard suffira. »

M. Mary-Lafon commençait à se bronzer. Il éconduisit le vieillard, et il termine son récit par ces mots épiques ; « Hâtons-nous d'ajouter que Tissot était une exception dans l'Académie... »

Après l'immortel, le critique influent. Ici la note est moins gaie.

M. Mary-Lafon avait envoyé son ouvrage couronné à Philarète Chasles, qui lui avait promis d'en rendre compte dans le *Journal des Débats*. Plusieurs mois se passèrent.

« Enfin, quand je n'y songeais plus, Chasles me convoque à la Mazarine et me lit, dans son cabinet, un article curieusement étudié et où la critique sérieuse, motivant partout l'éloge, en doublait la valeur.

» — Êtes-vous content? me dit-il en pliant ses feuillets.

» — Oui, et très reconnaissant.

» — Votre article paraîtra mardi, mais à une condition.

» — D'aller revoir M. Armand Bertin, sans doute?

» — Non, mais de m'envoyer ce soir quatre cents francs.

» La somme n'était rien, *j'en ai perdu bien d'autres sans regret avec mes jeunes confrères;* mais ce fait tant soit peu cynique de me mettre l'article sur la gorge me révolta.

» — .... Bonsoir ! vous pouvez garder votre article !

» Il le garda, ce qui ne l'empêcha pas, pour me prouver qu'il était sans rancune, de m'emprunter plus tard argent et volumes. »

C'est monotone, n'est-ce pas ?
En résumé, dans ces récriminations, il n'est question que de morts, et les morts ne peuvent pas répondre. Je sais bien que la parole de M. Mary-Lafon ne doit pas être suspectée. Mais j'aurais voulu le voir s'en prendre à un vivant, capable de riposte, qui lui aurait répliqué : « Emprunter n'est pas voler, ainsi que vous semblez le croire ; qui vous dit que M. Philarète Chasles (mort riche), que M. Tissot et les autres ne vous auraient pas remboursé ? » Je le vois sourire de son spirituel sourire de Montalbanais.

N'importe ; il y a un peu de *provincialisme* dans le cas de M. Mary-Lafon défendant son « saint frusquin ». Peut-être eût-il été de meilleur goût à lui d'y mettre moins d'ostentation. Heureusement que ces débats intimes et bourgeois n'occupent qu'une partie de *Cinquante ans de vie littéraire*. Il reste, comme je l'ai dit, des chapitres qui serviront aux annales de notre temps. M. Mary-Lafon connaît son histoire du Midi sur le bout des doigts, et il a pioché comme personne la poésie des Troubadours. C'est par là surtout qu'il vit et qu'il vivra.

GUSTAVE MATHIEU

Le *Pays* écrivait, l'autre jour, par la plume de M. A. R... (1)

« M. Charles Monselet cite dans l'*Evénement* quelques mauvais vers d'un ivrogne mort et enterré il y a beaux jours.

» Cela s'appelle : *la Chasse de M. Gaudéru.*

» M. Monselet ajoute finement :

« On a voulu voir une satire dans la *Chasse de*
» *M. Gaudéru* : quelques allusions tout au plus... »

» Très joli ! »

Je ne sais pas si c'est très joli, mais à coup sûr ce n'est pas très méchant.

M. A. R... demande si, par hasard, ce M. Gaudéru serait Napoléon III. Je ne suis pas plus renseigné que lui là-dessus ; c'est Napoléon III, c'est Charles X, c'est celui qu'on voudra reconnaître ; c'est surtout une caricature.

J'ai dit *finement* (merci !) qu'on sentait percer quelques allusions aux temps modernes dans ce morceau qui se passe dans un milieu fantastique. Je m'étais abstenu, par un sentiment de modération, de multiplier les citations de cette nature ; j'avais retranché ces vers, par exemple :

> Des hommes douteux, à museau de singe,
> Armés de bâtons et l'œil de travers,
> Très haut boutonnés pour cacher leur linge,
> Accourent déjà de cent points divers.

(1) Albert Rogat.

Rien de grossier là-dedans, ni qui justifie l'épithète insultante lancée par M. A. R... à Gustave Mathieu.

L'homme que M. A. R... traite *d'ivrogne*, on ne sait pourquoi, est, de l'aveu de tous ses confrères, un des meilleurs poètes du dix-neuvième siècle, l'émule de Pierre Dupont.

Toutes les mères ont chanté sa *Légende du Grand Élang*; tous les pères ont chanté son *Jean Raisin*.

Ceux qui l'ont connu — et ils sont encore heureusement nombreux — nieront que Gustave Mathieu ait jamais été un ivrogne. Il a aimé et chanté le vin, comme Horace, comme Désaugiers, comme Béranger. Est-ce un crime? M. A. R... serait ridicule en l'affirmant. D'ailleurs, je le mets au défi de citer un seul cas d'ivresse de l'auteur de *Parfums, Chants et Couleurs*, — un gourmet exquis, savant, disert, qui renversait son verre dès qu'il voyait venir l'heure de la satiété. Il n'existe par une légende bachique de Gustave Mathieu, comme il existe une légende bachique d'Alfred de Musset.

Le mépris de M. A. R... porte à faux. *De mauvais vers!* Est-il bien sûr de s'y connaître, n'ayant jamais admiré que les alexandrins de M. Belmontet?

L'ivrogne en question a fait tant de beaux vers dans sa vie, tant d'admirables paysages, tant de strophes éclatantes, qu'on est vraiment embarrassé pour évoquer quelque chose de lui. Je prends donc au hasard ce portrait du coq, dans sa pièce intitulée : *Chanteclair* :

> Chanteclair, c'est la vigilance,
> Le courage, l'activité,
> L'amour, la vie et la semence,
> L'éternelle fécondité!

L'éperon haut, portant sa crête
Comme un bonnet de liberté,
Chanteclair va dressant la tête,
Marquant le pas, ferme planté.

Dans un petit cercle écarlate
Le voilà, clignant au soleil :
Sablé d'or fin, tout l'œil éclate
Des feux de l'Orient vermeil,
Lors sur ses ergots il se hisse ;
Le col gonflé vient en avant ;
Tout le plumage se hérisse :
Son chant cuivré perce le vent !

Travailleur, luisant et superbe,
Il faut le voir, hiver, été,
Sur le fumier, la neige, l'herbe,
Grattant avec activité,
Toute la gent à crête rouge,
En coquetant, le suit de près ;
Tout cela mange, cela bouge ;
Mais lui ne mangera qu'après.

Quand il battit l'aigle dans Rome
Chanteclair s'appelait Gallus,
Et luisait, planté sur la pomme
Des étendards du vieux Brennus.
Comme emblême du vrai courage,
Toujours les Gaulois l'ont aimé :
L'aspect seul de sa claire image
Souffle l'audace à l'homme armé.

Au fort de l'ardente fournaise,
Quand tout tremble, le sol et l'air,
Dans le vent de la *Marseillaise*
On entend chanter Chanteclair !
Et sous la mitraille enflammée,
En avant, quand il faut marcher,
On l'aperçoit dans la fumée
Comme un souvenir du clocher !

Mauvais vers ! dira encore M. A. R...
Eh bien ! on ne le croira pas.
Par opposition au portrait du coq, Gustave Mathieu a, dans la même pièce, ébauché le portrait de l'aigle :

> Quel est sur ce roc, à la crête,
> Ce mélancolique assassin,
> Ivre du sang de quelque bête,
> Et couvant un sombre dessein ?
> Couronne au front, glaive à la serre,
> Aile étendue, œil de côté.
> Il tient en zigzag un tonnerre
> Pour foudroyer la liberté !

Oh ! pour le coup, voilà de mauvais, d'archimauvais vers ! toujours selon le rédacteur du *Pays*.

Il n'y a pas *beaux jours* que Gustave Mathieu est « mort et enterré ». Il y a seulement quelques années. Il est mort dans sa maisonnette de Bois-le-Roi, sur la lisière de la forêt de Fontainebleau. Une trentaine de littérateurs et d'artistes éminents étaient venus de Paris pour l'accompagner à sa dernière demeure verdoyante et pleine de chants d'oiseaux.

Des amis lui ont élevé un modeste monument ; il repose sous un grès de la forêt fourni par l'État, au-dessus duquel apparaît son médaillon sculpté par Deloye.

On comprendra que je n'aie pas résisté au devoir de défendre cet honnête homme et ce poète de premier ordre contre un outrage peut-être inconscient ou simplement dicté par l'esprit de parti.

MENNECHET

Avant M. Ernest Legouvé, il y avait un spécialiste de lecture à haute voix qui s'appelait M. Edouard Mennechet, et qui a écrit lui aussi un ouvrage sur la prononciation (en 1855).

Mais avant M. Mennechet, il y avait Andrieux, académicien et professeur au Collège de France. Il paraît qu'en fait de diction Andrieux était la merveille des merveilles. Il n'avait aucune espèce de voix; il était petit, vieux et laid, et malgré cela la vogue était au cours de M. Andrieux. On se bousculait pour entendre M. Andrieux comme on s'est bousculé pour entendre M. Caro.

Je me console parfaitement de n'avoir point entendu M. Andrieux. Je me console surtout de ne l'avoir point vu. J'aime qu'un orateur ait bonne mine. A ce point de vue, Villemain le bossu ne parvenait pas toujours à triompher de ma répulsion.

Pour en revenir à M. Edouard Mennechet, il y a de bonnes choses dans ses *Études* ; il y a aussi des choses forcées. Par exemple, il a trouvé un vice de prononciation qu'il appelle le *sesseyement*.

« Le *sesseyement* consiste dans l'altération des consonnes sifflantes *s*, *z*, *ch*, *x* ; les personnes atteintes de ce défaut ajoutent aux susdites consonnes le son de deux *l* mouillées et d'un *i*, ce qui produit un sifflement lourd et désagréable. Elles disent *sllioxlliante* pour soixante, un *chlliapeau* pour un chapeau... »

Cela me semble bien tourmenté. Jamais mon oreille n'a perçu de sons aussi bizarres.

M. Rouher lui-même, qui tient haut le drapeau de l'Auvergne, n'a jamais prononcé : Mon *chlliapeau*.

MÉRIMÉE

On sait que Prosper Mérimée fut pendant toute sa vie un mystificateur de premier ordre. Il avait eu des leçons de Stendhal.

Il entra dans la littérature par la porte de la mystification. Une de ses premières œuvres fut une supercherie. — Elle a pour titre : « *La Guzla* ou Choix de poésies Illyriques recueillies dans la Dalmatie, la Bosnie, la Croatie et l'Herzégovine. »

Ce livre, paru en 1827, en pleine période romantique, produisit une certaine sensation. On admira beaucoup la saveur étrange de ces petits poëmes. Bien que les provinces illyriques aient été longtemps sous le gouvernement français, elles étaient alors peu connues, — et leur littérature ne l'était pas du tout.

Je le crois bien !

L'Herzégovine faisait sur les Parisiens l'effet de l'Huronie.

La Guzla réussit surtout à l'étranger; elle fut traduite en allemand par le docteur Gerhart, et en russe par Pouchkine. M. Bowring, auteur d'une anthologie slave, écrivit à Mérimée une lettre de félicitations.

Mérimée riait sous cape.

La Guzla était un recueil de pure imagination ; les poésies illyriques n'avaient jamais existé, et

Prosper Mérimée ne connaissait l'Herzégovine que par des renseignements que lui avait fournis un chef de bureau du ministère des affaires étrangères.

Quel motif l'avait poussé à jouer ce tour au public ?

Il l'a expliqué lui-même treize ans plus tard, dans un avertissement placé en tête d'une nouvelle édition.

» Je mourais d'envie d'aller observer la *couleur locale* là où elle existait encore, car elle ne se trouve pas en tous lieux. Hélas ! pour voyager il ne me manquait qu'une chose : de l'argent. Mais comme il n'en coûte rien pour faire des projets de voyage, j'en faisais beaucoup avec mes amis. J.-J. Ampère et moi, nous voulions nous écarter des routes suivies par les Anglais ; aussi, après avoir passé rapidement à Florence, Rome et Naples, nous devions nous embarquer à Venise pour Trieste, et de là longer lentement la mer Adriatique jusqu'à Raguse. C'était bien le plan le plus original, le plus beau, le plus neuf, sauf la question d'argent !

» En avisant au moyen de la résoudre, l'idée nous vint *d'écrire d'avance notre voyage*, de le vendre avantageusement, et d'employer nos bénéfices à reconnaître si nous nous étions trompés dans nos descriptions. Dans ce projet, qui nous amusa quelque temps, Ampère, qui sait toutes les langues de l'Europe, m'avait chargé, je ne sais pourquoi, moi ignorantissime, de recueillir les poésies originales des Croates et des Herzégoviens.

Pour me preparer, je lus le *Voyage en Dalmatie*, de l'abbé Fortis; j'appris cinq à six mots de slave, et j'écrivis en une quinzaine de jours la collection de ballades que voici. »

Qu'ont dû penser les traducteurs allemands et russes à cette révélation? De quelle fureur ont été animés MM. Bowring et Gerhart? Je le laisse à deviner.

J'ai oublié de dire que la première édition de *Guzla* était ornée du portrait d'Hyacinthe Maglanovich, un des poètes supposés de l'Herzégovine, lithographié d'après un croquis de l'auteur. Ce portrait représentait un grand diable d'homme à l'aspect farouche, aux longues moustaches pendantes, à la ceinture garnie de pistolets.

La plupart des ballades de la *Guzla* ont des titres à sensation: *l'Aubépine de Véliko, le Fusil enchanté, Cara-Ali le vampire, Triste ballade de la noble épouse d'Asan-Aga, le Seigneur Mercure, l'Amant en bouteille*, etc., etc.

Elles sont travaillées avec beaucoup de soin; quelques-unes ont même une valeur littéraire. Les autres laissent quelquefois percer le bout de l'oreille de la *charge*, comme celle-ci:

BARCAROLLE

I

Pisombo, pisombo! La mer est bleue, le ciel est screin, la lune est levée, et le vent n'enfle plus nos voiles d'en haut. Pisombo, pisombo!

II

Pisombo, pisombo! Que chaque homme prenne un aviron; s'il sait le couvrir d'écume blanche, nous arriverons cette nuit à Raguse. Pisombo, pisombo!

III

Pisombo, pisombo ! Ne perdez pas de vue la côte à votre droite, de peur des pirates et de leurs bateaux longs remplis de sabres et de mousquets. Pisombo, pisombo !

IV

Pisombo, pisombo ! Voici la chapelle de saint Étienne, patron de ce navire. Grand saint Étienne, envoie-nous de la brise, car nous sommes las de ramer. Pisombo, pisombo !

V

Pisombo, pisombo ! Le beau navire, comme il obéit au gouvernail ! Je ne le donnerais pas pour la grande caraque, qui met sept jours à virer de bord. Pisombo, pisombo !

Une fois prévenu, on a peine à tenir son sérieux.

Mérimée ajoute avec un admirable sang-froid, dans des notes qui ne sont pas la partie la moins curieuse de l'ouvrage, que *pisombo* n'a aucune signification. C'est, dit-il, un cri que les matelots illyriens répètent pour accompagner leurs manœuvres.

N'importe, *pisombo* joue à merveille la couleur locale.

Parmi ces ballades, il y en a qui offrent des traits de mœurs plus ou moins exacts, mais toujours intéressants. Il y en a même une qui est entièrement sincère ; c'est celle qui commence en ces termes : « Qu'y a-t-il de blanc sur des collines verdoyantes ? Sont-ce des neiges ? Des neiges, elles seraient fondues ; des cygnes, ils se seraient envolés. Ce ne sont point des neiges, ce ne sont point des cygnes : ce sont les tentes de l'aga Asan-Aga. » On ne saurait trouver un début plus gracieusement poétique.

Cette ballade-là avait déjà été traduite par Charles

Nodier; on peut la lire à la suite de son livre de *Smarra*.

La Guzla n'avait pas été le premier début de Prosper Mérimée dans la supercherie littéraire.

Il avait commencé par publier le *Théâtre de Clara Gazul, comédienne espagnole* ; — laquelle Clara Gazul n'a pas plus existé qu'Hyacinthe Maglanovich.

Les bibliophiles recherchent avidement les exemplaires qui sont ornés du portrait prétendu de la comédienne espagnole. Ce portrait est celui de Mérimée lui-même, habillé de vêtements féminins.

Drôle de tempérament littéraire !

On remarquera de plus que *Gazul* et *Guzla*, c'est le même nom retourné.

Décidément, Mérimée tenait à ce mot.

LOUIS METGE

Il avait semblé difficile jusqu'à présent de mettre la Commune en vers.

C'est cependant ce que vient d'essayer M. Louis Metge dans ses *Cauchemars contemporains*.

Dante avait Virgile qui le guidait dans les cercles de l'enfer; M. Metge a pour conducteur un être fantastique, moitié homme et moitié femme, qui lui apparaît tantôt sous l'uniforme d'un fédéré, tantôt sous la robe d'une femme nommée Angelina.

Le premier tableau que le poète met sous nos yeux est la scène du renversement de la Colonne :

> Entraîné malgré moi par ce rapide d'hommes,
> Je fus porté, roulé vers la place Vendômes.

M. Louis Metge s'excuse, dans une note, d'avoir pris la licence d'ajouter un *s* à la fin du mot Vendôme.

Il emploie pour son poème la strophe légère aux rimes entrelacées :

> Bientôt à la Colonne on suspend des cordages.
> Le jeune fédéré, perché sur le sommet,
> Parle, dirige, ordonne, et chacun se soumet.
> Courbet travaille en bas sur les échafaudages.

Le renseignement est inexact : pendant toute l'opération, Courbet n'a pas quitté le balcon du Ministère de la justice.

Un cri d'indignation sort de la poitrine du poète,

qui est lui-même son propre héros. Aussitôt, il est entouré, accusé d'être un Versaillais ; et le *jeune fédéré*, qui est descendu tout exprès du sommet de la Colonne, le fait empoigner par ses gardes en donnant l'ordre de le conduire à Mazas.

En chemin, le pauvre poète tente d'échapper aux bras qui le contiennent ; il se précipite dans l'église des Petits-Pères où il assiste à un lunch impie ; — mais il est bientôt repris et, cette fois, dûment incarcéré.

Il trompe les ennuis de la détention en causant avec le geôlier de Mazas, un ancien militaire, qui aime à raconter ses campagnes.

Ici se place un épisode bien romanesque pour des scènes aussi modernes et aussi réelles.

Un jour, le prisonnier, tristement assis sur la paille de son cachot, éprouve l'aiguillon de la faim. Un morceau de pain noir attire ses regards.

> Je saisis ce pain noir et dur comme la pierre,
> Dont un chien même aurait détourné la paupière,
> Et je le savourais, mordant à belles dents,
> Quand un corps étranger à cette nourriture,
> Quelque chiffon de lin, oubli du boulanger,
> Se glissa sous ma dent... Je cessai de manger.
> C'était un papier blanc recouvert d'écriture.

Ce dernier vers est aussi beau dans son genre que le fameux vers de Castil-Blaze dans la *Pie voleuse* :

> C'était une cuiller qui servait à manger.

Le poète lâche le pain pour le papier :

> Je l'ouvris, et voici ce que j'y trouvai :
> « Lève-toi, prisonnier ; examine ta salle... »

Ta salle ??

» Tu verras un anneau scellé dans une dalle :
» Soulève cette dalle, et tu seras sauvé.

. . . .

Je fus tout stupéfait, tout mon corps frissonna,
Quand je vis cet écrit signé d'Angelina.

Angelina n'est autre que le *jeune fédéré* de tout à l'heure, mauvais ange et bon ange à la fois.

Le poète se hâte de profiter de l'avis, il soulève la dalle indiquée et s'engage dans un escalier aboutissant aux égouts. Il n'hésite pas à prendre ce nouveau chemin qui le conduit aux environs de la place de la Bastille ; — mais là, il est encore ressaisi par la mauvaise chance ; il tombe dans une embuscade de femmes armées, qui l'entraînent à l'Hôtel de Ville, dans le cabinet du procureur de la Commune.

Le sombre procureur cria : « Quel est cet homme ? »
Et les femmes en chœur de dire : « Un espion !
» — Non ! non ! cet homme-là n'est pas ce que vous dites ! »
Fit soudain une voix que je reconnus bien.
Angelina venait m'apporter son soutien.

Angelina est partout, elle voit tout, entend tout, comme l'ancien Solitaire du vicomte d'Arlincourt.

Elle n'a qu'à dire un mot au procureur de la Commune, qui n'est autre que Raoul Rigault, pour délivrer le poète. Mais Raoul Rigault est méfiant, il veut éprouver le poète, et il lui ordonne de le suivre à Sainte-Pélagie.

A Sainte-Pélagie, le procureur de la Commune fait appeler M. Chaudey et lui annonce qu'il va mourir. En même temps, il enjoint au poète de se préparer à dresser le procès-verbal de l'exécution.

« Laisse là ton fusil, la plume te réclame, »
Me dit-il. Il dicta je ne sais quel écrit.
Tout ce qu'il me disait me semblait du sanscrit.
Si j'avais la main là, — là n'était pas mon âme.

Encore un alexandrin surprenant !
Chaudey se débat :

> Vous ne respectez rien, ni l'ordre, ni la règle !

A quoi le procureur de la Commune réplique d'un ton narquois :

> Chaudey vient de nous faire un article du *Siècle*.

Règle et *Siècle* sont deux rimes peut-être un peu trop fantaisistes. Mais l'inspiration !

Après que Chaudey est tombé sous les balles, Raoul Rigault fait visiter les fusils et constate que celui du poète est resté chargé.

> Me lançant un regard plein d'une lueur fauve :
> « Tu n'est qu'un Versaillais, je le soupçonnais bien,
> Me dit-il ; mais sur toi je ne puis encor rien. »
> Il ajouta tout bas : « Angelina te sauve ! »

Envisagées à ce point de vue d'Angelina, il faut convenir que nos discordes civiles perdent beaucoup de leur horreur.

De Sainte-Pélagie, l'infortuné poète est transporté dans un fiacre sur la place du Carrousel, où s'apprête l'incendie des Tuileries. Son conducteur,

> ..... assis comme dans une loge,
> Contemplait ce tableau d'un œil d'homme d'État,
> Il ordonna qu'enfin le fiacre s'arrêtât
> Devant le pavillon qui renferme l'horloge.

Arrêtons-nous aussi devant ce beau vers.

Mais il faut renoncer à les compter dans le poème de M. Louis Metge.

Tous les évènements de la lugubre période se succèdent dans cette œuvre étrange, due évidemment à une âme honnête.

Ce n'est qu'au dernier chant, qui se passe dans le Père-Lachaise, et tout à fait aux derniers vers, qu'on apprend enfin ce que c'est qu'Angelina. Angelina n'est ni un homme, ni une femme, ni un jeune fédéré. C'est un mythe, un symbole... C'est l'*Esprit des Ruines*.

J'aime mieux cela.

C'est égal les *Cauchemars contemporains* sont bien nommés.

MICHEL

L'État vient d'acquérir deux tableaux de Michel, destinés à être placés dans le musée du Luxembourg.

C'est la réalisation tardive d'un vœu exprimé par M. Albert de la Fizelière dans l'*Union des Arts*, en 1865 : « Ce serait vraiment un acte de justice et une excellente leçon pour nos jeunes paysagistes que de placer dans les galeries du Musée français quelques toiles choisies de ce *grand artiste*, qui fut incontestablement le précurseur du paysage moderne. »

Michel ! Qui cela, Michel ?

Je gagerais gros que cette annonce a été lettre close pour le plus grand nombre des lecteurs.

Michel n'est, en effet, connu que de quelques artistes, de quelques amateurs et de quelques marchands. Ce n'est pas faute à lui d'avoir produit, de 1790 jusqu'aux environs de 1840. Ses toiles se comptent par milliers, il en brossait quelquefois deux ou trois par jour.

Toiles étranges, farouches, empâtées, représentant habituellement de grands carrés de sol, la plupart sans accident ; des amas de broussailles, avec le ciel à ras de terre ; des ciels brouillés, profonds, tristes ; — tout cela largement peint et d'un ton juste.

Ce brave Michel avait une spécialité qui ne devait pas aider beaucoup à son succès auprès des gens du monde : il ne peignait que Montmartre et ses environs, ses carrières, ses moulins, ses plaines nues. C'était sa campagne romaine, à lui. Tous les jours, régulièrement, avec sa femme et sa belle-fille, il se mettait en route, sa boîte à dessin à la main, cherchant des motifs et levant des croquis.

Les tableaux qu'il accumulait ainsi, il ne les vendait pas, il ne cherchait pas à les vendre. C'était surtout pour lui qu'il travaillait dans sa vieillesse. — Une fois cependant, en 1841, il voulut vider ses greniers et faire une vente de ses études ; il rassembla plus d'un millier de peintures sur papier et environ deux mille dessins grands et petits ; il y joignit un certain nombre de bibelots, dix-huit pendules, deux cents cannes de toute sorte et sa bibliothèque, composée de deux mille volumes.

Le tout lui rapporta... 2,500 francs net.

On avait vendu ses études par lots de dix, quinze, vingt. Michel était philosophe ; il ne s'étonna pas de ce résultat.

— Bah ! dit-il en riant, c'est encore bien heureux que j'aie vendu mes ouvrages au même prix que les belles-pommes !

Il n'en avait pas toujours été ainsi. Michel avait eu son heure sous l'Empire et sous la Restauration. Il avait fréquemment exposé ; mais il n'en était alors qu'à sa première manière, et ce n'était pas la bonne. Ainsi que Corot, son talent ne se caractérisa et ne s'affirma qu'après la cinquantaine.

A partir de ce moment, Michel devint l'artiste original que j'ai essayé de faire comprendre. Il se creusa un chemin nouveau, solitaire, où il ne devait être suivi que bien plus tard. Il fut, je ne dirai pas comme A. de la Fizelière, le précurseur du paysage moderne, mais le précurseur du paysage réaliste.

Je vais faire tressaillir le cœur de M. Zola en lui révélant jusqu'à quel point Michel poussait l'amour du vrai. C'est un trait recueilli de la bouche même de sa veuve.

« Il aimait tant son Paris et son Montmartre, messieurs, qu'il allait jusqu'à peindre les dépotoirs de Pantin ; et quand on desséchait un réservoir pour le vider dans un autre, Michel était là avec sa boîte ou son crayon pour saisir un *effet de cascade*. Rien ne lui répugnait ; *nous nous sauvions sous le vent empesté*, lui restait là, et ne rentrait qu'après avoir terminé son étude.

« — Tiens ! disait-il en revenant, c'est comme un torrent de Suisse !... C'est même d'un bien plus beau ton... c'est *doré* comme un Cuyp ! »

Michel, on le voit, devançait son époque. Mais, au contraire de Corot, il s'enfonçait sensiblement dans l'ombre et dans l'oubli. Lorsqu'il mourut, en 1843, il ne connaissait plus personne et n'était plus connu de personne. Il avait quatre-vingts ans.

Après sa mort, comme toujours, il y eut une réaction en sa faveur. On le *découvrit*. Charles Jacque, Thoré, Paul Lacroix, Alfred Sensier, les frères Stevens, le marquis du Planty et quelques autres furent les promoteurs de ce mouvement. Néanmoins, les toiles fauves de Michel, pendant longtemps encore, dépassèrent difficilement le chiffre de cent francs.

Aujourd'hui, le branle est donné. Michel est à la mode, c'est un *grand artiste;* le Luxembourg l'achète.

Pourvu qu'on n'ait pas choisi quelque chose de trop *doré !*

HENRI MONNIER

Il y a des gens qui savent extraire de l'or de n'importe quoi.

Il y en a d'autres — Henri Monnier était de ce nombre — qui savent exprimer du comique de n'importe quels personnages.

Un jour, l'aimable parodiste trouva moyen de nous amuser avec l'imitation de deux célébrités, — un savant et un professeur, — qu'il avait connus dans sa jeunesse.

En rentrant chez moi, je jetai sur le papier quelques-uns des traits principaux de cette charge. Puis, cela fut enfoui dans un tiroir.

Aujourd'hui, je retrouve ce dialogue, et je le donne tel quel. Mais ce que je ne puis donner, ce sont les gestes d'Henri Monnier, ses intonations, ses tics nerveux qui faisaient de cette imitation une étude si réussie et un portrait si complet.

(*La scène se passe dans un château, à quelques lieues de Paris, chez une dame du meilleur monde.*)

LE PROFESSEUR. — Enfin, monsieur, je vous rencontre donc ! C'est un vrai cadeau que me fait la baronne de me procurer l'occasion de considérer face à face un savant tel que vous.

LE SAVANT. — C'est à moi, monsieur, de me féliciter de cette heureuse rencontre.

Le Professeur. — Je suis venu passer les vacances dans cette province. Je me tue à Paris, j'ai tant d'occupations, dans ce maudit pays-là !

Le Savant. — Monsieur est peut-être avocat ou négociant ?

Le Professeur. — Du tout, du tout, du tout. Je suis professeur, moi, à Paris ; je suis professeur.

Le Savant. — Et que professe monsieur, à Paris.

Le Professeur. — Vous ne savez donc pas ? J'ai un cours public, je suis professeur national... Parbleu ! voilà de bien beaux arbres ! Qu'en dites-vous, hein, hein ?

Le Savant. — En effet, et...

Le Professeur. — Vous connaissez ma grammaire ?... c'est du bon numéro, ça !

Le Savant. — Excusez-moi ; je n'ai parcouru que celles de Wailly, de Restaut...

Le Professeur. — Oui, oui, oui. On dit que vous êtes un savant ; vous me montrerez vos ouvrages, je vous donnerai mon avis... Ma salle est superbe, au moins. A ma dernière séance, on ne pouvait pas se remuer ! Oh ! il y avait bien au moins mille âmes.

Le Savant. — Diable ! cela doit bien vous fatiguer ?

Le Professeur. — Moi ? Ah ! parbleu oui ! je ne suis pas si bête, moi ! Ah bien ! oui, fatigué ? Je ne dis rien, moi, ni A ni B ; je ne dis rien, je démontre... un tableau, un crayon... Je ne dis rien, moi !

Le Savant. — Vous êtes modeste, monsieur, et je suis bien persuadé...

Le Professeur. — Ce n'est pas ça, vous n'y êtes pas, mon cher ; ce n'est pas ça. Quand vous viendrez à Paris, venez chez moi, vous verrez. Je vous donnerai une carte d'entrée. Mon secrétaire... mon portier est là... je ne me mêle pas de ça. Je suis souverain, moi ; je fais la loi... Tenez... (*Il frappe sur le gousset de sa culotte.*) Tenez... tenez.. entendez-vous ? des *moutons* des *moutons!*

Le Savant. — Que voulez-vous dire par ces mots ?

Le Professeur. — De beaux et bons louis. On appelle ça comme ça. C'est du bon numéraire, hein, hein, pas vrai ? J'ai barre sur tout le monde, j'ai mes entrées à tous les spectacles, à l'Opéra, au Français, aux Italiens, partout, partout. C'est bien agréable, ça, pas vrai, hein, papa ?

Le Savant. — Avec tant de moyens de dissipation, le temps doit vous paraître bien court.

Le Professeur. — Ça n'est pas ça, vous ne comprenez pas, je fais ce que je veux. C'est moi qui étais interprète du cabinet; je travaillais avec le roi, avec tous les seigneurs. Connaissez-vous ma *lunette-mère* ?

Le Savant. — Quelle lunette ?

Le Professeur. — Parbleu ! la lunette que le czar m'a envoyée. Tenez, la voilà, elle est montée en or fin. C'est du cuivre, pas vrai ! c'est du cuivre, ça, mon camarade, hein, hein ?

Le Savant. — Voilà, sans contredit, une belle lunette ; apparemment que...

Le Professeur. — Vous n'y êtes pas. Et ma tabatière, la connaissez-vous ? Je vais vous la montrer. Regardez : c'est poli, ça, c'est poli, c'est du bon numéro. Mais, à propos, avez-vous remarqué ma culotte ? Elle est bien faite, ma culotte, pas vrai ? hein, hein, qu'en dites-vous, papa ?

Le Savant. — Mais je dis qu'elle paraît fort bien faite.

Le Professeur. — Ça n'est pas ça. Le tailleur ne travaille que pour moi... A propos, où en étions-nous ? Vous deviez venir à Paris. Oh ! vous ferez votre chemin, c'est moi qui vous le dis. Je m'étais bien aperçu, papa, que vous étiez un savant. Je vous recommanderai, je parlerai de vous. C'est moi qui professe les lundis, mercredis, samedis, à trois heures précises. Vous verrez des dames, des élégants, des savants aussi. Je reçois qui bon me semble à mes séances. On croit que je me fatigue ; eh bien, point du tout ; j'annonce ma leçon, et il y a des suppléants qui disent le reste. Moi, je me fais apporter un bouillon.

Le Savant. — Il est fort heureux pour vous que le public...

Le Professeur. — Vous n'y êtes pas. Il n'y a que moi à Paris. Il faudra dédier vos ouvrages à l'Académie des Arcades. Je vous ferai vendre ça, moi !

Le Savant. — Hélas ! tant d'autres m'en ont dit autant !

Le Professeur. — On vous a maltraité, papa, je le vois bien... Mais ne vous semble-t-il pas comme à moi qu'il commence à faire frais ? Si nous rentrions, car le serein...

Le Savant. — Il est vrai qu'à la campagne plus qu'ailleurs.

Le Professeur. — Ce n'est pas ça, vous n'y êtes pas. Quand on professe, il faut prendre garde de s'enrhumer, et quelquefois un catarrhe, une fluxion sur les dents... il faut si peu de chose !... C'est que j'ai de belles dents, moi ! avez-vous vu mes dents ?

Regardez, voilà ce qu'on appelle des dents, hein, hein ? C'est du bon numéro ça ? Dame, il faut montrer ses dents quand on parle en public. Adieu monsieur, vous viendrez à mon cours, pas vrai, quand vous serez à Paris ! C'est moi qui professe.

Le Savant. — Je vous présente bien le bonsoir monsieur.

MARC DE MONTIFAUD

Qu'est devenue l'antique chasteté de la *Revue des Deux-Mondes* ?

Tout s'en va ! — Ce vénérable recueil, qu'on pouvait autrefois laisser traîner impunément sur les tables des familles, a publié dans son dernier numéro une pièce de vers à faire rougir Marc de Montifaud lui-même — ou elle-même.

Ces vers, intitulés : *Après une lecture d'Indiana*, sont des vers d'Alfred de Musset, restés inédits jusqu'à présent, et qui auraient pu le rester encore sans inconvénient pour sa mémoire.

Ils portent bien leur date de 1836 et sont de la première manière du poète, manière échevelée, comme on en jugera par ce début :

> George, avant de l'écrire, est-ce que tu l'as vue
> Cette scène terrible, où Noun à demi nue
> Sur le lit d'Indiana s'enivre avec Raymon ?
> Quand de crainte et d'amour la créole tremblante
> Le regarde pâlir sur sa gorge brûlante,
> Tandis qu'à leurs soupirs se mêle un autre nom ?

Eh bien ? Eh bien ? Eh bien ?

Je viens d'écrire le nom de Marc de Montifaud.

Cet écrivain, connu jusqu'à présent par des publications assez égrillardes, vient de faire paraître un roman : *Madame Ducroisy*.

Pour le coup, Émile Zola est tombé, et l'auteur

de la *Fille Élisa* peut mettre la main à la poche pour chercher son mouchoir (se fouiller).

Madame Ducroisy est l'histoire d'une jeune femme qui commence par l'hystérie et finit par l'idiotisme.

Dès le premier chapitre, l'auteur proteste de l'honnêteté de ses intentions et de son respect pour la morale :

« Le 17 janvier au matin, la porte de M. Aloysius Brandt s'étant ouverte tout à coup... Ah ! pardon, une parenthèse... Hâtons-nous de dire que, si la porte s'ouvrit ainsi, ce n'est pas qu'elle fût construite sans verrous. Juste ciel ! gardez-vous de le croire ; ce serait une véritable indécence que d'introduire dans un roman une porte qui n'aurait point de verrous... Nous jurons donc que, si la porte s'était ouverte, c'était qu'elle était poussée par un vigoureux coup de pied. Nous affirmons aussi que ceux qui se trouvèrent en présence ne profitèrent point de cette soudaine ouverture pour se déshabiller, se mettre tout nus, entrer dans un bain, en un mot accomplir une foule d'actes répréhensibles. »

Il ne faut pas se fier cependant à ce ton d'ironie.

Tout à l'heure, on verra M. Aloysius Brandt, sculpteur de son état, prendre mesure d'une statue à Mme Ducroisy et obtenir d'elle de longues heures de séances dans son atelier.

Ici les réminiscences de *Manette Salomon* abondent.

On peut contempler tout à l'aise l'anatomie de Mme Ducroisy posant une Léda qui attend le cygne, se rassasier de sa *charnalité* et l'admirer dans ses moindres détails.

« Que cette cuisse ainsi rejetée me donne de mal! » s'écrie Aloysius.

Et il ajoute :

« Quand je pense qu'il y a des animaux qui tortilleraient une draperie là-dessus! des ignares qui passeraient à côté de ce mouvement sans le voir... Une draperie là! on subit ça quand on y est forcé par la cour d'assises ou les musées de province... Allège donc un peu tes extrémités! Le craquant du muscle, je m'en charge. »

Le craquant du muscle! est-ce assez Goncourt?

Tout est pastiche, d'ailleurs, dans ce livre étonnant. L'épisode de la petite fille de l'ouvrier, mourant avec un chat maigre et jaune qui lui tient les pieds chauds, semble détaché de l'*Assommoir*.

Le chapitre où Mme Ducroisy, à force de poser des Léda, est obligée de subir l'opération du trépan, est encore un joli chapitre. « On venait de tracer sur les parties molles de la tête, complètement rasée dans un endroit, l'incision cruciale offrant la figure d'un T ; on relevait les lambeaux de chair, en même temps qu'à l'aide d'une spatule on détachait le péricrâne. L'instrument perforateur, monté sur son arbre et représentant tout à fait la forme d'un vilebrequin, jouait depuis quelques secondes, et le mouvement de rotation s'accomplissait, ponctuel, régulier... »

Gracieux tableau!

Il y en a beaucoup de ce genre, et de l'autre

genre, et de tous les genres, dans *Madame Ducroisy*.

Marc de Montifaud n'est, à ce qu'il paraît, qu'un nom d'emprunt.

Je feuilletais tout à l'heure l'intéressant catalogue de la vente Paul Arnauldet, lorsque je tombai sur les lignes suivantes :

« N° 501. — Romans de Pierre Blessebois ; 4 vol. in-18, etc.

» Ces romans de Pierre Blessebois sont accompagnés de notices littéraires et bibliographiques par Marc de Montifaud, *pseudonyme de Mme Quivogne.* »

Ainsi Mme Quivogne est l'auteur de *Madame Ducroisy*.

Madame Ducroisy est le livre d'une dame.

Diable !

Mais pourquoi, lorsque l'on a la chance de s'appeler Quivogne, échanger ce nom pittoresque contre celui de Montifaud ?

Quivogne ! cela se retient du premier coup ! Cela se grave pour toujours dans la mémoire. Quivogne ! presque Quiquengrogne !

La première fois que Louis Lurine apposa sa signature au bas d'un feuilleton, il n'y eut qu'une exclamation dans Paris.

Mais il était célèbre le lendemain.

ALFRED DE MUSSET

Des diverses façons de dépenser son argent ! Voilà le chapitre d'un livre que les hommes de lettres n'ont guère l'occasion de méditer.

Un seul cependant, quoique dans une condition relativement modeste, a su lutter une fois de faste et de fantaisie avec les financiers les plus opulents.

C'est Alfred de Musset.

L'aventure vaut la peine d'être racontée.

Vers 1849 ou 1850, si mes souvenirs me servent bien, une de ses dernières œuvres, *Carmosine*, fut publiée dans le feuilleton du *Constitutionnel*, dirigé alors par le docteur Véron. M. Véron est une des rares personnes qui, par la splendeur de leurs offres, aient pu vaincre la paresse, l'indifférence et la sombre douleur du poète.

Le prix des trois ou quatre feuilletons de *Carmosine* avait été fixé à trois mille francs. — Un prix décent, à la bonne heure !

Il m'est permis de préciser ces détails, car j'écrivais moi-même à cette époque au *Constitutionnel*, où l'anecdote est longtemps demeurée à l'état de légende.

Alfred de Musset, quelques jours après la publication de ce proverbe emprunté à Boccace, monta chez le docteur Véron, toucha les trois mille francs convenus, causa quelque temps et se retira ni moins froid, ni plus réservé qu'à l'ordinaire, — le regard vague, comme toujours, la démarche lente et mesurée, sa badine à la main.

Le soir du même jour, M. le docteur Véron se rendit, à son heure accoutumée, au restaurant des Frères Provençaux, dans le Palais-Royal.

Il remarqua un mouvement et un bruit extraordinaires.

L'escalier était encombré de caisses de fleurs; le nombre des lustres et des lampes était doublé. On entendait par intervalles des murmures de robes de soie, des éclats de rire, des chants. Les garçons montaient, descendaient, couraient avec une animation étrange, et semblaient n'avoir plus la tête à eux.

Le docteur Véron s'arrrêta un moment et s'informa.

C'était Alfred de Musset qui s'amusait. Il avait jeté les trois mille francs de *Carmosine* dans une de ses dernières fêtes...

Musset avait eu jadis de meilleures joies.

Il avait été un enfant sage et un adolescent studieux. J'ai retrouvé dans les *Autographes* de M. François Grille une lettre curieuse et touchante de Mme de Musset, la mère, écrite lors du prix d'honneur remporté par son fils.

Voici une partie de cette lettre :

« Je vous remercie beaucoup, Monsieur, de la part que vous avez prise aux succès de mon Alfred. Je confesse à votre amitié que mon cœur maternel est encore tout ému de joie et même d'orgueil...

J'ai vu dans une enceinte richement décorée, contenant trois ou quatre mille personnes, les quatre Facultés en grand costume, réunies à tous les corps enseignants, présidés par le grand maître de l'Université. La famille du duc d'Orléans occupait une tribune réservée; l'intérêt connu de ces princes pour Alfred ajoutait les douceurs de l'amitié aux prestiges de la grandeur.

» C'est là que j'ai entendu proclamer le nom de mon fils, que je l'ai vu descendre des gradins aux sons éclatants des fanfares et venir présenter sa jolie tête blonde pour recevoir la couronne qu'il avait conquise sur quatre-vingts rivaux, l'élite de la jeunesse française. Il recevait les caresses et les encouragements du chef de l'instruction publique; la famille d'Orléans le félicitait du regard et de la main; et moi, sa mère, je fusse restée ignorée dans un coin, si mes douces larmes n'eussent appris à mes voisins que j'étais la mère de cet aimable enfant...

« EDMÉE D. DE MUSSET. »

Alfred de Musset, prix d'honneur!

Que de chemin parcouru entre l'estrade de la Sorbonne et l'escalier des Frères Provençaux!

PAUL DE MUSSET

« Non seulement j'aime beaucoup mon frère, mais c'est mon ami », écrivait Alfred de Musset (Lettre *à sa marraine*, 22 novembre 1842). Et la nuance était vraie ; peu de frères ont été plus *amis* que Paul et Alfred de Musset. Paul était l'aîné ; il était de plus haute taille, ce qui faisait qu'Alfred, par manière de plaisanterie, l'appelait souvent *le petit*.

Ils avaient débuté dans la littérature presque en même temps (Alfred le premier, quoique le plus jeune). Paul commença par donner dans le dandysme romantique, comme son frère. J'ai sous les yeux la *Table de nuit, équipées parisiennes*, un volume in-8° qu'il publia en 1832 chez l'inévitable Renduel, le libraire de la bande, avec une vignette d'Andrew (non signalé dans le catalogue d'Asselineau).

C'est un recueil de nouvelles cavalières, intitulées : — Histoire inconvenante, histoire mystérieuse, histoire sentimentale, histoire exagérée, histoire triste, histoire fashionable.

L'originalité y est poursuivie, mais rarement atteinte. Paul de Musset a toujours eu un fond de bon sens dont il n'a jamais pu se défaire, quelque effort qu'il ait tenté pour cela. Pas bourgeois, mais raisonnable.

Dans la *Table de nuit*, il se bat les flancs, il accumule épigraphes sur épigraphes en tête de chacun de ses chapitres, comme c'était la mode alors. En voici quelques-unes :

— Malheureux ! c'est la reine.
— Madame, je suis perdu, si vous avez le cœur aussi dur.
Historique.

Les vêtements sont les armes de la beauté ; elle les dépose après la défaite.
Jean-Paul.

Pia ! pia ! pia ! pia !
Ci ! ci ! ci ! ci !
Martrimonio segreto.

A quoi bon tout ce vacarme ? il y a ici un homme de trop ; tuez-le, et qu'on serve la soupe.
Le Contrebandier.

C'est pourtant une pitié que, sur cette sublime terre, le plaisir soit toujours un crime, et le crime parfois un plaisir.
Byron.

Le nez de travers est l'indice d'un cerveau mal organisé.
Lavater.

Ben ich denn verflucht !...
Freyschutz.

Voulez-vous parier que cet homme qui passe est amoureux à la rage ?
Cid Hamet Bennengelf.

J'ai voulu voir si, contre l'ordinaire des femmes, vous faisiez plus de cas de votre âme que de votre corps.
La Nuit Vénitienne.

La *Nuit Vénitienne* à laquelle est empruntée cette dernière épigraphe est cette première comédie de son frère Alfred, célèbre par le *four* qu'elle remporta à l'Odéon.

Un second roman, *Samuel* (toujours chez Renduel, toujours avec vignette), suivit de près la

Table de nuit. Paul de Musset continue à y faire sonner des éperons, à peine entendus. — On le retrouve, quelques années plus tard, à la *Revue de Paris*, s'obstinant, signant des nouvelles intitulées : Le *Chevalier de Plénoches et Mademoiselle de Quatre-Sous, Histoire d'un Bonhomme de pain d'épice*, etc., etc.

Une série d'un ton plus posé, les *Femmes de la Régence*, le met en lumière. A partir de ce moment il est classé ; il gardera toujours ce rang honnête, estimable, qui eût été peut-être moins secondaire sans le vif éclat de la renommée de son frère.

Ce qui restera de Paul de Musset, ce sont ses récits d'Italie et de Sicile, ses travaux sur Gozzi. Là, il a trouvé son terrain. Il a le caquet napolitain, la grâce vénitienne. Il est chez lui, plus qu'à Paris.

ÉMILE NEGRIN

Qui connaissait Émile Negrin ? Quelques Niçois seulement, et parmi eux les libraires, pour lesquels il avait écrit un Guide fort recherché : les *Promenades de Nice*.

Mais Émile Negrin ne tenait qu'en estime secondaire cet ouvrage, parvenu cependant à sa quatrième ou cinquième édition. Sa principale affaire, ou, pour mieux dire, son unique passion, était la poésie, — française et provençale. Je ne m'en étonne pas, étant donnée l'admirable nature au milieu de laquelle s'était développée sa vocation. Je m'étonnerais plutôt de ce que Nice compte si peu de poètes parmi ses enfants.

Emile Negrin avait publié de nombreux volumes de vers : les *Contes franks*, les *Contes gaulois*, les *Contes courants*, les *Poésies lyriques*, les *Poésies légères*, les *Epigrammes* (au nombre de 984), etc.

De tous ces livres, les bibliophiles recherchent déjà les *Contes gaulois*, édition de 1866, imprimée à Turin, avec luxe, sur papier saumon, exemplaires numérotés, portrait de l'auteur. C'est un recueil de haute graisse, dans le genre des *Contes rémois*, de M. de Chevigné, mais moins châtié comme facture. Les amateurs en quête de gaieté y peuvent noter : le *Banquier-tricorne, Celui-ci est plus drôle, Grâce à une lettre, Conte jaune, Conte pointu,* et surtout le *Pensionnat Troulolot.*

> Connaissez-vous les dames Troulolot ?
> Quatre elles sont, avec un seul diplôme
> D'instruction, léger est leur ballot...

Mon exemplaire des *Contes gaulois* porte la signature de M. Émile Negrin ; c'est une des dernières qu'il ait pu tracer, car peu de temps après il fut atteint de cécité. Il n'en continua pas moins de faire des vers. C'était un talent inégal, mais plein de vivacité, de jets imprévus, d'heureuses rencontres, rimant à la diable, tantôt richement, tantôt pauvrement.

Dans son dernier petit volume, les 36 *Sonnets du poète aveugle,* publiés il y a deux ans, je choisis le sonnet suivant : *A un homme de courage* :

> Vous pourrez affronter l'abîme
> Où se heurtent les flots amers ;
> Affronter sur l'alpestre cime
> Le terrible ouragan des airs ;
>
> Affronter le combat qu'anime
> La voix puissante des Kléber,
> Ou le choléra qui décime,
> Ou l'ardente soif des déserts ;
>
> Vous pourrez braver l'agonie,
> Le glaive de la tyrannie,
> Ou le brasier du mont Hécla ;
>
> Vous braverez peut-être encore
> La panthère du pays more...
> Mais braveriez-vous Loyola ?

On voit qu'Émile Negrin ne se désintéressait pas des choses de son temps, il avait l'esprit fier, le cœur patriote.

Je reviens involontairement à ses *Promenades*

de Nice, la seule chose peut-être qui lui survivra. Bien des traits humoristiques y sont semés ; je tombe au hasard sur cette boutade à propos d'Antibes :

« Ville de guerre dont parlent les géographes, mais que jamais aucun mortel n'a vue ; ville infiniment plus cachée que Tombouctou. En venant de Nice, on aperçoit une citadelle : — Cocher, est-ce là Antibes ? — Non, monsieur, c'est le fort Carré. Puis, on laisse à gauche une sorte de porte ; la voiture file, et les yeux, à force de chercher Antibes, finissent par découvrir Cannes.

» En revenant, on laisse à droite la même sorte de porte ; puis, on aperçoit de nouveau la citadelle. — Cocher, où est donc Antibes ? — Monsieur, nous l'avons passée. Et toujours comme cela, depuis que les voitures roulent. Avec le chemin de fer, c'est bien pire, on ne voit plus rien du tout.

» L'auteur des *Mousquetaires* voyageait un jour parmi nous. — Eh bien ! comment trouvez-vous Antibes ? lui demanda un croyant. — Je ne la trouve pas, répondit Dumas. »

Émile Negrin avait une orthographe particulière qu'il imposait à ses imprimeurs. C'est un piquant de plus pour ses livres. On a de lui (j'allais l'oublier) un *Dictionnaire réciproque de la langue française* « au moyen duquel on trouve les mots inconnus et les mots oubliés. »

Les mots *inconnus* ! — Cela fait rêver.

NADAR

L'Hôtellerie des Coquecigrues, — tel est le titre pittoresque du dernier livre de Nadar, cet esprit agile et curieux, curieux de tout. Le livre, c'est l'homme ; alors comptez que c'est un livre amusant, original, spirituel, plutôt parlé qu'écrit.

Théodore de Banville y a mis une préface qui est, comme toutes ses préfaces, un morceau lyrique d'une perfection achevée, avec tout ce qu'il faut pour sourire. Il essaie d'y raconter l'existence aventureuse de Nadar et de décrire ses aptitudes variées.

Je sais une autre biographie de l'auteur de l'*Hôtellerie des Coquecigrues*, d'un autre ton et d'un autre style. Elle est de Commerson ; l'écrivain macaronique par excellence. En voici le début, il servira à donner une idée d'un genre de facétie qui paraît avoir disparu avec son inventeur :

« Félix Nadar est né à Paris de parents lyonnais, mais libraires. C'est le 5 avril 1820 que le bourdon de Notre-Dame se garda bien d'annoncer cet événement à la France et aux populations rurales. L'enfant vint au monde avec cette tête luxuriante qu'il s'est dessinée depuis sur nature, les cheveux rouges et en désordre comme ses idées, bravant la moelle de bœuf, le philocome et les ricanements de ses contemporains.

» Il consentit à voir le jour à la condition que la sage-femme le tirerait par les pieds. Cette sage-femme n'osa pas contrarier l'embryon bilioso-nervoso-lymphathique ; elle tira tant et tant que ce ne fut plus un homme qu'elle mit au monde, mais un horrible faucheux. Son tailleur a compris qu'il était urgent de jeter au plus vite un voile d'Elbeuf sur les injustices de la nature...

» Donc, en naissant, Félix Nadar avait dix pieds trois pouces. Sa famille en fut effrayée ; une somnambule, consultée, déclara que c'était un signe de grandeur future. Mais, avec l'âge, la taille de l'intéressant nourrisson diminua, si bien qu'aujourd'hui il paraît s'être définitivement arrêté à cinq pieds huit pouces.

» ... Quelque temps après, Félix entra pion dans une pension d'enfants en sevrage. Sa mission consistait à les conduire, au nombre de vingt-quatre, dans le jardin, du Luxembourg, où ils se gaudissaient au soleil. On conçoit que cette haute intelligence mise à si rude épreuve dut devenir apathique, somnolente et rêveuse. Aussi, des vingt-quatre élèves qui lui étaient confiés, il était rare qu'il n'en ramenât pas au moins un ou deux écrasés par les voitures. Ayez donc des enfants ! — Grâce à Nadar, cette pension des écrasés diminuait à vue d'œil; et sa besogne devenait plus facile ; on le congédia. »

On s'égayait beaucoup de ces bouffonneries il y a trente ans, et Nadar tout le premier.

Son bagage littéraire est plus nombreux qu'on ne croit. Avec un peu de persistance et d'esprit de suite, il eût atteint à une première place. Mais il avait bien d'autres visées et bien d'autres fusées dans la tête. Il s'acharnait à la caricature; — il regardait surtout les mouches voler et les oiseaux s'élever dans l'espace, ce qui finit insensiblement par lui inspirer le désir de faire comme eux.

Sa manière d'écrire se ressent de cette agitation presque perpétuelle; il procède le plus souvent par tressauts et par sursauts. C'est un Michelet en vareuse écarlate.

L'Hôtellerie des Coquecigrues est un assemblage d'anecdotes fort vivement contées et d'une saveur toute moderne, de portraits où se retrouve le caricaturiste, surveillé par l'écrivain; — et puis des mots, des mots, des mots comme s'il en pleuvait. Et il en pleut, en effet!

Il n'y a pas rien que des coquecigrues dans l'*Hôtellerie* de Nadar; on y trouve aussi des trait fort sensés, des récits en cinq ou six lignes qui sont matière à rêverie, — celui-ci entre autres :

« Je contemple sur une route deux enfants qui mordent à belles dents dans un demi-cent de pommes avortées, sur-acides, vertes à donner la colique rien qu'à les voir.

» Ils mangent, mangent, mangent toujours et encore ces pommes atroces, qu'ils refuseraient avec légitime indignation si on les leur donnait à leur goûter. Ils se battent presque pour la dernière.

» Tout s'explique : les pommes sont volées. »

Nadar avait déjà donné cette note demi-sérieuse dans ses *Histoires Buissonnières*, un volume qui a précédé l'*Hôtellerie des Coquecigrues*.

Cette note lui est bien personnelle ; il en a encore une autre ; celle d'un cœur chaud, d'un esprit juste et droit, s'indignant avec raison quand il le faut, frappant quand il est nécessaire de frapper — et profondément dédaigneux du vocabulaire naturaliste.

Il me reste à souhaiter que Nadar devienne un de nos producteurs. Pourquoi pas ? Alfred de Musset l'a dit avant moi :

« C'est amusant d'écrire. »

> Si c'est un passe-temps pour se désennuyer,
> Il vaut bien la bouillotte... »

Mais Nadar ne croit pas à Musset.

ÉMILE PÉHANT

Émile Péhant, le savant et dévoué conservateur de la bibliothèque de Nantes, feu Émile Péhant avait été une des modestes recrues du mouvement romantique, et l'une des vaillantes. Il avait publié un volume de *Sonnets* qui lui valut immédiatement de hautes sympathies, entre autres celles d'Alfred de Vigny, de Villemain, de Victor de Laprade.

Malheureusement, le jeune poète nantais traînait alors avec lui une compagne gênante : la pauvreté. Son livre a des accents déchirants ; c'est une lamentation perpétuelle et farouche devant les boutiques de boulangers. Témoin ce sonnet, entre trente autres, intitulé *la Faim* :

> Vous qui m'avez connu dans ma jeunesse heureuse,
> Le visage si plein et le teint si fleuri,
> Et qui voulez savoir pourquoi ma joue est creuse,
> Pourquoi mon front est pâle et mon corps amaigri ;
>
> Peut-être vous croirez qu'une flamme amoureuse,
> En me brûlant le sang, l'a seul ainsi tari,
> Ou que c'est du travail la lampe douloureuse
> Qui, troublant mon sommeil, à ce point m'a flétri.
>
> Ah ! ce n'est point cela qui me tue et qui m'use.
> Que m'importent l'amour, et la gloire, et la muse !
> Ce n'est pas pour si peu que je serais changé.
>
> Oh ! non ; si vous voyez ma figure si hâve,
> Ma lèvre si livide et mon regard si cave,
> C'est que voilà trois jours que je n'ai pas mangé !

Diable ! — Trois jours ! Encore faut-il un estomac de Breton pour résister à un jeûne si prolongé !

L'auteur de *Chatterton* vint en aide à cette infortune ; il sollicita pour Émile Péhant. On lit dans le *Journal d'Alfred de Vigny*, à la date de 1835 : « Il m'est arrivé ce mois-ci trois choses heureuses : Émile Péhant, placé à Vienne comme professeur ; sauvé ! — Chevalier, marié par amour, et heureux. — Léon de Wailly a hérité de cinq cent mille francs, dit-on. — Que les autres soient heureux, au moins ; leur vue me fait du bien ! »

PIE IX

Pie IX est un personnage assez important pour qu'on s'occupe de lui à n'importe quelle heure. Il n'y a pas besoin de prétexte pour retracer quelques traits de son existence.

Il sort des comtes Mastaï-Ferretti et est né le 13 mai 1792, à Sinigaglia, dans les Marches d'Ancône.

C'est à Pie VII qu'il dut d'entrer dans les ordres; il débuta comme desservant dans l'hospice de Tata-Giovanni, et il y resta jusqu'à l'âge de trente et un ans.

A cette époque, il entreprit, avec M. Muzi, un voyage au Chili, dans le but de venir en aide aux missionnaires ruinés par les révolutions de l'Amérique du Sud. Ce voyage fut marqué par toute sorte de désastres : naufrages, attaques de flibustiers, maladies, etc. Le futur pape fit là son premier apprentissage de la vie pratique.

Rentré à Rome en 1823, Léon XII le nomma chanoine, et l'envoya, quelques temps après, à l'évêché de Spolète.

Mastaï y resta cinq années, et fut ensuite évêque d'Imola.

L'année 1840 le trouva cardinal.

Six ans après, il était élevé au siège pontifical. Son élection avait duré quatre jours. A peine s'il était connu dans Rome.

Un détail curieux, que l'on doit à l'auteur des *Portraits cosmopolites* :

« Est-ce croyance gratuite d'un peuple qui mêle toujours beaucoup de superstition à un peu de religion? Mais la foule romaine croit que Pie IX est *jettatore;* le saint-père le dit lui-même en riant ; et, tandis que les vieilles femmes tombent à genoux en voyant passer son carrosse, elles font sérieusement les cornes sous leurs tabliers, pour conjurer le mauvais œil.

» A côté de cela, toute cette famille du Vatican se tient et se défend. Pendant la maladie du pape, alors que les étrangers, inquiets, interrogeaient les gens de la domesticité, ceux-ci, complices d'un silence parti de haut, niaient la gravité de l'état du saint-père, comme des diplomates qui ne veulent pas compromettre une dynastie chancelante. »

EDOUARD PLOUVIER

Dispersés, les livres de la bibliothèque d'Édouard Plouvier.

Les poètes y étaient en majorité, depuis Arsène Houssaye jusqu'à Mahiet de la Chesneraye, depuis le marquis de Belloy jusqu'à Colmance.

Plouvier, poète lui-même les avait habillés de jolies reliures en chagrin bleu et en maroquin violet.

Les dédicaces adressées à Édouard Plouvier sont généralement des dédicaces en vers. En voici une de Philoxène Boyer, accompagnant l'envoi d'un de ces recueils :

A MON CHER EDOUARD PLOUVIER

Les sons de mon pauvre clavier
Vont aller grincer chez Plouvier.
Il est si bon, qu'en leur délire
Il entendra des sons de lyre !

17 juin 1867.

Plouvier et Philoxène n'avaient pas toujours été la paire d'amis qu'ils furent depuis.

Le *cher Édouard Plouvier* s'était emporté un soir, au café des Variétés, jusqu'au point de flanquer une gifle à Philoxène Boyer.

Pourquoi ?

Parce qu'il lui reprochait de lui avoir dérobé un *caractère* de domestique, et de l'avoir intercalé dans sa pièce : *le Feuilleton d'Aristophane*, que l'on jouait alors à l'Odéon.

Ah ! c'est qu'on avait la foi et l'ardeur littéraires en ce temps-là, et qu'Édouard Plouvier particulièrement, nature impressionnable et talent élégiaque, était de ceux *qui croient que c'est arrivé.*

Croire que c'est arrivé — n'est pas cependant le défaut de notre époque. C'est le signe d'une grande force ou d'une grande faiblesse. C'est prendre tout au sérieux et accorder indistinctement une importance exagérée aux moindres faits de la vie. On est très heureux ou très malheureux lorsqu'on croit que *C'est arrivé.*

Plouvier fut très malheureux.

Il s'était dit en entrant dans les lettres que le succès est toujours en proportion des efforts, et que le talent trouve tôt ou tard sa récompense... Il croyait que c'était arrivé.

Il avait épousé une comédienne d'un grand mérite, avec la certitude que le bonheur est surtout acquis aux unions artistiques... il croyait que c'était arrivé !

ARMAND DE PONTMARTIN

M. le comte Armand de Pontmartin introduit d'étranges éléments dans sa critique.

Dernièrement, il s'occupait de Mérimée. Il rend justice à l'écrivain, — un peu à contre-cœur, mais comme il prend sa revanche sur l'homme ? Il ne va pas jusqu'à le traiter de bohême, mais il le représente comme un pique-assiette.

Parce que dans ses *Lettres à une inconnue* (publication que je blâme de toutes mes forces), Mérimée s'est permis une très légère épigramme contre M. Autran, voilà M. de Pontmartin qui lui reproche... devinez quoi ? D'avoir souvent dîné chez le beau-père de M. Autran !

Ce passage est trop exorbitant pour que je ne le cite pas dans son entier :

« Chaque fois que Mérimée revenait à Marseille, — dit M. de Pontmartin, — il s'y attablait à demeure et *presque sans invitation* chez M. B..., beau-père du poète, et célèbre sur tout le littoral de la Méditerranée par l'exquise finesse de son goût et le génie de son cuisinier. Là, le merveilleux conteur étonnait de ses prouesses pantagruéliques et de ses silences plantureusement employés les convives bénévoles rassemblés pour voir et pour entendre l'auteur du *Vase étrusque* et de *Colomba*. »

Ces lignes renferment, au début, une accusation dont la grossièreté ne le cède qu'à l'invraisemblance.

A qui M. de Pontmartin persuadera-t-il qu'un homme de la valeur et de la renommée de Mérimée était capable d'aller dîner chez quelqu'un *presque sans invitation*? Et non-seulement d'y aller dîner, mais encore de *s'y attabler* (?) *et à demeure* (!!)

Comme cela ressemble bien à Mérimée! J'en appelle au témoignage de tous ceux qui l'ont connu.

Mais enfin, M. Armand de Pontmartin passerait peut-être condamnation sur ce grief. Ce qu'il ne pardonne pas à Mérimée, c'est sa gourmandise, ce sont ses *prouesses pantagruéliques*, et, par-dessus tout, c'est le silence qu'il garde en mangeant.

Oh! ce silence le confond absolument!

Il se met à la place des convives « rassemblés pour voir et pour entendre l'auteur de *Colomba*. » (Ainsi, on rassemblait des gens pour entendre un homme venu *presque sans invitation*!) Il se figure leur désappointement en présence du bon appétit de Mérimée. Appétit scandaleux! coup de fourchette compromettant, indigne, d'un académicien!

Comment! voilà un homme d'esprit qui est en même temps un gastronome!

Comment! voilà un *merveilleux conteur* qui fait honneur au cuisinier « de génie » de M. B...

Cela renverse M. de Pontmartin.

Mais ce merveilleux conteur ne conte pas! Mais cet académicien est muet comme une carpe! Mais l'auteur de *Colomba* n'a pas plus l'air de l'auteur de *Colomba* que le premier venu!

Il se tait! il se tait! — Cela désespère les *con-*

vives bénévoles. Pour un peu, ils se déclareraient volés.

J'imagine cependant qu'un d'eux se fut hasardé à dire :

— Ne nous raconterez-vous pas quelque chose, Monsieur Mérimée ?

Mérimée aurait été parfaitement fondé à lui répondre :

— Mon Dieu, Monsieur, *je suis si peu invité.*

Voilà à quoi s'amuse M. Armand de Pontmartin ! voilà comment l'auteur des *Nouveaux samedis* (jour maigre) comprend la critique.

Fi ! que cela sent son petit esprit de sous-préfecture.

EDGAR QUINET

Il fut un temps où Edgar Quinet compta parmi les personnalités marquantes de son époque. C'était à l'heure où, de concert avec Michelet, il entreprit la guerre contre les hommes noirs. Il parlait de haut alors, du haut d'une chaire publique, et il s'adressait à une jeunesse libérale. Son succès fut grand et confina jusqu'à l'émeute populaire ; l'archevêché réclama, la Chambre des pairs s'émut. Edgar Quinet passa à l'état de martyr.

Pendant cette guerre, qui dura deux années, les jésuites reçurent de nombreux horions. Vainqueurs, ils le furent, comme toujours, mais leur triomphe se trouva arrêté momentanément par le barrage ; la révolution de février 1848. Edgar Quinet, de professeur au Collège de France, se transforma en colonel de la garde nationale et en représentant du peuple.

Ce fut sa ville de Bourg, celle que nous voyons inamovible dans sa reconnaissance, qui l'envoya siéger à la Constituante et à la Législative, où il vota toujours avec les députés démocrates.

Là s'arrête la carrière active d'Edgar Quinet.

Il se retira à Bruxelles et en Suisse après les événements de décembre 1851.

Depuis, il revint à ses travaux historiques, philosophiques et littéraires.

Parmi ses œuvres, il en est de fort belles; elles ne le sont pas toutes au même degré. L'Allemagne, où il a beaucoup étudié, a exercé une grande influence sur son esprit. Mais le sentiment en est toujours élevé et pur. Il conçoit surtout largement; je n'en veux pour preuve que ce passage de sa préface de son livre sur *le Christianisme et la Révolution française* :

« Cet ouvrage est la suite du plan que j'ai conçu en commençant d'écrire, et dont les parties précédentes sont : le *Génie des religions,* l'*Essai sur la vie de Jésus-Christ,* une moitié du livre des *Jésuites.* » Dans cette carrière non interrompue, j'ai traité de la Révélation et de la Nature, des traditions de l'Asie orientale et occidentale, des Vedas et des Castes, des religions de l'Inde, de la Chine, de la Perse, de l'Egypte, de la Phénicie, du polythéisme grec, romain. J'ai suivi, à travers leurs principales variations, le mosaïsme, le christianisme des Apôtres, le schisme grec, l'islamisme, la papauté au moyen âge, la Réformation, la Société de Jésus, l'Eglise gallicane; en sorte que ces ouvrages, différents de forme, mais semblables par le but, tendent à composer une histoire universelle des révolutions religieuses et sociales. »

Un programme formidable, comme on voit.

Mais Edgar Quinet n'a jamais fait plus grand, plus immense, plus vertigineux que dans *Ahasvérus,* une épopée en prose, écrite dans tout l'éclat de son talent, c'est-à-dire dans sa trente-et-unième année. Cela commence avant la création du monde et cela finit après le jugement dernier. Tous les êtres et toutes les choses y ont une voix : l'Océan, le poisson Macar, les géants, le brin d'herbe, l'ibis, les étoiles, les cathédrales, les fleuves, les chariots, la Vierge Marie. Avec le drame de la Passion, nous entrons dans la légende d'Ahasvérus. Le peuple remplit les rues de Jérusalem.

» — Ahasvérus, viens, rentrons dans la maison ; fermons le loquet de la porte. N'as-tu pas peur du vent qui souffle et du bruit qu'on entend dans la ville ?

» — Rentrez, mes petits frères, allez dormir sur vos nattes. Je veux rester sur mon banc pour regarder passer la foule. »

Après la malédiction du Christ, Ahasvérus se met en route pour son interminable voyage. A partir de ce moment, on enjambe les siècles, on traverse les générations. Voici les hordes d'Attila, ces sauterelles de la mort : voici le roi Dagobert à la fenêtre de sa tour, dans son palais des bords du Rhin ; voici les fées dansant en rond au clair de lune ; voici le pape Grégoire coiffé de diamants ; voici Napoléon ; voici les grandes capitales causant ensemble : Babylone, Athènes, Rome, Paris.

La partie qui traite du jugement dernier est la plus stupéfiante. Il y a un chœur de femmes ressuscitées, parmi lesquelles on remarque Sapho, Gabrielle de Vergy, Mlle Aïssé, Desdémona, Clarisse Harlowe, Mignon, Atala... et la comtesse Guiccioli ! Voici comment elle s'exprime, la blonde comtesse, que nous avons tous connue marquise de Boissy :

« Celui pour qui j'ai quitté le comte après mon mariage, tous les autres l'appelaient Byron, quand seule je l'appelais Noël. Lui que n'avaient pu désennuyer la Tamise, ni le Rhin, ni le Tage, ni Venise, restait tous les longs mois d'été, assis près de moi, à compter mes cheveux d'or. Pour un jour d'absence, ses larmes recommençaient à couler dans le jardin de Ravenne, et ses lèvres à pâlir. A la Mira, a Bologne, à Gênes, que d'heures, mon Dieu ! toutes à se voir, à s'écouter, puis à se taire, et à se revoir toujours, qui jamais ne reviendront au ciel, ni si belles, ni si tièdes de doux soupirs ! Sous un pin d'Italie, j'ai guéri d'un sourire la plaie de Lara, du Corsaire, de Manfreld, d'Harold... C'est là ce que j'ai fait sur terre, et je ne m'en repens pas, quand même le comte le saurait. »

Quand même le comte le saurait est une merveille.

Au fond, et à y regarder de près l'*Ahasvérus* d'Edgar Quinet est inspiré du *Faust* de Gœthe, mais le poëme français offre une envergure supérieure. Gustave Flaubert s'en est souvenu dans l'exécution de sa *Tentation de saint Antoine*. Et cependant *Ahasvérus* est un des ouvrages les plus inconnus de la littérature contemporaine.

P. S. — A propos, c'est *Edgar* Quinet qu'il faut écrire, et non *Edgard*, comme on le fait souvent.

RANDON

Le dessinateur Randon, est atteint d'une paralysie qui lui rend tout travail impossible.

Randon est connu depuis longtemps par ses charges militaires, qui lui ont créé une place spéciale dans le petit monde des caricaturistes. On peut le considérer comme l'inventeur de ce langage superlificoquentieux, à l'usage exclusif des casernes, où l'adverbe et le subjonctif s'entre-croisent dans de prétentieuses périodes. Là, toutes les phrases commencent uniformément par *que*. « *Que* vous disiez donc comme ça, *sargent* ?... » Le verbe *obtempérer* y fleurit également.

Nul ne s'entend mieux que Randon à asseoir un pioupiou conquérant à côté d'une bonne timide, tenant par la main un petit *borgeois*. « *Subséquemment*, mam'selle, pourrait-on avoir celui de vous offrir un verre de coco ? » Il a des *marchi-chefs* inénarrables, des *cap'taines* étourdissants, des gros majors dont le ventre semble prêt à éclater sous le ceinturon.

On connaît un dessin de Randon à dix pas. Tantôt c'est un pauvre conscrit, la larme à l'œil, armé d'un balai et s'apprêtant à « tirer l'oreille à Jules ». Tantôt c'est le même, priant son caporal de lui déchiffrer la lettre de sa payse, moyennant la politesse d'une consommation. Voyez-le entrechoquer ces deux dragons sous la treille d'un cabaret; c'est la vérité prise sur le fait. Il est aussi dans le secret des invalides, qu'il a longtemps étudiés.

Il est inutile de dire que Randon a été soldat; cela se devine tout de suite. L'homme est excellent, doux, affectueux. Ses amis ont ressenti vivement le coup qui le frappe.

MADAME DE RÉMUSAT

On a fait un certain succès aux *Mémoires de M*^{me} *de Rémusat* pour plusieurs motifs : d'abord et surtout parce qu'il y avait quelque temps qu'on n'avait publié de mémoires, et que cette forme a toujours gardé son attrait auprès d'un grand nombre de lecteurs ; ensuite parce que l'œuvre de Mme de Rémusat est celle d'une femme distinguée, sinon supérieure.

Elle fait commencer son récit du moment où elle fut nommée dame du palais de Mme Bonaparte. C'était en 1802 : elle avait alors vingt-deux ans, et il y en avait six qu'elle était mariée à M. de Rémusat. Pendant plusieurs années, elle a pu étudier presque journellement le premier consul d'abord, et l'empereur après, tous deux confondus dans celui qu'on a longtemps appelé l'*homme du destin*. Quel destin, grands dieux !

Dès les premières pages, elle nous montre un premier consul fagoté comme une marionnette : cheveux courts et plats, habit cerise brodé en or, cravate noire, veste d'uniforme, absence de manchettes, bas de soie et bottes à revers. « Cette toilette et sa petite taille lui donnaient ainsi la tournure la plus étrange. »

Puis ce sont des caquets, des mots surpris, des

dialogues entendus, des scènes de chambre d'où Bonaparte ressort comme un homme fort mal élevé, dur, sombre, toujours irrité ou sur le point de l'être, cherchant à embarrasser les gens, insolent pour le plaisir, ne sachant pas rester une minute en place, un *agité* de la pire espèce.

Etait-il de bonne humeur, par hasard, cette bonne humeur se traduisait par des « plaisanteries de fumiste ». Il devenait taquin, insistant, toujours de mauvais goût. On sait que son tic le plus habituel était de tirer l'oreille à ses interlocuteurs, aux soldats, aux maréchaux, aux ministres et même aux femmes. L'oreille de Mme de Rémusat n'a pas été plus épargnée que les autres. C'est elle qui l'avoue.

Voici un échantillon des saillies de ce soldat maigre et jaune : Le premier soir qu'il coucha aux Tuileries, il ne trouva rien de mieux que de dire en riant à Joséphine : « Allons, petite créole, venez vous mettre dans le lit de vos maîtres ! » Quelle délicatesse d'esprit !

Les *Mémoires de Mme de Rémusat* sont un arsenal d'anecdotes, presque toutes inédites. Il y en a de toutes mains et de toutes sortes, et même d'assez vives. Ce n'est pas précisément par ses beaux côtés qu'elles représentent le vainqueur de l'Italie.

Un point de vue sur lequel Mme de Rémusat revient avec plus d'instance que les autres historiens, c'est la nature de l'affection que Bonaparte avait pour ses sœurs. Cela est plus grave que tout le reste. « Une fois, raconte-t-elle, la mère de Mme Moreau, étant à la Malmaison, s'était permis des plaisanteries amères sur une intimité scandaleuse qu'on soupçonnait entre Bonaparte et sa jeune sœur Caroline. »

Quelques pages plus loin, Mme de Rémusat rapporte les confidences attristées de Joséphine à propos d'une infidélité de son époux. « Ce fut dans les entretiens que nous eûmes à cette occasion qu'elle commença à me donner sur lui des notions qui m'étaient encore tout à fait inconnues. Le mécontentement qu'elle éprouvait me fit penser cependant qu'il y avait quelque exagération dans l'amertume de ses plaintes. A l'entendre, il n'avait aucun principe de morale; il dissimulait alors le vice de ses penchants, parce qu'il craignait qu'ils ne lui fissent tort; mais si on le laissait s'y livrer en paix sans lui en faire la moindre plainte, peu à peu on le verrait s'abandonner aux passions les plus honteuses. *N'avait-il pas séduit ses sœurs les unes après les autres?* »

L'accusation est grosse, et, à défaut de preuves, peut-être aurait-il mieux valu que Mme de Rémusat ne s'en fît pas l'écho. Mais empêchez donc une femme de jaser sur ces matières !

Elle n'oublie pas non plus de rappeler les *bruits outrageants* qui coururent sur l'époux d'Hortense de Beauharnais et sur sa paternité contestée. La malignité publique donnait son premier enfant (mort du croup en 1807) à Bonaparte. Si la plupart de ces faits sont vrais, il faut convenir que le « héros des temps modernes », subornant ses sœurs, déshonorant son frère, était un assez vilain monsieur dans la vie intime.

L'impression générale qui se dégage de ces *Mémoires* est singulière et principalement mélancolique. On en arrive à partager l'aversion qui gagne petit à petit Mme de Rémusat, et son dégoût à vivre des bienfaits d'un homme pour lequel son estime s'en va lambeaux par lambeaux. D'abord éblouie par le prestige de sa gloire militaire, elle cherche à expliquer Bonaparte mari, à comprendre et à excuser l'homme d'intérieur. Mais, d'excuse en excuse, elle en vient à perdre pied.

On la voit alors se rattrapant à des conversations littéraires du despote. Mais là encore le caractère entier, butor ou boudeur de Bonaparte se trahit à chaque instant. Si, dans un élan généreux, il entreprend de rassembler autour de lui périodiquement quelques écrivains d'élite, soyez sûr que ces réunions seront brisées au bout de quelques semaines. Il aura suffi pour cela d'un orateur imprudent, s'exprimant au nom de la liberté de penser et exaltant les bienfaits du droit d'écrire.

La pauvre femme sent combien sa situation est sinon équivoque du moins en désaccord avec sa conscience. De jour en jour, l'homme de Brumaire accumule les énormités, les coups de tête. Mme de Rémusat gémit, M. de Rémusat baisse la tête, mais tout les deux gardent le silence. Ils essaient au moins de nous faire croire à leurs visages attristés, et ils gardent leur situation. On a la famille, des obligations ; le pli de l'obéissance est pris, et avec l'obéissance ce quelque chose qui ressemble à de l'affection machinale.

Voilà ce qui donne un accent particulier à ces *Mémoires*, où le pamphlet se débat dans des liens de reconnaissance et lutte contre les révoltes sourdes de la dignité. Beaucoup y reconnaîtront des chapitres de leur histoire en un autre temps et sous un autre régime.

J'arrive à la valeur littéraire des *Mémoires de M*^{me} *de Rémusat*. Elle est évidemment de second ordre ; cela ne dépasse pas le niveau de la duchesse d'Abrantès. D'ailleurs, l'auteur n'y met aucune prétention, il lui suffit de se faire comprendre. De là des répétitions de mots, une indifférence plutôt qu'une inexpérience de style. Il me semble pourtant qu'il était du devoir du père ou du fils de **revoir** des phrases comme celle-ci (écrite après l'exécution du duc d'Enghien) : « Ah ! sans doute, il est si pénible de rougir vis-à-vis de soi-même de l'état qu'on a embrassé, il est si doux d'aimer les devoirs qu'on s'est imposés, il est si naturel de *vouloir s'embellir et son avenir et celui de sa patrie*, que ce n'est qu'avec peine et après un long débat qu'on accueille la vérité *qui doit vous flétrir la vie.* »

C'est un galimatias absolu.

ERNEST RENAN

M. Ernest Renan n'a pas échappé à ce besoin d'autobiographie qui s'empare de quelques sexagénaires. Sous le titre de *Souvenirs d'enfance et de jeunesse,* il publie dans la *Revue des Deux Mondes* de véritables mémoires. Les pages consacrées au séminaire de Saint-Sulpice ont la valeur d'un chapitre d'histoire. On y trouve des physionomies de prêtres plus amusantes qu'on ne le croirait, des têtes de vieux savants brossées avec une verve à la Callot, — celle-ci entre autres, un professeur de mathématiques et de physique, M. Pinault.

« Criblé de rhumatismes, il semblait cumuler en sa personne toutes les façons dont un corps peut être contrefait. Sa laideur extrême n'excluait pas de ses traits une singulière vigueur, mais il négligeait la propreté à un degré tout à fait choquant. Dans son cours, un vieux manteau et les manches de sa soutane servaient à essuyer les instruments et en général à tous les usages du torchon ; sa calotte, rembourrée pour préserver son vieux crâne des névralgies, formait autour de sa tête un bourrelet hideux. Avec cela, éloquent, passionné, étrange, parfois ironique, spirituel, incisif. Il avait peu de culture littéraire, mais sa parole était pleine de saillies inattendues. On sentait une puissante individualité, que la foi s'était assujettie, mais que la règle ecclésiastique n'avait pas domptée. C'était un saint, c'était à peine un prêtre, ce n'était pas du tout un sulpicien. »

Il n'y a pas que des savants crasseux à Saint-Sulpice. Comme contraste, M. Ernest Renan se plaît à tracer le portrait d'un beau prêtre de vingt-six à vingt-huit ans, son directeur en philosophie. Les tons les plus suaves, les plus caressants viennent se grouper sur sa palette :

« Il avait la ravissante figure rose d'une miss anglaise, de beaux grands yeux où respirait une candeur triste. C'est le plus extraordinaire exemple que l'on puisse imaginer d'un suicide par porthodoxie mystique. M. Gottofrey eut certainement été, s'il l'avait voulu, un mondain accompli. Je n'ai pas connu d'homme qui eût pu être plus aimé des femmes. Il portait en lui un trésor infini d'amour,.. puis, avec une sorte de fureur, il s'ingéniait à s'anéantir lui-même. On eut dit qu'il voyait Satan dans les grâces dont Dieu avait été pour lui si prodigue. Un vertige s'emparait de lui en se voyant si charmant ; il était comme une cellule de nacre où un petit génie pervers serait toujours occupé à broyer sa perle intérieure. »

Le portrait est joli, je le répète ; il tourne même au précieux. Encore, s'il s'arrêtait là ; mais l'enthousiasme de M. Renan ne connaît pas de bornes, et il gâte tout par des touches singulièrement hasardées.

« J'ai toujours pensé qu'il y eut en la vie de M. Gottofrey un roman secret, quelque erreur héroïque sur l'amour... Tantôt je le vois perdu au ciel, *parmi les troupes d'anges roses* d'un paradis du Corrège ; tantôt je me figure la femme qu'il eût pu rendre folle d'amour *le flagellant pour toute l'éternité.* »

Cette *flagellation* est bien du prêtre mal étouffé que recèle M. Ernest Renan !

Une fessée dans quelque lavoir céleste.

Ce beau M. Gottofrey devait d'ailleurs exercer une grande influence sur le néophyte de Tréguier, c'était lui qui devait *porter la foudre dans sa conscience.* Ecoutons là-dessus M. Ernest Renan :

« M. Gottofrey me parlait très rarement, mais il m'observait attentivement. Mes argumentations, faites d'un ton ferme et accentué, l'étonnaient, l'inquiétaient... Un soir, il me prit à part ; il me parla avec éloquence de ce qu'a d'antichrétien la confiance en la raison, de l'injure que le rationalisme fait à la foi. Il s'anima singulièrement, me reprocha mon goût pour l'étude. La recherche, à quoi bon ? Tout ce qu'il y a d'essentiel est trouvé ; ce n'est point la science qui sauve les âmes. Et, s'exaltant peu à peu, il me dit avec un accent passionné : « Vous n'êtes pas chrétien ! »

Ces traits et beaucoup d'autres rendent très intéressante la lecture des *Souvenirs d'enfance et de jeunesse*.

On y voit que l'auteur eut de bonne heure son libre parler sur toutes choses. En aucun temps, par exemple, il ne paraît avoir été dupe de Lacordaire et de ce qu'il appelle ses *pantalonnades en chaire*.

LOUIS REYBAUD

L'Académie des sciences morales et politiques vient de faire, dans la personne de l'auteur de *Jérôme Paturot*, une perte dont elle se consolera avec le temps, espérons-le.

Il y avait deux hommes dans M. Louis Reybaud, un homme à peu près sérieux et un homme à peu près gai. Le premier se trouva tout naturellement porté, par ses relations dans le camp libéral, à la rédaction du *National*. Il s'y prépara à ses *Études sur les Réformateurs modernes*, livre de vulgarisation qui vint à l'heure exacte et qui obtint un succès dont on a un peu rabattu depuis.

Comment l'auteur de cet ouvrage se laisse-t-il aller, un an après, à folichonner dans les parterres du roman-feuilleton et à écrire cette bamboche intitulée : *Jérôme Paturot à la recherche d'une position sociale* ? C'est quelque chose d'inexplicable. Il fallait qu'on fût bien à court de satire en ce temps-là pour s'amuser d'une parodie aussi commune, et dont la véritable place eût été dans les colonnes du *Charivari*, avec les Tartempion, les Cabassol et les Barbemuche créés par Altaroche.

Quelques traits de gaieté ne rachètent pas la vulgarité de la facture. On en fit l'honneur à Paul de Kock, *Jérôme Paturot* ayant paru dans sa première forme sous l'anonyme.

Il y eut un peu d'étonnement lorsqu'on apprit que l'auteur était le récent lauréat du grand prix Montyon. Par son attitude personnelle, par son masque correct et digne du notariat, par ses lunettes d'or, par son habit noir, par ses habitudes bourgeoises, M. Louis Reybaud semblait moins que personne l'homme de la facétie, le plaisantin du petit journal.

Il persista pourtant dans cette seconde voie, où il devait réussir autant que dans la première. L'auteur des *Etudes sur les Réformateurs* fit des suites à *Jérôme Paturot*, brossa des romans de plus en plus communs : *César Falempin, Athanase Robichon*, le *Dernier des Commis-voyageurs*, etc., etc.

De quel œil cependant l'Académie des sciences morales et politiques devait-elle regarder ces productions ?

Homme très honnête avant tout et économiste distingué, à ce que l'on prétend, Marseille, sa ville natale, le porta à la députation en 1846, et le réélut deux fois après la révolution de 1848, à la Constituante et à l'Assemblée législative. Il jugea son rôle fini au coup d'État, et depuis lors il ne reparut plus sur la scène politique.

Louis Reybaud s'est éteint doucement dans un âge avancé.

La *Liberté* le traite de *grand écrivain* et appelle son *Jérôme Paturot* un *chef-d'œuvre*. Je m'incline, mais je souris.

CLÉMENT DE RIS

C'est une famille dramatique que la famille des Clément de Ris.

L'aïeul du conservateur du musée de Versailles avait été, en 1800, le héros d'une aventure mystérieuse qui a occupé toute l'Europe.

C'était au mois de septembre, M. Clément de Ris, sénateur, ancien organisateur de l'École normale, homme d'une grande intelligence, était venu passer quelques jours dans une de ses terres en Touraine. Son personnel domestique était sans doute peu nombreux, car il fut arrêté chez lui, en plein jour, par six individus qui le garrottèrent, et pillèrent sous ses yeux sa maison et ses papiers. Puis il fut jeté dans une voiture et conduit dans une retraite bien gardée, où il demeura dix-neuf jours, enfermé dans un souterrain, à la façon des victimes des romans d'Anne Radcliffe et de Ducray-Duminil.

On lui apportait à manger deux fois par jour, mais on ne répondait pas à ses questions.

Pendant ce temps, l'émotion était grande à Paris. Un sénateur enlevé, disparu ! Les suppositions galopaient; on accusait les royalistes qui avaient voulu, disait-on, s'assurer un otage. Une autre version attribuait le coup à Fouché, soupçonné d'avoir cherché à mettre la main sur une correspondance compromettante entre Clément de Ris et Louis XVIII.

Cependant, les jours succédaient aux jours ; Bonaparte était furieux ; la police se décida à délivrer le malheureux sénateur, au bout de dix-neuf jours de captivité, comme je l'ai dit. Elle s'empara même des six coupables, parmi lesquels était une femme, celle qui avait prêté sa maison à l'incarcération de M. de Ris.

Mais alors on s'aperçut que ces inconnus étaient réellement des inconnus, des hommes obscurs, et non des agents de la chouannerie. Il fut prouvé qu'ils avaient forcé M. de Ris à écrire à sa femme pour qu'elle eût à remettre une somme de cinquante mille francs à un émissaire. Le désappointement fut grand dans une certaine partie du public.

Trois de ces misérables furent condamnés à mort par le tribunal d'Indre-et-Loire. La femme subit l'exposition.

Malgré cela, beaucoup de gens hochèrent la tête et continuèrent à « chercher la politique » dans cet événement. Même encore aujourd'hui, il n'est pas rare d'entendre dire que *tout n'est pas connu dans l'affaire Clément de Ris.*

Après quarante-trois ans, Balzac s'est arrêté à son tour devant cette énigme historique ; il y a trouvé les éléments d'un de ses bons romans : *Une ténébreuse affaire.* Le comte Clément de Ris y est appelé le comte de Gondreville.

Encore une fois le nom des Clément de Ris retentit devant la justice ; ce fut à propos du procès La Roncière. Mais de ce procès-là je ne veux rien dire aujourd'hui ; il ne me resterait plus de place pour parler de l'écrivain et du conservateur.

Ce Clément de Ris-là, je l'ai connu et je viens ajouter quelques traits aux articles qui lui ont été consacrés.

Où il faut aller chercher des renseignements pour sa biographie, c'est dans son discours de réception à l'Académie de Bellesme.

— Bellesme ? où prenez-vous Bellesme ?

— Je le prends où il est, c'est-à-dire dans le Perche... dans la zone de Mamers, de Nogent-le-Rotrou...

— Et il y a une académie à Bellesme ?

— *Di primo cartello*... une académie composée de M. Gustave Levavasseur, de M. Ernest Prarond, de M. le marquis de Chennevières, d'historiens, d'agriculteurs... une académie qui publie ses *Mémoires*.

— Ses *Mémoires* ?

— A preuve qu'on y lit ceci dans le premier volume :

« L'autre année, par une nuit noire, un cabriolet de louage, venant de Mamers, réussit, on ne sait comment, à gravir, sans se briser contre la borne, le raidillon de Saint-Santin, et déposa un voyageur à belle prestance dans la cour du président de notre académie.

» Le lendemain, ce voyageur avait à peine déjeuné et était en train de déguster l'eau-de-vie de cidre, quand le geôlier de la prison, factotum de la mairie, se présenta mystérieusement à lui et l'invita à le suivre jusqu'à la justice de paix... Il ne fut pas peu surpris de trouver là, dans une charmante petite salle aux boiseries sculptées, une douzaine de notables groupés solennellement autour de leur président. »

Ces notables étaient les membres de l'académie de Bellesme.

Cet étranger était le comte Clément de Ris.

Le président, M. de Saint-Santin, lui souhaita la bienvenue et l'informa qu'il avait été élu à l'unanimité académicien de Bellesme. Il énuméra ses titres à cet honneur, ses ouvrages en prose et en vers, ses voyages pour le compte du gouvernement ; il insista sur sa jeunesse heureuse et brillante : « Beau nageur, beau dîneur, beau valseur, la vie, confessez-le, ne vous était point trop cruelle, et la poésie élégiaque n'était point faite pour votre taille. » Arrivant au temps présent, il le félicita de s'être *fait la vie d'un honnête homme avisé*. On n'a ni plus d'esprit ni plus de malice à l'Académie de Paris.

M. Clément de Ris répondit sur un ton moitié badin, moitié sérieux. Entre autres particularités, il se montra fort préoccupé d'expliquer sa collaboration à une certaine *Revue des Provinces*, et comment il dut prendre part, *innocent autant qu'étonné*, au banquet de son directeur, M. Dupré de la Maherie.

« Hélas ! dit-il, ce festin, où toutes les pompes de Balthasar offertes à la littérature confiante par un ex-magistrat archéologue, que l'imprimerie avait désordonné, cachaient sous des montagnes de langoustes et d'ananas, et des bouteilles de tous les crus, et sous les toast étranges de Jubinal et d'un *monsignor in partibus,* et sous les fables de Lachambaudie, et sous les réponses hallucinées du bizarre amphitryon, la perspective prochaine et sinistre des galères.... Hélas ! hélas ! ce banquet fantastique, inoubliable aux trois cents plumes d'élite qui y piquèrent l'assiette, ce banquet si bien commencé sous les voûtes de l'Alcazar Poissonnière, devait avoir sous celles du Palais de Justice un bien fâcheux lendemain ! »

Tout le long de ce discours, le nouvel académicien de Bellesme se livra à des aveux d'une nature piquante et qu'on ne lui demandait pas, tel que celui-ci :

« Je n'ignore pas que j'ai été accusé de n'appartenir que par mode du temps, par occasion et non par tempérament, à l'école de l'exactitude. J'avoue que, le jour où je passai devant Padoue au vol de la vapeur, il me fut difficile d'apercevoir, à la distance qui sépare les monuments de la ville, les chefs-d'œuvre de peinture et de sculpture que j'allais décrire et juger de confiance dans certains rapports au ministre. *Mais que le missionnaire de l'État qui n'a pas sur la conscience pareille peccadille me jette la première pierre !* »

Hum !

Peu de temps après sa réception à l'académie de Bellesme, le comte Clément de Ris alla occuper à Versailles l'emploi de conservateur du musée. Il n'y fit point parler de lui et y finit, dans l'ombre, une carrière qui aurait pu être plus longue, mais non pas plus honorable.

H. ROLLE

L'ennemi le plus terrible de Victor Hugo a été ce Rolle qui vient de s'endormir dans l'indifférence littéraire. Il faisait la paire avec Gustave Planche.

Pendant de nombreuses années, Hippolyte Rolle avait occupé le feuilleton théâtral du *National* comme on occupe une place forte. Il signait X, et cet X avait fini par devenir aussi redoutable que le J. J. des *Débats*. Lorsque mourut le *National*, Hippolyte Rolle trouva asile au *Constitutionnel*, où il exerça les mêmes fonctions avec la même absence d'aménité.

L'homme était de haute taille et d'une irréprochable correction de costume. Mais de toute sa personne s'exhalait une odeur de sécheresse et de sévérité. Un magistrat qui se sait regardé n'aurait pas donné plus d'importance à sa démarche et à son port de tête On sentait quelqu'un qui croyait à sa cravate.

Il ne croyait pas rien qu'à sa cravate ; il croyait aussi à son jugement et à son style. La vérité est qu'Hyppolyte Rolle aurait été l'honneur d'une administration.

En sa qualité de classique qu'il s'imaginait être, il avait une antipathie profonde pour Victor Hugo. Il le mesurait à sa petite aune, et son nom seul avait le privilège de le faire sortir de sa froideur les crus, et sous les toast étranges de Jubinal et d'un *monsignor in partibus,* et sous les fables de Lachambaudie, et sous les réponses hallucinées du bizarre amphitryon, la perspective prochaine et sinistre des galères.... Hélas ! hélas ! ce banquet fantastique, inoubliable aux trois cents plumes d'élite qui y piquèrent l'assiette, ce banquet si bien commencé sous les voûtes de l'Alcazar Poissonnière, devait avoir sous celles du Palais de Justice un bien fâcheux lendemain ! »

Tout le long de ce discours, le nouvel académicien de Bellesme se livra à des aveux d'une nature piquante et qu'on ne lui demandait pas, tel que celui-ci :

« Je n'ignore pas que j'ai été accusé de n'appartenir que par mode du temps, par occasion et non par tempérament, à l'école de l'exactitude. J'avoue que, le jour où je passai devant Padoue au vol de la vapeur, il me fut difficile d'apercevoir, à la distance qui sépare les monuments de la ville, les chefs-d'œuvre de peinture et de sculpture que j'allais décrire et juger de confiance dans certains rapports au ministre. *Mais que le missionnaire de l'État qui n'a pas sur la conscience pareille peccadille me jette la première pierre !* »

Hum !

Peu de temps après sa réception à l'académie de Bellesme, le comte Clément de Ris alla occuper à Versailles l'emploi de conservateur du musée. Il n'y fit point parler de lui et y finit, dans l'ombre, une carrière qui aurait pu être plus longue, mais non pas plus honorable.

H. ROLLE

L'ennemi le plus terrible de Victor Hugo a été ce Rolle qui vient de s'endormir dans l'indifférence littéraire. Il faisait la paire avec Gustave Planche.

Pendant de nombreuses années, Hippolyte Rolle avait occupé le feuilleton théâtral du *National* comme on occupe une place forte. Il signait X, et cet X avait fini par devenir aussi redoutable que le J. J. des *Débats*. Lorsque mourut le *National*, Hippolyte Rolle trouva asile au *Constitutionnel*, où il exerça les mêmes fonctions avec la même absence d'aménité.

L'homme était de haute taille et d'une irréprochable correction de costume. Mais de toute sa personne s'exhalait une odeur de sécheresse et de sévérité. Un magistrat qui se sait regardé n'aurait pas donné plus d'importance à sa démarche et à son port de tête. On sentait quelqu'un qui croyait à sa cravate.

Il ne croyait pas rien qu'à sa cravate; il croyait aussi à son jugement et à son style. La vérité est qu'Hyppolyte Rolle aurait été l'honneur d'une administration.

En sa qualité de classique qu'il s'imaginait être, il avait une antipathie profonde pour Victor Hugo. Il le mesurait à sa petite aune, et son nom seul avait le privilège de le faire sortir de sa froideur habituelle. En ces jours de justice, il lui reconnaissait de la *facilité*, un *certain don de versification*, mais il s'arrêtait là. En dehors des *Odes et Ballades*, tout l'horripilait dans l'œuvre de Victor Hugo.

Il avait hérité de la plaisanterie gourmée des écrivains de la Restauration, des Salgues et des Jal. Il avait la citation vulgaire, et toujours sous la plume les noms des *maîtres* et des *modèles*. Veut-on avoir une idée de sa critique étroite et pédante? Je prends un fragment du feuilleton où il épluchait plutôt qu'analysait les *Burgraves*. Du drame il en arrivait à la préface, et il s'exprimait ainsi :

« M. Victor Hugo ajoute à sa préface des notes *qui ont aussi leur prix*. Il y déclare, par exemple, *en propres termes*, que M. Guyon est un artiste de haute taille par l'intelligence comme par la stature, et qu'on croirait, à le regarder avec son habit de fer et sa grande peau de loup sur les épaules, voir sortir de l'église de Fribourg-en-Brisgau le vieux Berthold de Zœringen, ou de la collégiale de Francfort, le formidable Gunther de Schwarzbourg. M. Victor Hugo hésite entre Berthold et Gunther, comme tout à l'heure entre la civilisation et les Titans ; il félicite M. Guyon de ressembler à l'un ou à l'autre... M Beauvallet est patriarche au premier acte, héros au deuxième, père au dernier (*Et pourquoi pas?*). Quant à Guanhumara, elle a réalisé merveilleusement l'idéal de l'auteur: la statue qui marche et qui regarde avec un regard de vipère.

Que M. Hugo est heureux de voir à la fois tant de choses et d'en tirer une si grande satisfaction ! »

Voyez-vous cette moquerie menue, tatillonne, aux lèvres pincées ? Et comme M. Hippolyte Rolle est peu heureux dans ses deux exemples de Berthold et de Gunther, qui sont précisément admirables, et qui, dans leur peu de lignes, forment un tableau saisissant !

Si appuyé qu'il fût par le clan nombreux des lecteurs à courte vue, Hippolyte Rolle n'échappa pas toujours aux épigrammes de la jeunesse littéraire d'alors. L'auteur des *Odes funambulesques* ne fut pas des derniers à lui décocher ses flèches, et Paris s'amusa pendant un jour du rondeau suivant :

ROLLE N'EST PLUS VERTUEUX

Que l'Aurore ait à son corsage
Cent mille fleurs pour entourage
Et teigne de rose le ciel,
Rolle dort comme un immortel,
Sans s'inquiéter davantage ;
Mais que, sur sa lointaine plage,
L'Odéon donne un grand ouvrage,
Rolle s'y rend, plus solennel
    Que l'Aurore !

Ce capricieux personnage,
Dont, par un heureux assemblage,
Le patois traditionnel
Plaît au *Constitutionnel*,
Aime mieux voir lever Bocage
    Que l'Aurore !

Dans ces dernières année, Hippolyte Rolle avait eu le bon goût de se faire oublier.

MAURICE ROLLINAT

LES NÉVROSES

Charles Baudelaire a fait école en poésie, cela n'est pas niable. Il voyait triste, il voyait noir, il voyait même plus que noir, il voyait funèbre ; il voyait macabre, il voyait farouche, il voyait criminel. Tout est permis en art. A y regarder de près, il y a plus de douleurs dans l'humanité que de joies. On voit dans un musée particulier d'Amsterdam une toile de Rembrandt, qu'on ne montre qu'avec de certaines réserves, représentant un homme étendu sur le dos, trépassé et le ventre ouvert. C'est horrible, c'est hideux, mais c'est de l'art.

Baudelaire était un Rembrandt à sa manière. Il a fait la *Charogne*, le *Vin de l'Assassin*, l'*Ivrogne qui a jeté sa femme dans un puits*, les *Femmes damnées* et bien d'autres pièces réunies sous un titre qu'on n'accusera pas au moins d'hypocrisie : les *Fleurs du mal*. Un incontestable et très particulier talent de styliste éclate dans ce livre, qui a eu une influence considérable sur les jeunes imaginations qui en ont fait leur pâture, et parmi lesquelles je citerai, qu'ils s'en défendent ou non, Villiers de l'Isle-Adam, Stéphane, Mallarmé, Verlaine, Charles Cros.

Sans Baudelaire, M. Maurice Rollinat existerait-il ? Voilà ce qu'on est en droit de se demander après avoir lu les *Névroses*. Oui, sans doute, car il a une nature de poète, mais il existerait autrement. Il serait demeuré ce qu'il est à un haut degré : un poète agreste, un Brizeux ou plutôt un La Morvonnais du Berry. Charles Baudelaire lui a ouvert de nouveaux horizons, assez peu séduisants d'ailleurs, et lui a donné des appétits d'insanité et de perversité. M. Maurice Rollinat se confesse de ces appétits et n'en paraît pas plus heureux, s'il faut s'en rapporter à la deuxième pièce des *Névroses*, qu'on peut considérer comme une préface :

La mauvaise pensée arrive dans mon âme,
En tous lieux, à toute heure, au fort de mes travaux ;
Et j'ai beau m'épurer dans un rigoureux blâme
Pour tout ce que le Mal insuffle à nos cerveaux,
La mauvaise pensée arrive dans mon âme.

Mon crâne est un cachot plein d'horribles bouffées,
Le fantôme du crime à travers ma raison
Y rôde, pénétrant comme un regard de fées.
Faut-il que ma vertu s'abreuve de poison ?
Mon crâne est un cachot plein d'horribles bouffées.

Le Mal frappe sur moi comme un flot sur la grève :
Il accourt, lèche et fuit, sans laisser de limon.
Mais je conserve, hélas ! le souvenir du rêve
Où j'ai failli saigner sous l'ongle d'un démon.
Le mal frappe sur moi comme un flot sur la grève.

La pièce a sept autres stances, qui ne sont guère meilleures que celles-ci. Les *Névroses* sont divisées en cinq livres : *Les Ames. — Les Luxures. — Les Refuges. — Les Spectres. — Les Ténèbres.*

Il suffit de jeter un coup d'œil sur les titres des pièces qui composent ces cinq livres pour être plus complètement renseigné. Ce sont : le *Magasin de Suicides*, l'*Ange pâle*, Mlle *Squelette*, la *Blanchis-*

seuse du Paradis, les *Bienfaits de la Nuit* (Baudelaire avait fait les *Bienfaits de la Lune*), la *Ballade du Cadavre,* l'*Enterré vif,* le *Bourreau monomane, Villanelle du Ver de terre,* le *Soliloque de Tropmann,* la *Baudet poitrinaire,* le *Rondeau du guillotiné,* la *Dame en cire,* l'*Ensevelissement,* la *Putréfaction,* etc., etc. Chacune d'elles est dédiée par l'auteur à un de ses amis. Il a trois cents amis environ. Je lui en fais mon compliment.

En général, ces pièces sont traitées avec un soin remarquable ; la rime n'y est jamais commune. L'ouvrier a sa place au premier rang parmi ses confrères. Je ne répondrais pas, cependant, que de tout cet ensemble de curiosités et de hideurs, il ne se dégageât une sorte de monotonie. La recherche, contrairement à son but, engendre parfois la fatigue. Il arrive aussi qu'à force d'outrance, M. Maurice Rollinat côtoie la parodie ; un souffle de mystification circule à travers son œuvre et fait froncer le sourcil au lecteur, si préparé qu'il soit. » On se moque de moi ! » murmure celui-ci, et il croit à un pari, à une gageure, ou du moins à un exercice quelconque, quelque chose comme la danse des œufs ou le trapèze. Dès lors, la confiance est détruite.

Il est difficile, par exemple, de croire à la sincérité de M. Maurice Rollinat lorsqu'il dit ainsi son amour pour la *Belle Fromagère :*

Elle allait portant haut, dans l'étroit magasin,
Son casque de cheveux plus noir que le fusain,
 Et, douce trotteuse en galoches,
Furetait d'un air gai dans les coins et recoins,
Tandis que les bondons, jaunes comme des coings,
 Se liquéfiaient sous les cloches,

Quand sa lame entamait Gruyère ou Roquefort,
Je la voyait peser dessus avec effort,
  Son petit nez frôlant les croûtes ;
Et rien n'était mignon comme ses jolis doigts
Découpant le Marolle infect où, par endroits,
  La vermine creusait des routes.

Près de l'humble comptoir où dormaient les gros sous,
Les Géromés, vautrés comme des hommes saouls,
  Coulaient sur leur clayon de paille,
Mais si nauséabonds, si pourris, si hideux,
Que les mouches battaient des ailes autour d'eux,
  Sans jamais y faire ripaille...

Je m'arrête... Et cependant, cela n'est rien auprès du livre des *Spectres*. Là, nous sommes en plein *cabinet des horreurs*, chez Mme Tussaud. Après François Villon, Jourdan coupe-tête. Contemplez les orbites sans yeux, les dents sans gencives, les nez réduits, les couteaux ensanglantés, les cervelles éparses, tout un cauchemar où la férocité de Goya est dépassée !

Et dire que c'est le même homme qui, dans un coin de ce volume excessif, a caché la mignonne chanson du *Petit Lièvre* :

> Brusque, avec un frisson
> De frayeur et de fièvre,
> On voit le petit lièvre
> S'échapper du buisson.
>   . . . .
> Dans le matin pâlot,
> Leste et troussant sa queue,
> Il fait plus d'une lieue
> D'un seul trait, au galop,
> Il s'arrête au solo
> Du joli hoche-queue,
>   Près de l'eau
>   Verte et bleue.
>
> Terrains mous, terrains durs,
> En tout lieu son pied trotte ;

> Et poudreux, plein de crotte,
> Ce rôdeur des blés mûrs
> Hante les trous obscurs
> Où la source chevrote,
>   Les vieux murs
>   Et la grotte.

C'est dans ces petits tableaux rustiques que je veux voir le meilleur du talent de M. Maurice Rollinat.

Plus petit encore que le *Petit Lièvre* est l'*Enterrement de la Fourmi* :

> Les fourmis sont en grand émoi ;
> L'âme du nid, la reine est morte !
> Au bas d'une très vieille porte,
> Sous un chêne va le convoi.
>
> Le vent cingle sur le sol froid
> La nombreuse et fragile escorte.
> Les fourmis sont en grand émoi :
> L'âme du nid, la reine est morte !
>
> Un tout petit je ne sais quoi
> Glisse, tiré par la plus forte :
> C'est le corbillard qui transporte
> La défunte au caveau du roi.
> Les fourmis sont en grand émoi !

Nous voilà loin du *Rondeau du guillotiné*, et de Satan et de ses pompes. Oh ! ce Satan ! M. Maurice Rollinat est un des derniers à y croire. Que dis-je ? On jurerait qu'il s'efforce à lui ressembler. Il y a du Satan, en effet, dans le portrait qu'il a cloué au frontispice de son volume.

MARQUIS DE SADE

On sait que le trop galant marquis de Sade, le chef d'une certaine littérature d'à présent, s'est éteint doucement dans la maison de Charenton, à un âge assez avancé, sans maladie.

Huit ans avant sa fin, il avait écrit son testament, qui est un document fort original, comme tout ce qui est sorti de sa plume autorisée.

En voici quelques dispositions :

« Je *défends* que mon corps soit ouvert, sous quelque prétexte que ce puisse être... »

C'est dommage ; l'examen du cerveau du marquis de Sade aurait donné sans doute des résultats intéressants.

« Je demande *avec instances* qu'il soit gardé quarante-huit heures dans la chambre où je décéderai, placé dans une bière de bois qui ne sera couverte qu'au bout des quarante-huit heures... »

Le marquis prévoyait-il un cas de léthargie ? ou bien espérait-il ressusciter ?

« Pendant cet intervalle, il sera envoyé un exprès au sieur Lenormand, marchand de bois, boulevard de l'Égalité, n° 101, à Versailles, pour le prier de venir lui-même, suivi d'une charrette, chercher mon corps pour être transporté, *sous bonne escorte*, au bois de ma terre de la Malmaison, commune de Mancé, près d'Epernon, où je veux qu'il soit placé, sans aucune espèce de cérémonie, dans le premier taillis fourré qui se trouve à droite dans ledit bois, en y entrant du côté de l'ancien château, par la grande allée qui le partage.

» La fosse sera pratiquée dans ce taillis par le fermier de la Malmaison, sous l'inspection de M. Lenormand, qui ne quittera mon corps qu'après l'avoir placé dans ladite fosse. Il pourra se faire accompagner, s'il le veut, par ceux de mes parents ou amis qui, sans aucune espèce d'appareil, auront bien voulu me donner cette dernière marque d'attachement.

» La fosse une fois recouverte, il sera semé dessus des *glands*, afin que, par la suite, le terrain de ladite fosse se trouvant regarni, et le taillis se trouvant fourré comme il l'était auparavant, les traces de ma tombe disparaissent de dessus la surface de la terre, *comme je me flatte que ma mémoire s'effacera de l'esprit des hommes.*

» Fait à Charenton-Saint-Maurice, en état de raison et de santé, le 30 janvier 1806.

» D. A. F. SADE. »

Ce testament ne manque pas d'une poésie farouche qui est bien dans le ton de certains paysages sombres répandus à travers l'œuvre du terrible monomane. Cet enfouissement dans un taillis désert, cette préoccupation d'une disparition totale, ce fermier creusant une fosse, ce peu de monde, ce silence, tout cela fait courir un frisson dans le dos. Cela lui ressemble bien.

Les derniers mots : « Je me *flatte* que ma mémoire s'effacera de l'esprit des hommes, » font prévoir comme un regret, un repentir, auxquels on voudrait pouvoir se raccrocher. Mais j'ai de la méfiance.

M. A. de Rochefort, le père de notre confrère de l'*Intransigeant*, s'est rencontré une fois à dîner avec le fameux pornographe.

Il raconte ce fait dans ses *Mémoires*.

C'était à l'occasion de la fête du directeur de Charenton.

« Un grand dîner avait été préparé dit M. de Rochefort ; je trouvai ma place à une table où plus de soixante convives étaient réunis. A ma gauche était un vieillard à la tête penchée, *au regard de feu ;* les cheveux blancs qui le couronnaient donnaient à sa figure un air vénérable qui imposait le respect ; il me parla plusieurs fois avec une verve si chaleureuse et un esprit si varié qu'il m'était très sympathique. Quand on se leva de table, je demandai à mon voisin de droite le nom de cet homme aimable ; il me répondit que c'était le marquis de S... A ce mot, je m'éloignai avec autant de terreur que si j'avais été mordu par le serpent le plus venimeux »

SAINTE-BEUVE

C'est chez le docteur Véron, alors propriétaire et directeur du *Constitutionnel*, que je vis pour la première fois Sainte-Beuve. Il écrivait dans ce journal ses *Lundis*, qui étaient le régal des délicats, pendant que moi, débutant modeste, j'y publiais à des intervalles irréguliers des portraits de la fin du dix-huitième siècle, — ceux-là mêmes qui ont été réunis sous le titre : *les Oubliés et les Dédaignés*.

Je ne veux point, à cette occasion, essayer une étude du célèbre critique ; je ne me sens pas suffisamment préparé pour ce travail formidable et délicat. Mon intention est seulement de raconter une anecdote qui a, du moins, le mérite de l'inédit.

Tous les vendredis, Sainte-Beuve avait pour coutume d'aller communiquer son article manuscrit au directeur du *Constitutionnel*, à qui cet acte de déférence littéraire était on ne peut plus agréable. Tel autrefois, sans doute, Horace soumettait les épreuves de ses odes au chevalier Mécène.

Pour ces graves séances du vendredi, la consigne était rigoureusement donnée; la porte était fermée, même aux intimes; Sophie, l'impitoyable Sophie, veillait sur le seuil; et les trois Grâces en personne eussent vainement, à cette heure solennelle, sollicité l'honneur d'être introduites auprès du maître de céans, si galant d'habitude. On était alors tout entier à Rousseau ou à Montaigne, à lord Chesterfield ou au président de Brosses ; on discutait, on coupait, on abrégeait une citation, on développait tel point de vue. M. Véron disait : « Il faut ceci ! » ou « Il faut cela ! — Croyez-vous ? » répliquait Sainte-Beuve. Et tous les deux étaient heureux de cet entretien ; tous les deux s'applaudissaient, l'un d'être écouté, l'autre d'être consulté. Pour rien au monde, ils n'auraient renoncé à leurs vendredis.

Cependant l'orage grondait sourdement autour de ces deux épicuriens de la philosophie et des belles-lettres. Un matin qu'ils passaient au van de la discussion la plus serrée un article haché menu d'où sortait beaucoup de poussière, — la porte fut tout à coup forcée par des spéculateurs tenant à la main plusieurs paquets de billets de banque... qui n'étaient pas destinés au membre de l'Académie française. Le financier Mirès était à leur tête. Une heure après cette invasion de millionnaires, la vente du *Constitutionnel* était opérée.

Dire la douleur de Sainte-Beuve est chose impossible. Dans son désespoir, il ne parlait rien moins que de retourner à Lauzanne, ou de s'aller enfermer pour le reste de ses jours à Port-Impérial, dont il venait de terminer l'histoire. Sur ces entrefaites arrivèrent les propositions du *Moniteur;* Sainte-Beuve se décida à les accepter, après avoir livré bataille à une multitude de scrupules et les avoir glorieusement terrassés. Mais afin de n'être pas taxé d'ingratitude, ou même simplement d'oubli envers son ancien directeur, voici le biais ingénieux que son imagination déliée lui suggéra.

Tous les vendredis que le Ciel faisait, le plus fécond de nos critiques se dirigeait, comme par le passé, de la rue de Montparnasse vers la rue de Rivoli, où demeurait M. Véron. Il continuait à aller régulièrement lui soumettre ses articles manuscrits. De son côté, M. Véron continuait à le conseiller, et se croyait toujours ainsi rédacteur en chef du *Constitutionnel*. L'un et l'autre se prêtaient doucement à cette fiction, — qui dura près d'une année...

N'est-ce pas que le trait est joli?

SAMSON

Avoir ouvert ce matin les *Mémoires de Samson*, — pas le bourreau, — l'acteur de la Comédie française. Je ne les avais pas encore lus. Il y a des chapitres amusants ; en voici un, entre autres, qui éclaire un coin de la vie des planches :

Samson gardait rancune à Rachel, qui avait refusé de le recevoir, un matin qu'elle allait monter en voiture. Tous deux devaient jouer le soir même dans *Lady Tartufe;* il y avait surtout une scène muette, sur un des côtés de la scène qui embarrassa beaucoup Rachel ; leurs physionomies devaient exprimer l'amour, tandis que leurs bouches échangeaient à voix basse les propos suivants :

« RACHEL, *souriant coquettement.* — Vous m'en voulez de ce matin, monsieur Samson ?

» SAMSON, *la regardant tendrement.* — Comment donc ! pas du tout... le procédé est on ne peut plus gracieux.

» RACHEL, *feignant le trouble.* — J'étais forcée de sortir et j'avais tout à fait oublié notre rendez-vous.

» SAMSON, *d'un air tendre.* — Comment ne serais-je pas flatté d'un tel oubli ?

» RACHEL, *attachant son regard sur le sien.* — Croyez bien qu'il a fallu une chose sérieuse... Je vois que vous ne me croyez pas !

» Samson, *d'un air charmé*. — Moi ! ne pas vous croire ! Allons donc !

» Rachel, *baissant les yeux*. — Eh bien ! venez demain, je vous dirai toute la vérité.

» Samson, *souriant doucement*. — Ah ! ce n'était donc pas la *vraie ?*... Impossible d'aller chez vous, tout à fait impossible !

» Rachel, *ayant l'air de laisser échapper un aveu*. — Alors, c'est moi qui viendrai.

» Samson, *d'un air vainqueur*. — Vous ne me trouveriez pas.

» Rachel, *toujours tendre*. — Vous ne voulez donc plus me faire étudier mon rôle ?

» Samson, *d'un air tout à fait subjugué*. — Je n'aime pas les caprices et les impertinences. »

J'ai beaucoup vu jouer Samson; personne plus que moi ne rendait justice à son talent.

Ce talent n'avait rien au premier abord de saisissant ni de séduisant. Samson parlait du nez de façon à rendre des points à un canard; il laissait tomber ses paroles goutte à goutte; sa démarche était aussi lente que sa diction; son masque était sans variété. Jamais acteur n'eut plus besoin d'art, de science, d'expérience; jamais acteur, il est vrai, n'en posséda et n'en acquit davantage. Il joua la *nuance*, comme les joueurs de billard jouent *l'effet*. Son habileté était prodigieuse; il était à l'aise dans ses défauts comme un autre dans ses qualités.

Un des premiers inventeurs du jeu froid, Samson, a conquis le public par la seule force de la vérité, de la raison, de l'esprit. L'horreur du mauvais goût était innée en lui. Aussi se tenait-il toujours en dehors de l'éclat; il ne sollicitait pas le succès, il l'attendait avec une sorte de fatuité tranquille, qu'on devinait au bout de quelque temps. C'était plaisir de lui voir donner la vie à des riens par son accentuation mordante et découper le vers comme on découpe de la dentelle.

VICTORIEN SARDOU

Les feuilletons dramatiques du lundi n'ont pas été trop sévères pour le *Magot* de M. Victorien Sardou. Ils ont compris que l'approche des jours gras excusait bien des choses.

Il faut remonter jusqu'aux *Pommes du voisin*, — dont un tableau tout entier se passait sur les toits, — pour trouver un équivalent aux vertiges de ce *Magot*. Mais j'aime mieux m'arrêter en route; car, pour moi, le vrai Sardou n'est pas dans ces scenarios excessifs; il est dans les *Ganaches*, dans la *Famille Benoîton*, dans *Fernande*, dans les *Intimes*, — et même dans l'*Oncle Sam*.

Je comprends que tous les directeurs de théâtre veuillent tâter du Sardou, car le Sardou est une des expressions les plus triomphantes de l'art dramatique de ces dernières années. Depuis Scribe, nous n'avons rien de plus complet à offrir dans l'ingénieux et dans l'habile. Le Sardou est gai, le Sardou est sensuel, le Sardou est moqueur, le Sardou est alerte. C'est un Beaumarchais sans montre, sans guitare, sans fusils (mais non sans plaidoyer) C'est un Edgar Poë sans obscurité, sans tristesse, sans philosophie; c'est un Balzac sans longueurs; c'est un Léon Gozlan sans paradoxe; c'est un Diderot sans brutalité; c'est un Charles de Bernard sans marivaudage.

Pour moi, j'avoue que Victorien Sardou m'intéresse au plus haut point. Il m'occupe; je suis curieux de savoir ce qu'il veut, où il vise, jusqu'où il ira. Quoi qu'on fasse, on est forcé de compter avec lui. Son bon vouloir est indiscutable; il cherche la vie et interroge l'air de tous les côtés pour y trouver ses sujets.

Ses efforts, très louables, sont visibles, trop visibles fâcheusement. Il manque de ce qui fait les maîtres : la certitude. Il ne s'impose pas, il se débat; encore, si c'était seulement avec le public mais il se débat avec lui-même. Il ne possède pas son talent.

Aux répétitions de ses pièces, on le voit supprimer des tableaux, des actes entiers; c'est chose connue. Le sentiment des proportions l'abandonne, le vertige le saisit. De ces hésitations dans la composition naît évidemment une infériorité. Je voudrais classer M. Victorien Sardou; cela est plus difficile qu'on le croit.

Non pas que je sois embarrassé pour lui trouver des filiations; bien au contraire. Sous ce rapport il a prêté trop fréquemment le flanc à ses détracteurs. — Reste le metteur en scène, l'habile ouvrier mosaïste; sa dextérité se révèle en maints endroits; il soigne le dialogue, il ne néglige pas la tirade. Souvent il arrive à l'effet juste.

Pour en revenir à M. Sardou, il y a une légende qui veut que sa première pièce, la *Taverne*, ait été horriblement sifflée, il y a dix-huit ans, à l'Odéon.

On ne s'en douterait pas à lire les vingt lignes satisfaites, placées en tête de la brochure :

« Je remercie M. Alphonse Royer de la bien-

» veillance avec laquelle il a accueilli ce premier
» essai d'un jeune homme. *Si cette pièce a quelque*
» *mérite,* elle le doit en grande partie aux excel-
» lents conseils de M. Gustave Vaëz qui, avant
» d'apporter à la mise en scène son expérience
» bien connue, m'avait déjà prêté le secours de sa
» haute intelligence pour les changements à faire.
» Je dois aussi bien des remerciements à mes-
» dames..... mesdames..... etc., etc. Quant à Bou-
» deville, chargé du rôle principal, *il a remporté*
» *une double victoire* dans le Carl et dans le Facun-
» dus; je lui serre deux fois la main. »

Une *victoire !* Le mot y est. Qu'est-ce qu'on disait donc ?

Avant la représentation des *Merveilleuses.*

Je n'ai point cherché à connaître à l'avance le nouvel ouvrage de M. Sardou. Je me rappelle sa grande colère lors de *Maison neuve* et la menace qu'il fit de retirer sa pièce avant la représentation, parce qu'un journal en avait donné l'analyse. Je comprends cela.

Mais si j'ai su imposer silence à ma curiosité, je ne me suis pas interdit les suppositions, les conjectures.

Vous souvient-il d'Auguste Dupin, un des personnages les plus étranges et les plus sagaces d'Edgar Poë, l'Auguste Dupin du *Scarabée d'or*, de l'*Assassinat de la rue Morgue*, de *La Lettre volée ?* Le plus simple indice lui suffit pour reconstruire l'événement le plus compliqué. Avec trois signes au crayon tracés sur un morceau de papier à demi brûlé, il retrouve un trésor enfoui à dix pieds;

avec une mèche de cheveux, il refait tout un procès judiciaire. Quel précieux *reporter* aurait été Auguste Dupin !

Malheureusement, je n'ai entre les mains ni mèche de cheveux ni morceau de papier brûlé pour m'aider à deviner l'intrigue des *Merveilleuses*, mais j'ai cependant quelque chose ; j'ai un nom.

Illyrine !

Ce nom est celui d'une des héroïnes de la pièce, une *merveilleuse* qui sera représentée par Céline Chaumont. A première vue, cela n'a l'air de rien.
— Illyrine ! Euphrosine ! Corinne ! ce sont des noms du temps.

Attendez. Illyrine a existé ; elle a joué réellement son rôle pendant le Directoire. De plus elle a laissé des Mémoires, presque introuvables, il est vrai, mais que j'ai fini par trouver.

Auguste Dupin, merci !

Ces Mémoires en trois volumes, parus dans l'an VII, et qui se vendaient *chez l'auteur*, ces Mémoires sont assez incohérents ; mais du milieu des aventures scabreuses qu'ils racontent se dégagent des détails curieux pour l'histoire des mœurs de cette époque.

J'y ai remarqué un épisode fort intéressant que je demande la permission de raconter.

Illyrine, — qui s'appelait aussi Mme Quillet et qui avait divorcé, — eut un peu à souffrir au début de sa carrière galante. Repoussée par sa famille, elle fut obligée pour vivre de broder au tambour ; mais ce travail était insuffisant ; elle vendit quelques-unes de ses robes et contracta des dettes.

Le hasard seul pouvait la sortir de cette position

précaire. Le hasard se produisit un matin sous la forme d'un nègre, qui remit à Illyrine une boîte d'écaille et une lettre.

La boîte contenait cinq cents livres en or.

La lettre en promettait autant tous les premiers du mois.

D'ailleurs, pas de signature, pas d'adresse, rien.

« Ne cherchez pas à me connaître, — disait-on dans cette lettre ; — je ne serai pas assez maladroit pour essuyer un refus, pas même un remercîment. Je suis trop vieux pour être votre amant, vous êtes trop jeune pour être ma femme. Jouissez de tout ce que vous méritez. Je vous vois tous les jours d'Opéra, je vous rencontre aux Champs-Élysées et aux Tuileries. Quand ce n'est pas assez pour moi, je fais le tour de votre maison, et je m'en retourne satisfait.

» Si vous voulez me rendre le plus content possible, faites de temps en temps une révérence en entrant dans votre loge, comme si vous aperceviez quelqu'un de connaissance... J'aurai du moins la certitude que vous vous occupez de moi cinq à six minutes par semaine ; cela n'est pas exigeant. »

Qu'on songe que cette lettre, où se retrouvent toute la générosité de sentiments et toute l'élégance du dix-huitième siècle, était écrite en plein quatre-vingt-douze !

Ce bonheur délicat dura trop peu : une nuit, ce mystérieux bienfaiteur dont, à forces de manœuvres secrètes, elle était parvenue à savoir le nom, fut arrêté après le 10 août et conduit provisoirement à la Mairie, où la quantité immense de victimes entassées le suffoqua à un tel point qu'il expira sur l'heure.

Le lendemain matin, Illyrine apprenait la mort du comte de Zimmermann.

N'est-ce pas que voilà un petit roman plein d'émotion ?

A-t-il échappé à l'attention de Victorien Sardou ? Cela m'étonnerait.

Sardou sait les bons endroits. Il est devenu bibliophile ; sa collection révolutionnaire est déjà célèbre. Ce n'est point par hasard que le nom d'Illyrine est venu se placer sous sa plume.

Je parie de trouver dans sa bibliothèque les Mémoires en question.

Mais je ne suis pas assez Auguste Dupin pour affirmer qu'il aura utilisé dans ses *Merveilleuses* l'épisode du comte de Zimmermann.

L'idée de cet épisode a d'ailleurs fourni une nouvelle à Scribe : *Judith ou la loge d'Opéra*, et un chef-d'œuvre à Balzac : la *Fausse maîtresse*.

On connaît ses auteurs.

Abordera-t-on la question *Rabagas*, à la séance de réception de M. Sardou à l'Académie française ?

Si on l'aborde, cela pourra être drôle.

Je m'imagine M. Charles Blanc parlant ainsi... ou à peu près :

« Monsieur, au lendemain ou au surlendemain d'une catastrophe publique inouïe, alors que les plaies de la grande nation étaient non pas cicatrisées, mais à peine pansées, vous avez cru pouvoir user des privilèges les plus exceptionnels et les plus périlleux de la Muse dramatique en choisissant un sujet de la plus excitante modernité. Il fallait tout votre esprit et toute votre prodigieuse habileté pour aller chercher un succès sur des confins qu'on vous avait su gré d'avoir évités jusqu'alors.

» Je n'ignore pas que, dans cet ordre d'idées, vous aviez eu des précédents. Vos instincts d'érudit, si développés et entretenus par une investigation constante, vous ont poussé à recommencer l'*Intérieur des Comités révolutionnaires*, de Du Cancel. Vous aimez beaucoup à recommencer, monsieur ; c'est d'ailleurs le propre des esprits ingénieux, toujours en quête d'une perfectibilité quelconque.

» Mais dans les circonstances que j'ose à peine indiquer, tant elles évoquent en moi de douloureux souvenirs, je ne crains pas de vous avouer que je me suis senti presque content de n'être pas un auteur dramatique, afin de n'être pas tenté d'exercer ma verve sur des événements et sur des hommes nous touchant d'aussi près. Le succès, si bruyant qu'il eût été, et le suffrage né de la division des partis ne m'eussent pas semblé une compensation suffisante à l'abandon de cette impartialité de jugement qui est et doit être le plus noble apanage du véritable homme de lettres. »

A quoi je m'imagine M. Victorien Sardou répondant de la sorte... toujours à peu près :

« Monsieur, il m'appartient moins qu'à tout autre, à propos de mes humbles productions, de citer les auteurs glorieux qui m'ont précédé dans une voie où mon unique ambition a été de suivre respectueusement leurs traces. La critique, à qui je dois tant, a d'ailleurs souvent pris le soin de me rappeler leurs noms, tout en me reprochant d'avoir quelquefois exagéré le respect jusqu'à l'imitation.

» Une certaine partie de cette critique (je parle de la plus élevée) aurait voulu me voir me désintéresser des événements et des passions de mon époque. Peut-être est-ce beaucoup exiger d'un homme qui sent son cœur battre et son cerveau fonctionner à l'unisson des autres hommes. En tous les temps et chez tous les peuples, la littérature a toujours été un écho. Frondeuse avec Molière, elle raillait grands seigneurs et bourgeois jusque sous les rayons cléments de Louis XIV. Philosophique et audacieusement révolutionnaire avec Beaumarchais, elle transportait sur la scène les hommes les plus marquants du règne de Louis XV, à peine recouverts d'un masque léger et d'un transparent pseudonyme.

» Pourquoi m'aurait-il été défendu de m'inspirer et de m'autoriser de ces illustres exemples? Au nom de quel privilège exorbitant m'aurait-on refusé les franchises si libéralement accordées à mes prédécesseurs? Me serais-je donc trompé, messieurs, en m'imaginant que le dix-neuvième siècle était plus qu'aucun autre le siècle de toutes les libertés? Y aurait-il encore des castes intéressées à se dérober aux traits de la comédie? Ah! croyez-moi, messieurs, ou plutôt croyez-en Beaumarchais : si mes petits écrits ont pu être redoutés, ce n'a jamais été que par les petits hommes; et de ceux-ci, ni vous, ni moi, nous n'avons à nous préoccuper, Dieu merci! »

Quant à Autran, il peut être tranquille. La fumée des deux encensoirs dirigés et balancés vers lui ce jour-là lui arrivera sans doute jusque dans les Champs-Élysées, où son ombre aimable se promène avec celle de Méry.

Je crois les entendre, eux aussi.

Autran. — Ah! mon ami, cette séance est le plus beau jour de ma mort! Quelle délicatesse dans la louange! quelle grâce! quel atticisme! Je ne sais en vérité auquel des deux orateurs décerner la palme. Charles Blanc est exquis, mais Sardou est suave. N'est-ce pas votre opinion?

Méry. — Vous m'agacez, Autran. Vous devriez bien vous rappeler que je ne suis pas académicien, que je n'ai jamais voulu l'être.

Autran. — C'est vrai, mon cher, excusez-moi.

Méry. — Un jour que Mignet m'avait engagé à me présenter, je lui ai envoyé deux témoins. Cela doit vous éclairer sur la nature de mes sentiments pour l'Académie.

Autran. — Décidément, je crois que j'aime mieux le discours de Charles Blanc.

Méry. — Qu'est-ce qu'il raconte donc de si extraordinaire sur vous?

Autran. — Oh! mille choses plus agréables les unes que les autres... il dit que je suis de Marseille... que mes tragédies sont de Marseille... que, parti de Marseille, j'ai voulu revenir à Marseille. Cela est plein d'émotion et excessivement touchant.

Méry. — Parle-t-il de la Canebière?

Autran. — Certes!

Méry. — Et de la rue Mayousse?

Autran. — Je ne crois pas.

Méry. — Tous ces académiciens sont ignares. Il n'y en a pas un qui ait connu l'Inde aussi bien que cela.

Autran. — Pourtant, le discours de Victorien Sardou me fait hésiter. Ah! il est bien joli, le discours de Victorien Sardou!

Méry. — Il y a peut-être mis plus d'ail. Tous les Sardou sont d'origine méridionale. Je connais vingt-neuf Sardou, seulement de Toulon à Grasse. Et que dit-il de vous, celui-là?

Autran. — Il dit que je suis de Marseille... que j'ai fait mes premières armes à Marseille.., que Marseille m'a toujours inspiré. C'est un point de vue infiniment ingénieux.

Méry. — Mais tout pareil à l'autre.

Autran. — Oh! avec des nuances infiniment ingénieuses... Il faut convenir qu'on rencontre encore de bien charmants esprits sur la terre!

Méry. — Ne trouvez-vous pas qu'il fait bien froid dans ces champs élyséens?.. Je grelotte... Si nous rentrions?...

ÉMILE SOLIÉ

Personne ne s'est trouvé, à un certain moment, plus mêlé au monde des journalistes que ce petit homme rond, court, rougeaud, remuant. Il était de toutes nos fêtes plutôt que de tous nos travaux, — c'est-à-dire que nous le rencontrions principalement aux inaugurations de chemins de fer, aux courses de chevaux, et surtout dans les réunions de villes d'eaux, en Allemagne, en Suisse, en Belgique.

Il avait fini par devenir un courriériste spécialement balnéaire; il s'était mis au régime de deux ou trois feuilletons par an dans le *Siècle,* pas davantage, sous le règne de Louis Desnoyers, son ami et son contemporain, à quelques années près.

Ce n'était pas qu'Émile Solié n'eût été un écrivain très actif au temps jadis. L'*Artiste,* l'*Entr'acte,* l'*Époque* et la *Presse* l'avaient compté au nombre de leurs rédacteurs assidus; il avait concouru à la fondation et à la collaboration d'une multitude de petites feuilles : Le *Musée des Dames et des Demoiselles.* les *Nouvelles,* bien d'autres que j'oublie. Il écrivait correctement, agréablement même; beaucoup de nos reporters d'à-présent ne lui seraient pas allés jusqu'à la cheville, car il *savait* — un mérite qui se fait de plus en plus rare.

Deux petites plaquettes recommandent son nom

aux bibliophiles : une *Histoire de l'Opéra-Comique* et une *Histoire du Théâtre-Lyrique;* elles sont recherchées. Il faut y ajouter des monographies de Gluck, de Lulli et de Rameau, publiées dans des journaux de départements et tirées à part, à un nombre fort restreint. Émile Solié était autorisé à ces études comme fils et petit-fils d'artistes lyriques.

Sous l'Empire, il accepta de rédiger en province quelques journaux de la couleur la plus douce et de la politique la plus conciliante. Sa plume n'avait rien d'agressif. Autre chose était de l'homme. Émile Solié souffrait de sa petite taille, et ne supportait pas facilement la plaisanterie. Il redoutait Nadar comme la poudre, Nadar qui l'avait affublé de sobriquets plus irrévérencieux les uns que les autres. Cette inquiétude continuelle lui avait donné des manies, des exigences; à table il lui fallait les meilleurs morceaux; au théâtre il lui fallait la meilleure place. Ceux qui le connaissaient ne faisaient qu'en rire, et c'était là précisément ce qui le désolait.

A Nice, l'an dernier, il eut une ou deux attaques d'apoplexie. A partir de ce moment, il déclina; il devint morose; il ne put plus sortir. Une religieuse le soigna pendant le mois de mars. Enfin sa sœur, Mme Roger Solié, la comédienne aimée, vint le chercher et le ramena à Paris. La maison Dubois le reçut, comme elle en a reçu tant d'autres qui s'appelaient Gustave Planche, Privat d'Anglemont, Henri Murger, Auguste Supersac, Charles Barbara, etc.

Je regrette de n'avoir pas été appelé au lit de

mort d'Émile Solié. Mais a-t-il appelé quelqu'un? Solié a toujours vécu seul, à toutes les époques de sa vie.

Ne cherchez pas l'explication de cela autre part que dans son nom.

EUDORE SOULIÉ

Dans les *Lettres à la Princesse*, de Sainte-Beuve, ces mots reviennent fréquemment : le *bon Eudore*, le *modeste Eudore*, et même le *tendre Eudore*.

C'est d'Eudore Soulié qu'il s'agit, — et le beau-père de Sardou méritait tous ces qualificatifs.

C'était un homme de haute taille, qui avait été blond et qui ressemblait vaguement au bibliophile Jacob.

Les *Moliéristes* font en lui une perte réelle. Comme l'ancien commissaire de police Beffara, comme le chef de bataillon du génie Soleirol, comme MM. Taschereau, Bazin, Moland, Galibert, Benjamin Fillon, Louis Lacour et tant d'autres, Eudore Soulié avait voué un culte profond au grand comique. Culte actif et sans cesse en éveil ! Il avait découvert, il y a quelques années, dans une étude de notaire, toute une suite de papiers relatifs à Molière, entre autres un inventaire complet de la maison de la rue Saint-Honoré, habitée par les époux Poquelin.

Grâce à ces documents, on peut aujourd'hui reconstruire par les yeux la chambre où est né l'auteur de *Tartufe* : le lit à baldaquin, la tapisserie à personnages, le bahut sculpté, les chaises et les bergères, tout ce confortable intérieur d'un ménage bourgeois au dix-septième siècle.

Eudore Soulié était sur la piste d'autres découvertes. Il aurait trouvé certainement. Combien ne faut-il pas déplorer sa mort prématurée !

Il avait fait partie, dans les dernières années de l'Empire, de ces dîners de quinzaine chez Magny, fondés par Gavarni, et qui avaient tourné insensiblement à la petite chapelle littéraire. Le caractère principal de sa conversation était la finesse et la réserve.

Sainte-Beuve dit encore dans ces mêmes *Lettres à la princesse :* « J'ai reçu d'Eudore la plus jolie lettre pour me dire qu'il est né et qu'il mourra paresseux... »

C'est fait.

ANGELO DE SORR

Les journaux de Bordeaux annoncent la mort de M. Angelo de Sorr.

Ah ! non !

On ne nous la fait pas tant que cela !

Il y a quinze ans environ, les mêmes journaux annonçaient le suicide du même Angelo de Sorr, homme de lettres et romancier, bordelais d'origine et notre ami par dessus le marché.

Nous y crûmes, mais là, en plein. Selon les journaux, Angelo de Sorr, en excursion dans les Pyrénées, s'était détaché d'une bande de touristes dont il faisait partie, avait erré seul sur les montagnes et les pics; puis on l'avait vu, à un certain moment, *surplomber un abîme (sic)*... et Angelo n'avait plus reparu.

Nous le pleurâmes. Au fond, ce trépas mélodramatique ne nous avait surpris qu'à demi. Angelo de Sorr était une nature décorative, beau et grand garçon, à la physionomie fatale, à la démarche de mousquetaire. Sa littérature lui ressemblait : il était connu par deux romans excessifs : le *Vampire* et les *Filles de Paris*. Ces ouvrages, bien que doués d'une certaine valeur, n'ayant eu aucun succès, il ne nous paraissait pas étonnant que, dans un accès de découragement, Angelo de Sorr n'eût mis fin à ses jours.

Je me fendis d'un article nécrologique qui aurait attendri des pierres. Si j'ai bonne mémoire, Aurélien Scholl, dans une cinquantaine de lignes émues, le plaça à côté de Frédéric Soulié et d'André Thomas. Et nous nous dîmes, ayant fait notre devoir, que c'était fini.

Pas du tout. Trois mois après, notre ami Angelo de Sorr reparut un beau matin au café Anglais, mieux portant et plus mousquetaire que jamais.

Il prétendit avoir été la victime d'un *canard* de journaliste de province. Nous feignîmes de le croire, mais nous jurâmes bien de ne plus nous y laisser reprendre.

Voilà pourquoi, aujourd'hui, nous ne croyons pas à la mort d'Angelo de Sorr.

Cependant...

Eh bien! cependant, mon cher Angelo, si vous êtes bien mort cette fois, et pour tout de bon, je vais dire ce que vous étiez. Si vous n'êtes pas mort et que vous nous la fassiez encore aux asphodèles, tant pis pour vous. Ce sera la dernière fois, dans tous les cas, je vous en avertis.

Vous êtes — ou vous avez été — un homme qui n'a pas eu de chance, mais un homme de talent, un écrivain et, dans tous les cas, bien supérieur aux romanciers de deuxième ordre dont vous jalousiez la renommée. Vous avez écrit les *Grands Jours de M. Baudry*, les *Inutiles* (avant Cadol), les *Pinadas*, une étude des Landes très réussie; le *Drame des Carrières d'Amérique*, le *Fantôme de la rue de Venise*, *Jeanne et sa suite*, etc., etc., toute une série de volumes intéressants.

Ce qui vous a manqué pour réussir, pour arriver

directement à ce qu'on appelle le gros public, pour avoir trois ou quatre éditions, ah! par ma foi, je n'en sais rien. Je ne vois en littérature qu'un cas pareil au vôtre : c'est celui d'Ernest Capendu. Lui aussi a écrit une vingtaine de romans, peut-être davantage, dont quelques-uns très habilement exécutés, sans pouvoir arriver plus que vous à la célébrité, voire à la notoriété.

Je quitte l'apostrophe pour reprendre le ton habituel de la nécrologie. Angelo de Sorr avait essayé de fonder quelques journaux : *Satan*, le *Centenaire*, etc. ; il n'y fut pas plus heureux que dans ses romans. Il avait aussi publié en ces derniers temps deux brochures satiriques : le *Manuel du parfait Légitimiste* et le *Manuel du parfait Bonapartiste*.

De guerre lasse, il avait fini par diriger une librairie; on l'a vu un instant éditeur. Il a édité Paul de Kock !

M. Angelo de Sorr, entre temps, a croqué quelques héritages. Il avait bon estomac et se piquait de gastronomie.

Maintenant, ressuscitera-t-il pour la deuxième fois ?

GASTON DE SAINT-VALRY

Sous des dehors un peu froids, ce gentilhomme de lettres cachait un homme aimable. Il était né d'un père littéraire, ainsi que Paul de Saint-Victor. En feuilletant les *Annales romantiques* de 1824 à 1830, ce recueil de la pléiade d'alors, on retrouve le nom de Souillard de Saint-Valry au bas de plusieurs pièces de vers d'un joli sentiment élégiaque. Plus tard, les amis du poète l'engagèrent à supprimer ce nom malencontreux de Souillard. Son fils en fit autant par la suite.

Gaston de Saint-Valry ne semblait pas tirer vanité de son origine romantique. Critique de théâtre sous le second Empire, pendant un certain nombre d'années, il fut un écrivain sérieux et correct, voyant juste, sachant dire la vérité sans froisser ni un auteur ni un comédien. C'est quelque chose. On sentait l'homme du monde dans sa manière comme dans ses manières. Son style était toujours ganté.

Ses confrères d'aujourd'hui ont un peu changé tout cela. On ne se gêne plus autant avec la gent dramatique. On lui dit son fait sans barguigner. On dit à l'acteur : « Tu sais, mon petit père, tu as été très mauvais dans la pièce nouvelle. » L'acteur, en lisant cela, pleurera peut-être le soir, à poings fermés, en se demandant si son engagement sera renouvelé.

Avec l'actrice on n'est pas moins sincère. « Mon Dieu ! mademoiselle, comme vous étiez donc mal fagotée, l'autre soir ! Où diable vous habillez-vous, ma chère ? » L'actrice donnera un coup de ciseaux dans sa robe, en murmurant avec un soupir : « Que l'art dramatique est donc un art difficile à exercer ! »

Je regrette Gaston de Saint-Valry.

LOUIS VEUILLOT

Dans le faubourg pieux par excellence, dans le faubourg Saint-Germain, au fond d'un noble hôtel, M. Louis Veuillot lutte, contre la paralysie envahissante. Est-il vrai de dire qu'il lutte encore? Ses amis le prétendent vaincu, terrassé. Dieu paraît avoir abandonné un de ses plus ardents serviteurs; mais on n'en est plus à s'étonner des abandons de Dieu.

On peut ne pas aimer M. Louis Veuillot, et je crois qu'on use largement de la permission, mais il est impossible de lui refuser le titre d'écrivain supérieur.

Louis Veuillot a longtemps été un rude et redoutable journaliste. Un article de lui était autrefois événement dans l'*Univers*. Cela se faisait surtout remarquer par la poigne, et aussi par un singulier mélange de hauteur et de recherche. Il empruntait à ses ennemis leurs procédés familiers, pour un instant, et ensuite, par un effort souverain, remontait jusqu'au grand style de Bossuet, ou du moins à ce qu'il prenait pour le grand style de Bossuet. — Le talent de Louis Veuillot n'est pas sans affinité avec celui de Barbey d'Aurevilly; tous les deux ont l'impertinence, l'un bouillante, l'autre glacée. Ils ont des expressions et des formules qui sont des trouvailles. C'est Veuillot qui a appelé

Napoléon Ier *un pourceau de gloire* ; cela aurait pu être aussi bien de Barbey d'Aurevilly.

Veuillot se plaît, plus qu'il ne veut l'avouer, dans la description des milieux malsains. Le livre des *Odeurs de Paris* a été comme les vacances de cet esprit religieux. Comme il s'amuse à Ba-ta-clan, au café des Variétés, dans les petits théâtres ! Il a un fond de comique salé qu'il n'est pas fâché d'écouler ; les pseudonymes dont il affuble ses victimes sont empruntés aux anciennes parades : Fouillou, Galvaudin, Trivoix, Poilauvent, Mollassier.

Il y a tels de ses portraits de contemporains qui sont étonnants de verve ; j'en citerai un seulement, dans lequel il n'est pas malaisé de reconnaître Jules Vallès.

« Pachionnard (d'Auvergne) a vraiment fait sensation. Il a surgi comme de dessous terre, brûlant de fièvre, criant que tout est vieux, que tout est bête et usé, et je ne prétends pas qu'il eut toujours tort ; demandant du neuf et de l'extraordinaire, et jurant qu'il en apportait et qu'il avait de l'inouï plein ses poches ; et il avait aussi une guitare, et il chantait cent naïvetés de villageois, s'interrompant de démolir le monde pour conter comment il s'était ruiné en violettes, jadis, quand il aimait tant la belle gargotière de la rue Au Merle, infidèle, hélas ! et toujours adorée.

» Dès longtemps, le boulevard n'avait vu pareille entrée. L'omnibus faillit arrêter pour voir ce qui allait suivre et ce que produirait ce vibrant. Le lendemain, même jeu ; le surlendemain, encore ;

le troisième jour, toujours. Toujours l'appel à l'extraordinaire et les violettes de la rue Au Merle. Ce garçon demande de l'extraordinaire et va cueillir la violette, et il a tout dit, et il a tout fait. Tout est dans sa manière de prononcer les r r. Il vibre, c'est son génie ; il vibrera toujours ».

Notez qu'il y a dix-neuf ans que ce portrait a été écrit.

Jusqu'au dernier moment, j'espérerai que le Seigneur enverra un de ses anges rue du Bac, pour sauver Louis Veuillot.

LE CENTENAIRE DE VOLTAIRE

Aura-t-il lieu?

N'aura-t-il pas lieu?

Pour l'honneur de l'humanité, et pour l'honneur de Paris en particulier, il faut espérer qu'il aura lieu.

Dante, Pétrarque, Shakspeare, ont eu récemment leurs centenaires. Rameau lui-même a été célébré par la Bourgogne. Molière a eu son jubilé.

Une petite ville, dont ce sera l'éternel honneur, Chinon, a eu l'initiative de fêtes à Rabelais.

Et Voltaire n'aurait pas à son tour sa part de gloire, c'est-à-dire de justice!

Les nations s'honorent en honorant leurs grands hommes.

Or, quel homme fut jamais plus grand que celui-ci!

Voltaire ouvre son siècle, et peu s'en faut qu'il ne le ferme. Il le remplit du moins de sa prodigieuse personnalité. Il est célèbre au sortir du collège. A vingt ans, il étend la main sur Paris et dit : « Ma capitale ! »

Il touche à tout : au théâtre, au roman, à l'histoire, à la science, à la philosophie, à la politique. Il a cette bonne fortune d'être persécuté, proscrit; d'avoir ses livres brûlés par la main du bourreau.

Chacun de ses écrits est un événement; on

guette au passage ses moindres paroles, on attend son opinion. Il est l'oracle de son temps, non-seulement en France, mais encore et surtout à l'étranger. Que dit Voltaire? demande l'Angleterre. Que dit Voltaire? demande la Hollande. Que dit Voltaire? demande la Suisse. Que dit Voltaire? demande l'Allemagne. Que dit Voltaire? demande la Russie. Que dit Voltaire? demandent les Indes.

Il fixe la langue; il en fait cette chose claire, précise, aimable, qu'on a appelée *le style de Voltaire*.

Le monde entier s'occupe et s'inquiète de cet homme aux bas roulés, maigre, aux yeux perçants, qui semble mener son époque et qui la mène en effet, bon gré mal gré; — de cet homme qui est l'incarnation la plus complète de l'esprit et de la raison.

On a dit de lui qu'il *avait du sang de la Gaule*; c'est vrai; il en a, et à doses énormes. C'est le plus prodigieux tempérament d'écrivain qui se soit jamais vu.

Qu'il y ait à rogner sur ce géant, qu'il y ait à gratter sur ce colosse, je ne le nie pas. Il a sa part des faiblesses inhérentes à l'humanité, il n'échappe pas à la loi commune.

Il est petit par certains côtés, comme il est grand par d'autres.

Voltaire est petit par l'*Écossaise*, par la *Pucelle*, par le roi de Prusse.

Voltaire est grand par l'*Essai sur les Mœurs*, par *Mahomet*, par la *Critique des Pensées de Pascal*, par *Candide*, par la *Correspondance*, par Calas et Sirven.

Maintenant, apportez la balance.

Seulement, je ne veux pas vous prendre en traître, je vous préviens que la balance sera tenue par la Révolution.

La Révolution, dont Voltaire a été le précurseur et le préparateur.

A présent, vous voyez d'où pourrait partir l'obstacle à la célébration d'un centenaire de Voltaire.

Des ennemis de la Révolution.

Ils sont nombreux encore, variés, acharnés, fougueux ou ténébreux ; mais ils sont tous les jours de moins en moins mordants. On leur a rogné les griffes, on leur coupera la queue.

Cependant j'aurais besoin d'être rassuré sur leurs menées à propos de la solennité en question.

Passez sur le quai Voltaire, ce beau quai si plein de belles choses, si riche en tableaux et en livres, et arrêtez-vous devant la maison qui porte le numéro 27, au coin de la rue de Beaune.

C'est dans cette maison que le grand homme a rendu le dernier soupir, il y aura tout à l'heure un siècle. Alors, le quai s'appelait quai des Théatins.

Depuis, la maison a été exhaussée d'un ou deux étages. Je l'ai visitée à l'époque où elle était habitée par notre ami Arsène Houssaye. Il n'y avait presque rien de changé à la décoration primitive du cabinet de Voltaire ; le plafond, peint par Vanloo, représentait les Muses tressant des couronnes.

« J'ai déménagé de cet appartement pour deux raisons, a écrit Houssaye : — la première, c'est que je n'écrivais plus sous prétexte que Voltaire avait bien assez fait de livres comme cela ; la seconde, c'est que les Anglais demandaient trop souvent à voir l'appartement de M. de Voltaire, qu'ils voulaient bien appeler l'homme le plus spirituel de la France, ce qui faisait dire à mon groom, gamin de Paris qui n'aimait pas les Anglais : « Oui, mylord, l'homme le plus spirituel de la France... et de l'Angleterre. »

Si le centenaire de Voltaire doit avoir lieu, il n'y a pas de temps à perdre. Il faut organiser des commissions, ouvrir une souscription.

C'est le 30 mai 1778 qu'est mort Voltaire; c'est le 30 mai 1878 que doit avoir lieu sa pompe funèbre.

Peut-être pourra-t-on s'inspirer de quelques-unes des cérémonies qui signalèrent en 1791 la translation de ses restes au Panthéon.

Mais je doute qu'on arrive à quelque chose d'aussi magnifique et d'aussi imposant.

Les députés de l'Assemblée nationale, les académies, les tribunaux, les écoles, les clubs, les théâtres, composaient le cortège. La statue de Voltaire par Houdon était portée par des hommes habillés à l'antique. Ensuite venait un coffre d'or renfermant les œuvres complètes du philosophe (les soixante-dix volumes de l'édition de Beaumarchais).

Un char dessiné par David représentait un lit funèbre sur lequel Voltaire était étendu, couronné par la Renommée.

Une multitude de bannières étalaient des inscriptions tirées de ses écrits; quelques-unes soulevaient des applaudissements frénétiques au passage.

C'étaient celles-ci :

Je suis fils de Brutus, et je porte en mon cœur
La liberté gravée et les rois en horreur !

(BRUTUS, acte II, scène 2e.)

Quoi ! les maîtres du monde en sont l'ignominie !

(LE TRIUMVIRAT, acte 1er, scène 1re.)

Ah ! vengeons les humains trop longtemps abusés !

(LES GUÈBRES, acte V, scène 1re.)

Il est temps de sauver d'un naufrage funeste
Le plus grand de nos biens, le plus cher qui nous reste
Le droit le plus sacré des mortels généreux,
La liberté !

(TANCRÈDE, acte 1er, scène 1re.)

L'injustice à la fin produit l'indépendance,

(ID., acte IV, scène IV)

Les États sont égaux, et les hommes sont frères.

(ÉPITRES)

Le droit de commander n'est plus un avantage
Transmis par la nature, ainsi qu'un héritage.

(MÉROPE, acte 1er, scène 3e.)

Le moment le plus émouvant de la translation fut celui où le cortège s'arrêta devant la maison de Voltaire sur le quai. Des artistes de l'Opéra chantèrent une ode dont les paroles avaient été composées par Marie-Joseph Chénier, et la musique par Gossec.

A l'issue de ce morceau, Mme de Villette s'étant avancée vers les exécutants pour les remercier, on reconnut qu'elle était suivie de la veuve, des fils et des filles de Calas. Ce tableau inattendu détermina un redoublement de sensibilité parmi la foule ; de vraies larmes coulaient de tous les yeux...

Il faut lire le *Moniteur* pour avoir une idée de

tout ce que ce spectacle jusqu'alors sans égal offrit à la fois de grandiose et de touchant.

Fera-t-on aussi bien les choses en 1878 qu'en 1791 ?

Cela est à souhaiter.

Dans tous les cas, les républicains d'aujourd'hui sauront prouver par leur enthousiasme qu'ils sont bien les petits-fils des républicains d'autrefois ; — et les étrangers, attirés à Paris par notre Exposition, pourront du moins redire chez eux que nous savons honorer nos grands hommes.

Vite, à l'œuvre !

DE A A Z

PORTRAITS CONTEMPORAINS

TABLE DES MATIÈRES

A

GUSTAVE AIMARD . . .	1
FRANÇOIS ARAGO . . .	3
PAUL ARÈNE	9
CHARLES ASSELINEAU .	11
ALFRED ASSOLANT. . .	15

B

HIPPOLYTE BABOU. . .	22
THÉOD. BARRIÈRE. . .	26
VINCENZO BELLINI. . .	28
HECTOR BERLIOZ . . .	31
CH. DE BESSELIÈVRE. .	33
CHARLES BLANC. . . .	37
PAUL BLAQUIÈRE . . .	40
ÉMILE BOUCHERY. . .	42
LORD BROUGHAM . . .	44

C

CALDERON.	46
MAXIME DU CAMP . . .	50
CARNOT	56
ARMAND CARREL . . .	61
DE CHAMPAGNY. . . .	67
AUSONE DE CHANCEL. .	69
PHILARÈTE CHASLES. .	72
GAB. DE CHÉNIER . . .	74
GUSTAVE CLAUDIN. . .	76
BENJAMIN CONSTANT. .	79

D

ALEXANDRE DUMAS, FILS.	85
DUPREZ	92
ALEX. DUVAL	95
DUVERGIER DE HAURANNE	98

F

P. DE FALLOUX. . . . 101
JULES FAVRE 105
FEUILLET DE CONCHES. . 110
GUSTAVE FLAUBERT . . 113
HENRI FONFRÈDE . . . 120
EDOUARD FOUSSIER. . . 123

G

L'ABBÉ GALIANI. . . . 126
THÉOPH. GAUTIER. . . 133
JULES DE GÈRES . . . 136

H

LÉON HALÉVY. 138
OTHENIN D'HAUSSONVILLE 140
Mme HENRI HEINE. . . 146
VICTOR HUGO 148

J

JASMIN. 159
Mme JAUBERT 162

L

ALPH. DE LAMARTINE. . 164
LAMENNAIS 172
LAURENT 180
CHARLES LEFEUVE. . . 182
NÉPOMUCÈNE LEMERCIER. 185
JOHN LEMOINNE. . . . 188

LESUEUR 191
LIGIER. 193
LOUVEL 199

M

MAILLARD-DESFORGES. . 204
EDOUARD MANET . . . 206
A. MARTEL 208
MARY-LAFON. 210
GUST. MATHIEU. . . . 217
ED. MENNECHET. . . . 221
PROSPER MÉRIMÉE. . . 223
LOUIS METGE. 228
MICHEL. 233
HENRI MONNIER. . . . 237
MARC DE MONTIFAUD. . 242
ALFRED DE MUSSET . . 246
PAUL DE MUSSET . . . 249

N

FÉLIX NADAR 255
ÉMILE NEGRIN 252

P

ÉMILE PÉHANT 259
PIE IX 261
ÉDOUARD PLOUVIER . . 263
ARMAND DE PONTMARTIN. 265

Q

EDGAR QUINET 268

R

RANDON	272
Mme DE RÉMUSAT	274
ERNEST RENAN	279
LOUIS REYBAUD	282
CLÉMENT DE RIS	284
HIPP. ROLLE	289
MAURICE ROLLINAT	292

S

Mis DE SADE	297
SAINTE-BEUVE	300
SAMSON	303
VICTORIEN SARDOU	306
ÉMILE SOLIÉ	316
EUDORE SOULIÉ	319
ANGELO DE SORR	321

V

G. DE SAINT-VALRY	324
LOUIS VEUILLOT	326
VOLTAIRE	329

Tours. — Imp. E. Mazereau.

www.ingramcontent.com/pod-product-compliance
Lightning Source LLC
Chambersburg PA
CBHW060508170426
43199CB00011B/1369